BLOCKCHAIN

THE CORNERSTONE OF RESHAPING WORLD TRUST

朱大鹏 —— 著

区块链
重塑世界信任的基石

上海科学技术出版社

Shanghai Scientific & Technical Publishers

图书在版编目（CIP）数据

区块链：重塑世界信任的基石 / 朱大鹏著. —
上海：上海科学技术出版社，2025.9. -- ISBN 978-7
-5478-7278-9

Ⅰ. TP311.135.9

中国国家版本馆CIP数据核字第2025MV6354号

策划编辑：沈甜
封面设计：赵军
内文制作：谢腊妹
责任编辑：沈甜

区块链：重塑世界信任的基石
朱大鹏　著

上海世纪出版（集团）有限公司
上海科学技术出版社　出版、发行
（上海市闵行区号景路159弄A座9F-10F）
邮政编码 201101　　www.sstp.cn
徐州绪权印刷有限公司印刷
开本 889×1240　1/32　印张 10
字数 300 千字
2025 年 9 月第 1 版　2025 年 9 月第 1 次印刷
ISBN 978-7-5478-7278-9/TP·102
定价：98.00 元

本书如有缺页、错装或坏损等严重质量问题，请向工厂联系调换

内容提要

本书系统阐述了区块链技术作为重塑世界信任基石的核心价值。作者朱大鹏立足于其在国家级项目中的深厚实践，认为区块链正以其独特的数学共识机制，从根本上变革传统的信任体系，引领社会进入一个全新的"价值时代"。

全书由浅入深，结构清晰。从剖析区块链如何以"代码即法律"的理念挑战中心化机构的脆弱性入手，追溯了其从比特币（1.0）到智能合约（2.0），再到Web3与元宇宙（3.0）的完整演进脉络。书中重点探讨了区块链在金融、供应链、物联网、医疗、政务等多元领域的颠覆性应用，通过剖析数字人民币（e-CNY）、真实世界资产代币化（RWA）等前沿案例，生动揭示了技术赋能实体经济、优化社会治理的巨大潜力。

本书不仅是对技术原理的严谨解构，更提供了面向企业和决策者的战略视野与应用策略，旨在为关心科技前沿的企业家、管理者、政府人员及普通读者，提供一张理解并驾驭这场信任革命的清晰的航海图。

序

  站在北京奥林匹克塔的观景台上俯瞰这座城市时,我总习惯用"新闻眼"捕捉时代的横截面,而朱大鹏老师的新书《区块链:重塑世界信任的基石》让我看到,区块链正以数学共识重塑信任体系,这不仅是一场技术革命,更是一次文明的变迁。

  或许是职业生涯养成的习惯——二十年央视新闻直播台的"素描写生",十年产业经济"学步者"的触摸丈量,让我对任何撬动文明进程的技术转折点都保持着一份执着。当数字人民币 e-CNY 的红色浪潮漫过深圳河套的科创园区,当北京大学第三医院的临床试验数据墙跃动区块链的存证节点,我清晰地望见一个被重构的信任文明正浮出历史地表。

  书中提到了运行在**以太坊*** 上的 Uniswap **去中心化交易所**,把以太坊主网比作拥堵的高速公路,每辆车(交易)都要交高额过路费(Gas 费)且排队缓慢。而 Arbitrum 链就像建在旁边的快速辅道。以太坊 2024 年的分片升级(EIP-4844)让 Arbitrum 链的手续费减少了 60% 以上,这不仅仅是简单的降本增效,而是为经济开启了全新的发展空间。

  作为一名报道过传统金融市场的新闻人,我深知交易所机制的复杂。而 Uniswap 却用 500 行代码的核心合约重塑了传统金融的复杂系统。这个依托数学模型自动运转的交易协议,仅通过核心算法就支撑

---

* 文中粗体字可在段落附近或者文末的"知识窗"中找到对应的名词解释。

起远超传统交易所的交易机制。这让人想起，当年欧洲的证券经纪人花了两百年时间才理解交易所的集中竞价机制。

书中也提到了贝莱德（BlackRock）的加密资产实践。其比特币现货 ETF 以 187 亿美元管理规模（2024 年 6 月数据）写下华尔街的投名状，而 BUIDL 货币市场基金的代币化实验，则预示着传统机构对链上信任机制的探索。我的对冲基金老友们调侃："现在的 KYC（了解客户，客户身份信息识别）流程，得从检查**私钥**保管箱开始了。"

书中在论述区块链与供应链的结合中提到了民生建设。例如让监管人员彻夜难眠的疫苗调包案等案件，通过区块链的方案得以妥善解决。这些都是区块链技术穿透社会毛细血管的实证案例。这些案例印证了朱大鹏老师的"信任润滑剂"论断，即区块链技术降低了社会运行中的摩擦成本。技术若不能浇灌生活的褶皱，终将沦为虚妄的空中楼阁。

朱老师列举的案例令我动容。在部分国家的试点案例中，数字货币支付展现了改善薪酬结构、提升生活质量的潜力，这为相关领域的应用提供了宝贵的启示。数字货币更是打破了传统金融的高墙，让信任通过区块链在全球流动。这也正是技术赋能民生的最佳注脚。而雄安新区试点的房产确权链上跳动的每一个 **NFT**，都在消解曾经需要数十个公章才能跨越的行政沟壑。

在"星火·链网"基础设施的支撑下，产业区块链呈现三大突围路径：山东胶州节点的仓单监管系统实现四流数据交叉核验，厦门节点的海关原产地证书链提升贸易透明度，而可信存证服务网络（CAP）已接入多地法院电子证据平台。

朱老师曾任中信集团旗下中信梧桐港供应链管理有限公司的区块链研发总监，也曾是中国物流与采购联合会的区块链专家。本书的价值不仅在于技术解构，更在于战略视野。

他看到，量子计算的威胁即将倒逼全行业加密标准升级，人工智能代理（智能体）钱包用户占比将突破关键阈值，继而触发链上交易策略革命。而随着全球央行数字货币互联协议的落地，数字法币与加密资产流动性池也将进入融合爆发期。他的战略眼光，让我们得以提前窥见区块链技术的新疆界。

书中也提到了房地产等真实世界资产（real world assets，RWA）

的代币化。RWA 从源头上避免了加密货币领域的历来顽疾，也就是空气币的风险。其核心技术采用了"链上**智能合约**+链下法律合规"双轨机制。2030 年，RWA 的规模或可达到 30 万亿美元。此外，链游市场未来八年预计 30 倍的增速也让人惊叹。不过，这一切都必须在提升社会认知水平并满足政府监管要求的前提下进行。

阿尔文·托夫勒预言的"信息重构权力"或许正在发生，哈耶克笔下的"自发秩序"通过代码悄然生长。朱老师用工程学的严谨拆解数字文明底层逻辑，让每个区块链技术的涟漪都折射出发展趋势的图景。本书恰似航海图，为所有探索者指明方向：在这场重塑信任体系的远征中，握紧技术锚点方能穿越迷雾。

郎永淳
央视《新闻联播》前主播
2025 年 8 月于北京

📖 知识窗

区块链：Blockchain，它像是"全球共享的电子账本"，交易数据按顺序打包成区块，全网节点共同验证并链式存储，不可篡改。类似多人记账本，改动需所有人同意，确保透明安全（如比特币底层技术）。

以太坊：Ethereum，它像是区块链的"数字乐高乐园"，支持智能合约和去中心化应用（如 DeFi）。它用代码搭建程序，用以太币作为"燃料"，是驱动全球用户共享的虚拟计算机，打破了中心化的控制。

去中心化交易所：DEX，它是无需中介的区块链交易平台，用户直接通过智能合约买卖加密货币，全程自主掌控私钥。资金不存在平台上，不怕平台跑路，但交易速度较慢。典型的 DEX 如 Uniswap，靠流动性池自动定价。去中心化交易所在严格合规和监管框架下提高金融服务效率。

NFT：Non-fungible token，非同质化代币（通证），它是数字世界的"限量签名球鞋"，每个NFT都是独一无二的。区块链技术因此可以给虚拟画作、虚拟音乐盖上钢印，证明你是唯一拥有者，无法复制调包。

私钥：它是一串加密数字密码（类似钥匙），由用户保存，用于解锁并管理自己的加密资产（如比特币）。它可生成对应的地址用于接收加密资产，丢失或泄露会导致资产被盗且无法找回，因此必须严格保密。

智能合约：它是自动执行的"数字合同机器人"，是用代码编写的规则（如"房租到期自动扣款"）。像自动售货机一样运作：投币（条件满足）→出货（执行结果）。它无需中介即可执行结果，可用于DeFi、NFT等场景。智能合约在国家现有法律法规的指导下，为交易双方提供更加安全、可审计的合约执行机制。

前言

数字时代，何以置信

中共中央政治局第十八次集体学习中提到，区块链的应用已扩展到数字金融、物联网、智能制造、供应链管理等领域，并建议加强基础研究，提升创新能力。我深入区块链行业，也目睹了国内区块链行业的巨大变革，特别是像银行这样的大型金融企业，正在全力以赴地寻找区块链应用的场景，并且不遗余力地推动区块链研究和项目资源的配置。

这样的大环境是鼓舞人心的，为区块链从业者增添了努力进取的动力。但是公众对区块链的认识有不少偏见，许多人错误地把区块链等同于比特币，对真正的区块链技术、应用以及未来发展方向有着认识上的盲点和误区。

当下，数字化变革的浪潮席卷全世界，在各国、各地区、各行业领域日益紧密协作的大背景下，信任机制受到的挑战却愈发严峻。传统的信任确立方式在新的数字化、网络化的环境中逐渐显露脆弱性，人们亟待解决数据安全、隐私保护、价值交换等重要问题。而区块链技术具有重塑和巩固数字世界里的信任基础的潜力，区块链的实际需求可能是广泛的。区块链不仅能够重塑产权结构、契约安排与制度设计，它也是一种新型协作模式的思维范式。由于区块链也是复杂的跨学科的新兴技术，这让打算了解它的人心生困惑。

针对这些现象，我根据自己在区块链行业的从业经验和研究心得，结合国内外区块链研究和技术应用的最前沿知识，兼顾理论和实践，写作了本书，力求满足各种读者关于区块链的求知需求。本书的组织结构力求由浅入深、层层递进。

第一部分（第一、二章）：区块链技术正在发挥的作用

第一部分揭示了区块链技术正在深刻地影响经济社会，塑造出一个比肩工业时代的"价值时代"，并重点阐述了真实世界资产代币化（RWA）呈现出的巨大的潜力。

第二部分（第三、四章）：发展脉络与行业观察

接着，我将追溯区块链从 1.0（比特币）到 2.0（智能合约），再到 3.0（广泛应用）及到 Web3.0、元宇宙构想的"进化史诗"。通过对比互联网和区块链的概念、早期成功的产品、颠覆性的公司、行业面临的挑战，我尝试确定区块链时代的新概念、新的评估方法和关键时机，确定区块链行业目前所处的发展阶段。

第三部分（第五章至第八章）：多元应用场景探索

然后，我们全面探索区块链的多领域应用。在第五章我将从金融、房地产、物联网、医疗、文娱、政务等多个维度一览区块链广阔的应用全景图。而在第六章我们将共同审视区块链如何重塑深植金融系统的底层协议，探讨 CBDC、DeFi、跨境支付等前沿实践。

第七章对区块链技术能否提高物联网的应用做出了肯定的判断，介绍了如何利用区块链促进物联网的安全性。第八章深入剖析了区块链如何变革全球经济的动脉——供应链管理。

第四部分（第九、十章）：企业策略与宏观治理

第九章旨在为企业和决策者提供指引，并随同经济学家们一道分析了区块链如何创造价值，解释了随着时间的流逝，价值可能发生的不同增长轨迹。

在第十章里，我们将看到政府部门也利用区块链来维护数据的可信度，对于大量的政务数据，政府部门可以通过算法和技术在架构层面上构建互联网信任机制，这比使用第三方平台的信用背书更有效。

特别模块

为了让阅读体验更佳，书中穿插了"知识窗"模块，它随时为你解释一些关键术语（如什么是 BaaS）或补充背景知识，帮你扫清理解障碍。

与知识窗类似的，还有"技术注释"等，都是为了补充说明一些概念而设置的。另外，附录也提供了参考信息以便读者进一步了解相

> **知识窗**
>
> BaaS（blockchain as a service）：这是云厂商提供的"区块链工具箱"，企业可像租用服务器一样快速搭建应用，无须自建底层链，类似于开网店用现成平台（如天猫），省去技术开发成本（如阿里云 BaaS）。

关领域的专有名词和文献。

  区块链技术及其应用的探索仍处于相对早期的阶段，作为一种新兴技术，它必然面临诸多挑战。然而与互联网相比，区块链有望在信任机制和价值交换等领域产生更加深远的影响。希望这本书能为你提供一些帮助，也期待在未来，当你回顾过去时发现本书为你的成功贡献了一份启发。

朱大鹏

本书的行业术语或机构名称等采用行业贯用称法，有些用西文或缩写，有些用中文，并在上下文需要释义时（未必是首次出现时），提供其全称拼写和中文译名。

目录

第一章	区块链如何重塑信任体系	1
第二章	区块链开启的价值新时代	23
第三章	从比特币到元宇宙:一部信任机器的进化史	59
第四章	区块链行业的现状和发展趋势	77
第五章	区块链的多元应用	102
第六章	区块链重塑金融DNA: 信任、效率与普惠的底层革命	148
第七章	区块链如何推动物联网发展	184
第八章	区块链如何优化供应链管理	205
第九章	区块链在企业中的应用策略	225
第十章	区块链在政府治理与监管中的作用	258

参考书目		289
附录1	术语表	290
附录2	哈希函数的数学原理	299

第一章
区块链如何重塑信任体系

> 如果说互联网是信息的变革,那么区块链就是价值与信任的变革。
>
> ——蒂姆·伯纳斯-李(Tim Berners-Lee,万维网发明者)

本章导读:

1. 区块链以数学共识重塑信任,可终结中心化机构的脆弱性。
2. 市场从原始社会的血缘信任演变为华尔街主导金融,最终迈向去中心化的"终极市场"。
3. 历史或将证明,代码即法律,共识算法可取代传统信任体系。

我们曾想当然地认为银行数据固若金汤、政务数据难以篡改、五星好评不容置疑，直到区块链用数学证明：人类 200 年来的信任体系，仍有被蛀蚀的隐秘裂隙。

2016 年，孟加拉国央行通过 **SWIFT** 系统发生的 8 100 万美元黑客盗窃事件，暴露了金融系统的脆弱性；2021 年，某电商平台曝出评价体系漏洞，商家买水军刷好评，竞争对手反向刷差评，消费者仿佛在看一场全是"托儿"的拍卖会；2023 年美国硅谷银行因科技股暴跌发生挤兑，提示传统金融架构的升级空间。

2025 年 2 月美国政府效率部门查账，社保账户惊现上百万个 150 岁以上"老人"和一个 360 岁"老人"；而关于医疗数据，其隐私保护程度好比在多个医院组成的微信群里发病人的医疗记录，既需要 @ 所有人查看，又要防止被截图外传……

当中心化系统进入复杂社会演算，我们意识到，未来将需要更抗干扰的信任架构。区块链给出了分布式解法——用十万个节点的共识网络证明：信任不必寄存于单点，可通过算法协作重构。区块链能自动履行合约，取代中间担保机构；

> 📖 **知识窗**
>
> SWIFT：国际银行间的"跨国快递员"，负责传递转账信息（如订单），不直接处理资金。类似全球金融系统的微信群，银行靠它安全通信，但实际汇款需其他渠道完成。

让商品生产全程可追溯，使定价更公平。

"终极市场"

对可信的追求

每当你浏览电商和外卖平台，你会看到几乎所有商品都是90%以上的用户好评，或者多数四星或五星的用户评价。但当你打开快递包裹后，结果往往不合心意，"买家秀"和"卖家秀"的对比令人啼笑皆非。"刷单"和买好评屡禁不止，常有新闻曝出某个假货商铺如何日进斗金，或者某一个"代运营"平台老板如何风光暴富。对此大家早已司空见惯。

互联网上"网红"的炒作、"股评"的忽悠愈演愈烈，你方唱罢我登场。似乎没有任何监管政策和实施手段能够改变此等现状。人们期望存在可信的企业、互联网平台和市场。价值交换存在于我们生活的各个方面。没有人希望吃到地沟油，没有人希望苹果里面有小虫蠕动，也没有人希望电影、旅馆、书籍的评价是水军所为，更没有人希望股评是庄家忽悠的、股价是庄家操纵的。

互联网上存在价值交换，而我国2024年电子商务交易规模超过了50万亿元人民币。可是互联网仍旧不能被称作是"价值高速公路"。（比尔·盖茨曾在他的《未来之路》一书中把互联网比作"信息高速公路"。）

对便捷和快速的追求

通常甲乙两家公司为了签订合同，甲公司要在合同上盖章并邮寄到乙公司，乙公司收到后再在合同上盖章，然后寄回甲公司，整个过程大概需要几天甚至数周的时间。

有没有一种技术能够将这类流程的时间从两三天缩短到几小时甚至几分钟？中心化的国家合同管理平台能否实现这一目标？如果不能，那么去中心化（就像没有领导的团队）的区块链技术是否能够成功实现？本书将给你答案。

跨境支付的情况下，钱通常要两三天甚至一周才能到达另外一个国家，因为钱必须经过至少两个国家的银行和一个叫作 SWIFT 的国际机构。假如你在我国香港和欧美人做生意，对方有时会问你，"可以进行 Circle 支付吗？"跨境转账平台 Circle 可以通过稳定币 USDC（与美元等法定货币挂钩的加密货币）转账，钱可以在几分钟内到达对方账户。

2023 年全球区块链上的稳定币转账结算总额已接近 10 万亿美元，展现出惊人的增长态势。进入 2024 年，这一数字持续攀升，其年度总额已具备挑战 Visa 卡约 15 万亿美元（2023 年数据）年交易总量的潜力。为了更直观地理解其规模，可以参考的是，美国 2023 年的 GDP 总量约为 27.36 万亿美元，而联合国贸易和发展组织的数据显示，2023 年全球贸易总额约为 31 万亿美元。

对安全的追求

我们的隐私资料存储于网络服务提供商的数据仓库中，而黑客们正竭尽全力去搜集这些资料。数字化的信息已经快速转变为世界上最珍贵的财富之一。个人信息，特别是敏感数据，已经成为网络犯罪者的主要目标。个人隐私数据并没有得到应有的保护。

如果数据安全遭遇挑战，它有可能转化为一场全球性的灾害。互联网上黑客能够盗取用户的身份，能够发动分布式拒绝服务攻击（DDOS），还能够篡改数据。

在区块链上黑客做不到这三点，因此区块链比互联网安全很多。

价值高速公路

当你驾车行驶在高速公路上，你信任头顶路标和电子地图的指引，悠然前行；四通八达、畅通无阻的高速公路本身就给你提供了便捷的出行条件；你一定希望平安地到达目的地，会开着配有安全气囊、喇叭和刹车的汽车；同时你也一定希望快速到达。可信、便捷、安全、快速是高速公路的特征。

同样，可信、便捷、安全、快速也是你对使用网络进行网上购物、做交易，实现价值交换的期望。对于具有这些特征的网络，我们不妨称之为"价值高速公路"。显然目前的信息高速公路——互联网离这一目标还有距离，但线下交易的问题更多。

正如比尔·盖茨在《未来之路》中所指出的,"高速公路"往往让人们联想到互联网是基础设施,应该由国家来承建和监管,但其实不然。因为更需要做的事情是软件,就像汽车应该由丰田或特斯拉等汽车厂家生产那样,区块链上运行的应用应该由相关的互联网公司、开源社区、初创团队和跨领域协作来生产并提供维护服务。

如果说互联网是"优秀市场",在这里人们可以购物或聊天交友甚至展示才艺或进行投资,那么区块链将是让网络成为真正安全便捷、快速可信的"终极市场":区块链能使得购物欺诈和电诈减少,投资回报提高,真才实学得以展现并收获大量粉丝。

更多好处,我们现在无法想象。因为当第一根电话线在美国的巴尔的摩市被接通的时候,人们无法想象21世纪通信的情况,想象不到iPhone和脸书的存在,也想象不到支付宝和微信的普及。而机器经济（IoT设备自主交易）、数字孪生城市治理和文化遗产的元宇宙化保存等是未来最深刻的变革可能发生的地方,区块链在这些领域都将发挥重要作用。

区块链是迄今为止最直接影响价值传递机制的计算机技术架构,借由它人们可以通过加密货币或各国央行发行的数字货币进行转账（无需经过银行）,从而实现点对点的价值转移。区块链正在成为解决土地登记和版权认证等复杂产权问题的核心数字化工具,通过智能合约可以可信地记录"谁拥有什么"（图1-1）。

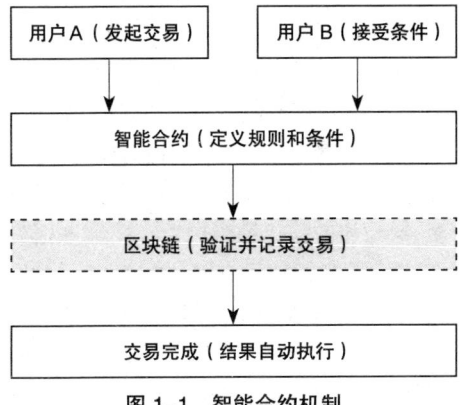

图1-1　智能合约机制

在确保契约条款执行过程透明存证方面，区块链技术相较传统数据库方案展现出数量级提升的可审计性优势，其链式密码学证明结构大幅降低了事后验证成本。以太坊上运行的智能合约本身就是代码化的契约。

区块链能用智能合约和去中心化的方式，让产权管理、合同执行和财富分配更公开、更高效，减少了传统体系中的各种麻烦和成本。但它能不能真正做到公平，还是要看具体的规则怎么设计。仅凭技术并不能保证完全公平。

面临挑战

区块链技术在快速发展的同时，面临多方面的挑战。

在技术层面，它存在性能瓶颈、扩展性难题和安全性风险，如智能合约漏洞和私钥（就像保险箱的唯一钥匙，用于解锁与之对应的加密货币）管理问题。

在法律层面，监管的不确定性、合规性难题和监管争议突出。例如法律管辖权和冲突、消费者保护以及知识产权保护等问题会影响技术的发展。虽然加密货币在部分不法分子手中可能被滥用，但在严格监管和合规框架下，其技术优势正被用于优化跨境支付和提升金融效率，同时可以有效防范各类违法行为。

在社会层面，公众对区块链的认知和接受度较低，隐私问题也亟待解决。此外区块链的高能耗问题备受关注，尤其是 **PoW** 共识机制导致的能源消耗大，对环境产生显著影响。这些挑战需要技术优化、法律完善和社会共识的共同努力来解决。

基于保护投资者、维护金融稳定以及推动绿色发展，我国对 ICO、比特币挖矿和加密货币交易所实施了严格监管，确保区块链技术在合法合规的前提下稳健发展。对于加密货币，我国政府始终秉持开放态度，积极学习国际经验和做法，结合国情审慎推进相关研究和立法工作，也鼓励区块链技术在各领域的应用与创新。

2024 年 8 月，蚂蚁链与朗新集团推出了新能源充电桩 **RWA**（真实世界资产**代币**化）项目，完成 1 亿元人民币融资。2024 年 9 月财政部原副部长朱光耀指出，加密货币对数字经济至关重要，尽管存在风险，但全球政策正在发生变化，尤其是美国对加密货币的立场正在转变。《2024上海Web3.0创新生态建设调研报告》指出，**Web3.0**对信息技术行业至关重要，**RWA**将成为未来发展趋势。

中国香港特区政府对加密货币持有开放和包容的态度，鼓励全球从事加密资产业务的创新者来港发展，实行虚拟资产服务商的牌照制度，支持Web3领域的人才和技术。中国中央政府对港府的这一政策采取支持态度。美国、欧盟、日本等则采取了更为开放的监管方式，允许加密货币在法律框架内发展，同时通过反洗钱、税收等措施控制风险。

📖 知识窗

PoW（工作量证明）：PoW像是区块链的"数学竞赛"。"矿工"用算力解复杂数学题（如抢答），最快解出的人获得记账权并获得奖励（如比特币）。类似于考试排名。耗电高但确保网络安全，无法作弊。

ICO（首次代币发行）：ICO是区块链项目的"众筹预售"。创业公司发行虚拟代币（类似于预售电影票），投资者用比特币等购买，若项目成功代币可能升值。风险高，像早期押注未知产品，可能暴富也可能血本无归。

比特币"挖矿"：比特币"挖矿"是虚拟世界的"记账员竞赛"。"矿工"用电脑算数学题（如解锁密码），最快解出者可验证交易并记入区块链，奖励比特币。类似于体力活，耗电多且竞争激烈，算力越强的，"挖"到币的概率越高。

加密货币交易所：加密货币交易所是数字货币的"线上超市"。用户用法币（如美元）或代币买卖比特币等，平台收手续费。类似于股票交易所，但交易对象是虚拟货币，需警惕黑客和波动风险，如同高风险金融集市。

代币：代币是基于区块链发行的数字凭证，类似于虚拟世界中的"专用货币"。它可在特定平台兑换服务、参与投票或享受权益，例如游戏道具代币、社区治理代币等。与比特币等数字货币不同，代币多依附于现有区块链（如以太坊），通过智能合约实现多样化功能，是数字经济生态的流通媒介。

> **RWA**（real world assets tokenization，真实世界资产代币化）：RWA是将现实资产（如房产、债券）通过区块链数字化为代币，就像把黄金熔成电子金币，让笨重的资产像手机转账般自由流通。同时，RWA依托合规框架，确保在推动金融创新的同时维护市场稳定和监管要求。
>
> **Web3.0**：Web3.0，也称Web3，是第三代互联网，好比"用户当家作主的网络"。数据不再由大公司垄断，而是存储在区块链上（如数字账本），用户通过加密钱包掌控资产和身份，类似于自己保管钥匙的共享社区，打破平台的中心化控制。

就像互联网、人工智能和核能在推动人类社会进步的同时，也带来了隐私泄露、就业影响和安全问题，区块链也带来了高能耗和非法交易等挑战，我们需要用法律监管和技术创新，达到促进发展和抑恶扬善的目的，但不能因噎废食。

这次是不一样的角度

再过10年如果使用区块链设备的价格都很便宜，甚至接近于免费，会产生一个去中心化的世界。这次故事从另外一个角度展开。引爆这一切的导火线不是大规模使用和大规模生产的模式，而是人类生活的另一个角度——金融。

次贷危机

因信息技术滞后引发的系统性经济危机，在2007年的美国次贷危机中上演，直接催生了比特币的诞生。

历史总会给人们一些意外，2007年华尔街持续创新的金融模式已经达到顶峰，然而在这一年却引发了严重的问题，导致了次贷危机的爆发——一场起源于美国的，由于二手房抵押贷款公司倒闭而引发的，投资基金无奈停业以及股票市场剧烈波动继而触发的经济危机。

2008年9月，美国两家抵押贷款公司房地美和房利美遭到了强制国有化，导致了有百年历史的投资银行雷曼兄弟不得不宣告破产。投资银行高盛、摩根士丹利也因此进行了改革，美国最大的储蓄银行华盛顿互惠银行也因此被收购。

由于事件引发了金融体系的资金流动性问题，一时间所有的资金链条都断裂，无法获得任何资金。已经证券化的二手信用已经销售至全球各个角落。华尔街这个全球金融核心，具备巨大的影响力，顷刻间，所有的金融企业都遭遇了打击，生存下来的都收紧了贷款。所有的金融机构均面临资本枯竭的问题！也许他们的财务报告并不空洞，但人们已经无法看到现金了。

为了改变这一状况，美国政府采取了一个极其不利的策略：印制货币。在接下来的一段时间里，美元的数量急剧增长。由于美元的霸权地位，全球的结算工具都是以美元为主，美元泡沫的扩大导致了全世界共同为美国偿还债务，所有的物品都在贬值，金融危机从美国蔓延到了全球。

有人认为，此次的经济困境完全是由于金融大佬们的无止境的贪欲与对潜在风险的轻视所导致的。不管怎样，即使所有人都遭受了打击，金融大佬们仍然过着富裕的生活，即使失败也能重新振作。可是大部分人都感到这个打击已经足以使他们破产，无法再活下去。

中本聪和比特币

次贷危机让人们对金融机构愈发不信任。随后，一位大神诞生了——中本聪。中本聪这个名字首先出现在一家研究密码的科学家网络论坛上，开始也并不出众，突然有一天，中本聪整合了前人的密码学成果，发表了一篇论文《一种点对点的电子支付方式》，成为比特币产生的基础。

支付宝和微信支付等电子支付方式中，钱存在银行，你支付一笔钱要经过很多机构，比如美国人汤姆要转一千美元给罗斯，就要经过汤姆开户的花旗银行转账到美联储，再从美联储转账到罗斯所开户的美国银行。

"点对点"的意思是，不需要任何中间机构，这件事只和汤姆、罗斯俩相关，钱就到罗斯的口袋里面了。以比特币为例，全世界所有比特币的节点都会记录这笔账，汤姆和罗斯谁也赖不掉。更神奇的是，只需 10 秒，钱就可以支付到户，中介费也很便宜，就算支付 10 亿美元，中介费也就大概几十美元。而且可以做到让任何人都不知道是谁在转账。

于是这成为犯罪分子等一切想避开各国政府监管的人的天堂。的确，像互联网刚开始的时候，最受欢迎的应用之一就是非法网站，不良事物成了区块链迅速发展的催化剂。事实就是如此，科技经常就是双刃剑，要看是谁在用，为了什么目的在用。

比特币第一次大爆发，其直接导火线是美国政府禁止维基解密的阿桑奇使用任何银行，包括欧洲的银行。这导致阿桑奇的同情者采用了比特币给维基解密提供支援。美国政府间接帮助了比特币的传播。

还有一个名为"丝绸之路"的网站——一个运行在暗网上的黑市交易电商平台，可以买卖一切你能想象的或想象不到的东西，毒品、枪支，甚至被拐卖的人口。这个网站采用的交易货币就是比特币。用的人多了，比特币就越来越值钱了。当然"丝绸之路"猖獗了几年后被美国联邦调查局（FBI）一锅端了。

中心化和去中心化系统

在百度上寻找信息的流程中，你通过服务器进行查询，接着服务器会给出相应的数据。这是一个典型的中心化客户端服务器系统。尽管中心化系统已经广泛应用了很长时间，但其存在着一些显著的缺陷。

如果中心化系统要进行软件升级，它就必须停掉整个系统，其间任何人都无法访问它们拥有的信息。中心化系统的所有数据一般都存储在同一个位置或者少数几个备份位置。这使得它们很容易成为黑客的攻击目标。

在去中心化系统中，信息不是由一个中心化系统的服务器或者数据库存储的。实际上网络中的每个人都拥有该信息。在去中心化网络中，如果你想与朋友互动，则可以直接进行互动，而无需通过第三方。只有你一个人来负责你的钱。你可以将钱汇给任何人，而无需通过银行。

表 1-1 是中心化系统和去中心化系统的对比。

表 1-1　中心化和去中心化系统

网络挑战	中心化系统	去中心化系统（如区块链）
生死命门	管理员瘫痪，全员罢工	部分节点故障，网络存活
数据安全	鸡蛋全放在一个篮子里	鸡蛋复制到 1 000 个篮子里
信任来源	依赖管理员"人品"	代码规则全网透明执行

新的起跑线

现在信息技术的历史螺旋又一次把人们放在同一道起跑线前，这道起跑线是叫作区块链的价值高速公路。全世界以中本聪为首的形形色色人群，开始在包括金融、贸易、公共事务、教育、艺术等在内的几乎所有领域都发现了应用场景。区块链相关的所有可能性都有人在尝试。

早在 2010 年 7 月在日本东京建立的 Mt.Gox 比特币交易所，以及近两年的 IBM、甲骨文、亚马逊、阿里巴巴、腾讯等企业都相继推出 BaaS（区块链即服务），这些巨头企业"跑马圈地"，试图建立区块链时代基础设施的"霸权"。

区块链与量子计算

小明的损失

想象一下，你穿越到了 2030 年，然后发现 2025 年比特币就已经**硬分叉**了，分成了两条链：新的 CBTC（抗量子比特币）链和原来的 BTC 链，就好像一个单细胞的酵母菌裂变成两个，新链 CBTC 采用了抗量子算法。因为你在 2015 年就拥有了一枚 BTC，所以分叉后你

📖 **知识窗**

硬分叉：硬分叉是指区块链协议的不可逆升级，要求所有用户更新软件，否则原链会分裂出一个新链条。例如以太坊为追回 DAO 被盗资金曾强制升级，导致分出以太坊经典。

拥有一个 CBTC 和一个 BTC。你的朋友小明不相信量子计算能够发展得很快，于是小明在 2028 年又买了一个 BTC。

2030 年量子计算机技术一夜之间突然取得了重大进展，可以通过变种的 Shor 算法分解大整数。因为小明曾经用同一个找零地址多次接受找零的 BTC，小明的公钥已经公开，并且公钥被黑客获得后，黑客利用量子计算机成功破解出了私钥，所以小明损失了那枚 2028 年购买的 BTC。

而你因为在硬分叉前就购买了 BTC，所以你还拥有一个 CBTC，即便你的公钥暴露，你的 CBTC 也是安全的，而且由于你没有暴露你的公钥，你也没有损失你的 BTC。

量子原理

量子比特利用量子力学的叠加现象来促成 0 和 1 两种状态的组合。传统二进制比特只能是 0 或者 1，可是量子比特可以表示两种状态叠加的 0 和 1，其中 0 和 1 各有一定概率出现，比如 10% 是 0，90% 是 1。这种叠加的量子比特可以用来在极短的时间内处理信息，比最快的传统计算机系统处理的还要快，量子比特的优势来源于其并行计算能力。

比如 300 个量子比特可以表示的信息相当于 2^{300} 个传统比特能表达的信息。传统计算机寻找几千位数的质因数的运算可能要花费数百万年的时间，而量子计算机几分钟就能完成这个运算任务。传统计算机由硅元素制成的芯片构成，但是量子计算机可以由光子或原子等粒子构成，而且有些量子计算机要在极低的温度下才能正常运行，有些则可以在室温下正常运行。

量子计算可以进行的算法中有一个叫 Shor 的算法最有名，Shor 算法可以用来寻找几千位甚至更多位数的大整数的质因数，基于大整数分解的 RSA 加密算法可以用 Shor 算法破解。

比特币基于椭圆曲线数字签名算法（ECDSA）和 SHA-256 哈希算法，Shor 算法不能直接用来破解比特币，但是 Shor 的变种算法可以用来破解比特币，现在还没有破解的原因在于量子计算还存在计算能力不足和计算结果不准确等问题。

即便是 2025 年初最新的谷歌 Willow 量子芯片也才只有 105 个物

理量子比特，而要破解比特币的公钥，至少需要上百万个量子比特。现在，比特币要在量子计算机发展到可以破解它之前转到可以抵抗量子计算的算法上去。

区块链与人工智能

区块链和人工智能（AI）的融合会带来一个全新的时代，特别是在金融、医疗、供应链和网络安全等方面产生巨大变革。

注意力机制和奇点

自从几年前谷歌的自然语言处理专家发表了那篇著名的论文《你唯一需要的就是注意力》（Attention is all you need）以来，Transformer算法就成为了自然语言处理的主流算法（或称技术框架）。而且，Transformer算法是目前最成功的自然语言处理算法之一，尽管谷歌和Meta公司最近都各自发表了一篇论文，声称发现了比Transformer更好的算法。

比如Meta就说自家的算法不像Transformer算法专注于token（类似单词、词组、标点符号甚至词根），而专注于概念。但是至今没有任何算法证明自己得出了比Transformer算法更优秀的验证结果，到2025年1月为止，所有成功的大语言模型都是基于Transformer算法的。

Transformer算法的原理就是机器通过统计学原理，分析人类社会业已形成的文章与语句，根据token和token之间跟随的概率形成意识。它的注意力机制是成功的关键，因为注意力机制可以使计算机进行"隔行阅读"。2024年的诺贝尔奖获得者，"AI教父"杰弗里·辛顿（Geoffrey Hinton）在接受采访时候说，Transformer算法的确帮助AI形成了类似于人类的意识。

韩愈曾说"句读之不知，惑之不解，或师焉，或不焉"。Transformer其实不需要老师（无监督学习），只需要精心设计的算法和大量的数据和训练。但训练一次的费用就可能上亿美元。

还记得GPT3.5震惊世界的那几周，我第一次使用GPT3.5，当时觉得它和以往的聊天机器人（Chatbot）明显不同，它竟然和我流畅地对话了，感觉它已经通过了一般的图灵测试。我也被它深深地吸引了，然后我就看到铺天盖地的宣传，仿佛所有的科技相关媒体人都在奔走相告，大家发现了 IT 技术的新增长点，甚至人类社会的拐点。

华裔世界顶尖数学家陶哲轩（Terence Tao）说，OpenAI 的 O3 模型简直是数学研究的有力助手。之后 OpenAI 的 DeepResearch 更加惊艳。而中国 DeepSeek 的 R1 模型于 2025 年 1 月发布，比肩 OpenAI 的 O1 模型，DeepSeek 的代码开源和极低成本更给美国 AI 界制造了一场地震，以英伟达为首的 AI 关联股价更是一周之内跌去了一万亿美元的市值。

大语言模型能够根据自己生成的数据训练自己，像 DeepMind 的 AlphaZero 围棋算法能够根据自己生成的数据自我训练，很快超越世界上最好的围棋选手。

此时大语言模型的进化就产生了拐点，进入自我完善阶段。人类的自我完善局限于脑力，但是得益于计算机的计算速度和可极大扩展的存储能力（记忆能力），计算机的自我完善的速度显然要比人类快得多，这一点在 AlphaZero 上已经得到了证明。

这个拐点可能就是奇点（singularity）。打个比方，在二维平面爬行的蚂蚁，突然被抛上时速 120 公里的汽车，此时蚂蚁看到的就像是人类眼中奇点后的世界。OpenAI 的 CEO 阿尔特曼（Sam Altman）2025 年初推特发文，认为人类已到达奇点的附近，甚至可能已经越过了奇点。不否认 Sam Altman 的推文有营销的成分，但是这也足以说明我们至少已经很接近智力水平飞跃的奇点了。

除了大语言模型之外，谷歌的 DeepMind 还有在 2030 年前创建虚拟细胞的计划，OpenAI 和深度求索公司也都在研发生物大模型，预示着由 AI 引导的生物学和人类健康领域的变革呼之欲出。

数据安全与隐私保护

假设你是一名负责训练大模型的 AI 工程师。你训练的 AI 大模型，依赖大量数据，但用户隐私和医疗数据等数据泄露、篡改或滥用问题严重。

区块链可以提供不可篡改的存储，因为数据经哈希加密上链后无法被修改，可以确保训练数据的真实性，绝不能让戴着黑头套的可恶黑客修改了你的数据，因为那样你训练的结果一定会失真。就好像一个小学生拿到错误的学习资料，无论如何努力依然不会考出高分。

如果小明得了难以启齿的疾病，他一定不希望自己的医疗记录暴露给所有人，这时候区块链的隐私计算派上了用场，隐私计算结合零知识证明（ZKP）或联邦学习，可以确保别人只得到授权范围内的信息。比如小明想请假，但是不想让领导知道自己具体的病，区块链的隐私计算可以帮助他实现这一目的，领导仅仅能够获得小明得了一种需要请假的病的信息，其他信息一概不知。

换到 AI 训练的场景，AI 模型为了得到大量病人的病症、用药和疗效等信息，同样需要获取小明疾病的信息，但是 AI 模型并不知道小明的身份。这样小明的隐私就得到了保护。

此外，因为小明提供了自己病症的信息，通过此数据训练出的 AI 挽救了很多人的生命，小明的数据为拯救生命做出了一定的贡献，那么小明甚至是他的主治医生或医院还有权获得一定激励或报酬。

区块链和人工智能融合的项目

2025 年被认为是 AI 代理（AI agent，或智能体）爆发的一年，AI 代理相当于大语言模型的触手，可以帮你操纵电脑、手机和平板，你只需要用语音或者打字输入简单的语言命令，AI 代理就能帮你实现一系列的动作。

比如你说"我饿了"，AI 代理会自动帮你打开美团或饿了吗应用，自动判断你的喜好，帮你购买你喜欢的外卖。今后 AI 代理还会跨越到物理世界，马斯克的人形机器人 Optimus 正计划结合自家的 Grok 大语言模型。

有人预计未来会有数以亿计的 AI 代理实体为人提供服务，拥有实体的机器人是一种高级的 AI 代理。AI 代理之间的交互就像人类之间或企业之间的交互一样，需要透明、去中心化和防止篡改，才能降本增效，可溯源，防止欺诈。从 2024 年起至 2032 年，AI 和区块链结合的市场规模将以每年 25% 以上的速度增长，相关项目见表 1-2。

表 1-2　人工智能和区块链融合的项目

应用领域	案例描述	代表项目/技术	主要功能与创新
AI代理与交互	区块链支持AI代理间的透明交互，如资金转移、联合发布等，优化企业流程	aethernet、clanker（Warpcast平台）	代理自主协作完成任务，推动去中心化组织（DAO）和群体智能的实现
数据市场	去中心化数据共享平台，用户通过区块链控制数据所有权，AI用于数据标注与价值挖掘	Ocean Protocol、Synesis One	激励用户贡献数据，保护隐私，解决AI模型训练数据短缺问题
去中心化计算	分布式GPU算力网络，降低AI计算成本，支持模型训练与推理	HyperCycle（Layer-0架构）、去中心化高性能计算网络（HPC）	利用区块链协调异构计算资源，构建低成本、环保的AI算力池
生成式内容与艺术	AI生成内容（AIGC）结合区块链确权，实现NFT创作与动态交互	ArtBlocks、Antix（数字人类NFT）	生成艺术通过链上存储确权，AI驱动的数字人类可进行社交互动并货币化
供应链与物流	区块链记录全流程数据，AI优化路径与库存管理	美装我家（区块链家装平台）、重庆区块链财政票据	提升供应链透明度，AI分析物流数据降低碳排放，实现智能合同自动化
金融与风险管理	区块链+AI实现智能投顾、反欺诈和自动化结算	Singularity Finance（RWA代币化）、工行"工银玺链"	结合DeFi与AI算法，动态管理资产风险，优化跨境支付和证券交易效率
医疗健康	区块链存储电子病历，AI辅助诊断与药物研发	水滴区块链（互助金透明化）、医院管理智能合约	保护患者隐私，AI分析医疗数据提升诊断准确性，区块链确保数据共享可追溯
物联网与设备管理	区块链验证设备身份，AI优化设备协同与能耗	基于通证的设备互操作平台（物联网智能）	实现设备间安全通信，AI动态调度资源，降低运维成本
隐私与安全增强	零知识证明（ZK）、同态加密（FHE）保护AI模型隐私，区块链确保数据不可篡改	Nvidia TEE、概率隐私原语（如ZKML）	在加密数据上运行AI推理，平衡透明度与隐私保护，防止对抗性攻击
用户交易与钱包	AI驱动的钱包自动优化交易路径，区块链确保资产安全	NEAR Protocol（AI技术栈）、意图驱动的交易代理	自然语言交互简化交易流程，AI实时规避诈骗和Rug Pull风险，提升跨链操作效率

区块链与国际关系

在一个名为"传统镇"的地方,长期以来所有交易都依靠一个家族掌控的"金币账簿"进行记录。这里的"金币账簿"就像是传统中心化系统中由单一机构掌控的数据账本,所有交易都必须经过他们的审核和记录,既保证了数据统一,也导致了少数人垄断交易规则和费用。

传统镇

鹰家

鹰家在镇上掌握着"金币账簿"。每笔交易都要经过他们登记,收取一定的手续费。

> **技术注释**
>
> 金币账簿相当于传统银行或中心化账本系统,其优势在于管理统一,但存在单点故障、数据篡改风险以及手续费高的问题。

龙家

龙家不满鹰家的垄断,开发出了一种"超级算盘"。这种算盘运算速度快、自动计算手续费,虽然仍然依赖于中心化系统,但通过技术升级可改善效率。

> **技术注释**
>
> 超级算盘类似于部分中心化系统中引入的自动化处理机制,虽然提高了效率,但依然存在中心化管理的隐患。

熊家

由于被排除在主流账本系统之外,熊家只能采用传统交换物品的方式维持生计。为此,他们秘密研发出一种新式记账工具——"新区石板"。

技术注释

新区石板正是去中心化账本的比喻,其特点是公开透明、无需中介、难以篡改,但在初期可能面临监管和安全挑战。

新区

新区并非远在天边,而是传统镇旁边一个充满活力的区域。在新区,没有单一的"镇长"或家族垄断,而是依靠一种"魔法石板"(后省略引号)记录所有交易。

技术说明

这里的魔法石板象征着区块链技术,其核心优势在于数据的公开透明、去中心化和防篡改性,每笔交易都会经过多方验证后写入账本。

新区的年轻人对魔法石板充满信心,他们认为这不仅能免除高额手续费,还能让交易更自由、公正。

例如,龙家的二小子阿龙第一次使用石板进行交易时,激动地说:"这种技术就像能把所有数据公开在阳光下,任何人都无法篡改!"阿龙还顺势将交易记录保存在"数字钱包"中,确保资金安全。

技术注释

数字钱包对应的是区块链中对资产进行加密管理的工具,确保资产的私密性和安全性。

技术暗战与利益博弈

鹰家当然不会坐视技术变革。为了维护既得利益,他们开始打压新区的推广,并到处说:"新区的魔法石板存在安全漏洞,可能会让你的隐私泄露!"

与此同时，龙家为了不失去市场，推出了"龙链算盘"，号称在处理交易时可以实现部分数据加密和自动收税，与魔法石板互补。

熊家则在新区石板上试水，利用它进行匿名交易，如出售特定资源（如黑石头），以规避鹰家高昂的手续费和不公平的规则。

技术讨论

这里的暗战揭示了不同系统间的安全隐患和技术改进空间。中心化系统容易出现安全漏洞，而去中心化系统虽公开透明，但也可能被不法分子利用匿名性进行非法交易。

危机、监管与技术平衡

随着新区石板的普及，镇子里交易量剧增，但同时也暴露出一些问题。有人利用石板进行匿名违法交易，传统系统与新技术之间的矛盾逐渐尖锐。鹰家、龙家与熊家不得不坐下来，通过多方博弈达成共识：

- 对于大额交易，必须进行身份验证（相当于加强监管措施）
- 传统账本与新系统可以互通数据，保留各自优势
- 对于非法交易，新区必须引入智能合约自动拦截和报警

技术注释

智能合约就像自动执行的规定，一旦满足条件便自动执行，可以在一定程度上解决中心化系统与去中心化系统之间的矛盾问题，同时确保交易的合规性与安全性。

新旧共存

经过一番调整，镇子里的各方力量达成了平衡。鹰家的金币账簿仍然存在，但不能垄断所有交易；龙家的龙链算盘与新区的魔法石板形成了一种互补关系；而熊家也在合法合规的前提下利用新兴技术谋求发展。

镇上的年轻人依然钟情于新区的开放与透明，他们站在新区的高楼上，眺望着传统镇，思索着未来的发展道路。

> **技术思考**
>
> 这场账本纷争没有绝对的胜者,正如现实中区块链技术与传统系统之间的博弈。技术带来的变革需要在效率、透明性、监管和安全之间找到平衡,才能真正服务于社会的公平与进步。

一本会呼吸的数字账簿

某天深夜刷手机时,我看到一则新闻:太平洋岛国帕劳要发行数字版"海洋币",用区块链记录珊瑚礁保护数据。这让我想起老家祠堂里那本被虫蛀的族谱——原来,连海底的珊瑚都在用分布式账簿了!

当账本长出翅膀(关于主权)

日本客户川口在银行干了二十年,有次喝酒时他拍着桌子吐槽:"我们天天守着金库数硬币,年轻人却用手机扫一扫就搞定!上回我儿子用比特币买游戏皮肤,那串代码比我保险柜的指纹锁还难懂!"这话让我笑出声,却又隐隐不安。萨尔瓦多总统宣布比特币合法化那晚,新闻画面里火山喷发的红光映着比特币城的蓝图,像极了故事里熊家族长举着黑石头冲向新区的背影。

中国菜市场的大妈们早把数字人民币玩得炉火纯青。上周我去买菜,卖菜阿姨撩起围裙擦擦手,亮出手机上的"碰一碰"付款界面:"小伙子,扫码还是碰一下?"这场景多像传统镇上的铜钱撞上新区的石板——当数字人民币在东南亚跨境结算试点时,我忽然意识到,这哪是简单的支付工具?分明是新时代的"丝绸之链",在数字版图上重新编织贸易网络。

钢铁玫瑰带刺开(关于规则)

翻爷爷留下的旧书时,我找到一本几十年前的《国际合同法》,书页间夹着泛黄的汇票。突然想到,要是当年有智能合约,爷爷追了半年的烂账,会不会自动从对方账户划回来?

乌克兰 IT 军的加密融资平台让我想起前同事美国人程序员 Tom。疫情时,他猫在家里帮公司写智能合约,键盘敲击声和炮火声通过 Discord 频道奇妙交织。"每行代码都是数字世界的砖瓦",他摘下眼镜揉揉眼,"就像你家故事里阿龙刻石板用的匕首"。

最讽刺的是俄罗斯用稳定币 USDT 买无人机零件的新闻——这场景活脱脱是熊家举着石板在黑市换粮食的现代版。原来国际制裁与反制裁的"猫鼠游戏"，七百年前的老祖宗早就预演过。当欧盟用区块链追踪俄罗斯石油流向时，那些闪烁的加密数据流，何尝不是数字时代的"海上封锁"？

算力森林里的暗战（关于博弈）

表舅在四川深山里守着比特币矿场。他说夏天暴雨时，整个山谷都是矿机的散热扇的轰鸣声，"像十万只蝉在啃食电网"。这让我想起故事里熊家挖黑石头烫红的手掌——数字黄金的背后，总黏着现实世界的煤灰。

新加坡"监管沙盒"的新闻配图里，穿白大褂的工程师活像实验室里的厨子。他们用 AI 训练监管模型的场景，简直是把龙家老爷子的算盘改造成了量子计算机。倒是印度街头让我开了眼：卖奶茶的小哥左手收数字卢比，右手在 Telegram（通讯软件）群里倒腾 NFT，传统镇的铜钱和新区石板在他指间翻飞如蝴蝶——这不正是发展中国家在数字主权争夺战中的缩影？

没有终局的棋局（关于未来）

凌晨三点的元宇宙论坛里，"00 后"们讨论用 DAO（基于区块链的去中心化组织）买下太平洋小岛。他们不知道，这种疯狂早被预言——就像故事里那群想用石板改写族谱的愣头青。

最震撼的是量子计算机威胁论。中关村咖啡馆里，区块链开发者指着玻璃柜里的量子芯片模型说："知道这玩意儿有多可怕吗？它破解比特币的速度，比熊家老族长撕账本还快！"但他转而又笑，"不过我们正在给石板刻上抗量子咒语。"

你看，这场账本战争永远不会停歇。就像老家祠堂新换的触摸屏族谱，科技再炫目，核心仍是三千年来人类对"信任"的执念——只不过战场从羊皮卷转移到了星际节点。

在数字长城内外

周末参加区块链峰会，穿西装的外交智库学者和扎脏辫的极客吵得面红耳赤。前者说"数字货币是新时代的马歇尔计划"，后者嚷着"代码才是终极外交官"。

散场时用数字人民币打了辆车,车载广播正播着:"我国跨境区块链平台累计交易额破万亿……"摇下车窗,夜风裹着烧烤摊的烟火气扑面而来。忽然想起老张的醉话:"什么国际关系?不过是让纽约的股票和义乌的小商品,在同一个账本上对账。"

远处大厦的霓虹灯牌闪烁着"'一带一路'数字走廊",像极了故事结尾那片既传统又新潮的镇子——账本战争的硝烟里,有人看见危机,有人望见黎明。

第二章

区块链开启的价值新时代

如果 20 世纪是互联网时代,那么 21 世纪就是区块链时代。

——约瑟夫·鲁宾(Joseph Lubin,以太坊联合创始人)

本章导读:

1. 资产代币化(RWA)开启价值公平分配的新纪元,货币市场化挑战垄断。

2. 区块链记账与密码学变革,推动生产资料所有权与生产关系的代码化,以及民法典物权篇与智能合约的无缝衔接。

"如果有一天,银行从地球上消失,你敢想象吗?"

这不是科幻小说的开头,而是正在发生的现实。区块链技术正在深度改变传统中介行业,将律师事务所、银行、会计师事务所等变为第三方节点。

跨境支付不再需要银行层层中转,资金瞬间直达收款人账户,手续费近乎零;法律合同签订不再依赖律师的纸质文件,智能合约自动执行,无需人工干预;企业审计不再需要会计师事务所长时间核查,所有财务数据实时上链,透明可查——我们突然发现,延续千年的商业铁律正在被改写。

人类文明的四次价值变迁

起初,穴居人用燧石交换兽皮,价值在篝火旁野蛮生长。没有中间商赚差价,但交易半径超不过部落的呐喊声。

后来,丝绸之路的驼铃载着丝绸与黄金,威尼斯商人的算盘拨动欧洲命脉。银行家们用复利魔法筑起金融圣殿,证券交易所的铜钟敲响资本时代的晨钟。

再后来,电商用算法重塑交易,某宝可以说是重塑了信任体系。我们以为它打破了地理隔阂,却在不知不觉间将数据主导权让渡给科技巨头——这些穿着T恤的新中介,比西装革履的银行家更精于算计。

如今,中本聪用数学公式"炸毁"了美联储的金库,以太坊的智能合约正在"肢解"律师事务所。这不是简单的"去中介化",而是用分布式账本重构价值DNA,让每个普通人都可能成为价值宇宙的奇点。

当伦敦金融城的精英们还在讨论"金融科技"时，非洲农民已经用闪电网络接收欧洲订单；当华尔街纠结监管合规时，去中心化交易所日交易量突破千亿美元。区块链不是要"摧毁"银行，而是要解构"中介"这个概念本身——就像电力让蜡烛厂转型为灯具商，旧时代的金融巨鳄要么进化成加密时代的服务节点，要么变成数字化石。

这不仅仅是技术的迭代，而是人类组织方式的基因突变。当价值流动摆脱中介血管的束缚，直接在点对点的神经网络中奔涌，我们终于要见证一个没有中间商的世界，究竟会结出怎样惊人的文明果实。

何为价值时代

信息时代之前世界上也有信息的记录和传递，但只有到了人们能通过计算机大量存储和复制信息、通过网络大量快速地传递信息之后，人们才称为信息时代。只有当价值被公平地分配，同时价值被有效率地产生之后，人们才称为价值时代。

价值时代的两个基本假设是：

1. 所有价值创造者都理应得到与其所创造价值相匹配的回报。
2. 价值将和创造价值的行为绑定，并由数据量化。

反对剥削

美国伯克曼互联网与社会研究中心副教授普里马维拉·德菲利皮（Primavera De Filippi）将目前的区块链比作20世纪90年代初的互联网。当时，技术专家和企业对互联网的潜力与价值毫无概念，也看不到互联网的无限前途。德菲利皮认为，区块链最具变革性的作用是反对剥削，影响新的社会契约，使之更适应日益依赖技术并被技术包围的社会和经济。

互联网平台

互联网平台所有者和打工者之间存在利益冲突，为了积累更多财富，平台所有者往往会压低打工者的收入。互联网平台的集中程度和垄断程度极高，因此互联网平台所有者能够获取大部分的收益。在区块链技术的价值时代情况将会发生转变,大部分打工者都能从中受益,而互联网平台会转型为平等的服务供应商(图 2-1)。

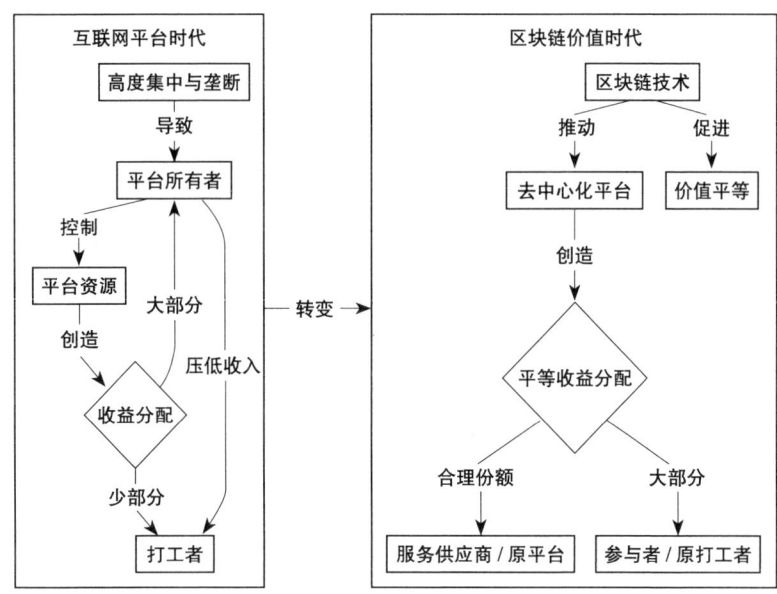

图 2-1 区块链技术推动平台经济转型

兼顾公平和效率

月光下,三个仆人的命运正在被改写*。那个获得十锭银子赏赐的仆人,他的瞳孔里映照着后来两千年的历史轮回——19 世纪铁路大亨的黄金专列碾过淘金者的尸骨,互联网时代的流量入口吞噬着实体商铺的最后喘息。这个被称作"马太效应"的魔咒,像基因编码般深深刻入人类文明的骨髓。

我们始终在效率与公平的天平上摇摆,私有财产神圣不可侵犯的宣言,在资本复利的魔法面前显得苍白无力——就像第三个仆人紧紧攥着原封不动的银子,却眼睁睁看着它们化为虚无。直到某天,中本聪在密码学邮件组投下一串哈希值。区块链如同普罗米修斯盗取的火

---

* 作者指《圣经》中的"三个仆人的故事",故事用比喻教导人们不要浪费自己的才华。——编者注

种，第一次让契约精神获得了物质形态。这个分布式账本不是简单的技术革新，而是重新定义了"拥有"的维度：你的比特币不可能被国王收回，你的数字土地登记在百万个节点上，你创造的每个价值碎片都带着不可磨灭的时间戳。

想象这样的世界：农民工的日薪通过智能合约即时清算，作家的电子书每被阅读一次都在链上产生收益，**初创企业的股权流转在去中心化交易所实时完成**。这不是乌托邦的幻想，而是正在发生的现实——以太坊上的 DeFi 协议锁仓量已超过千亿美元，NFT 让数字艺术家的作品获得永恒权属证明。

📖 知识窗

案例：Sora Ventures 的链上股权实验（2024）

痛点：早期科创企业股权登记需经律所（耗时 14 天/单）、工商局（人工核验错误率 6.7%）。

区块链方案：

1. 将天使轮 Term Sheet 转化为 ERC-3525 标准 SFT（半同质化代币）。
2. 杭州市监局 API 自动核验链上股东签名真实性。
3. 链上投票触发智能合约工商变更登记。

效果：将传统流程从 22 天压缩至 3.5 小时，错误率归零。

DeFi（decentralized finance，去中心化金融）：DeFi 是区块链上的"金融自动售货机"，用代码代替银行和交易所，用户无需中介即可存贷、交易，像在 24 小时无人超市自助完成所有金融操作。

当分布式记账技术打开传统权力结构的黑箱时，我们突然发现："马太效应"的诅咒并非来自上帝的旨意，而是源于人类无法克服的信任危机。区块链创造的平行世界里，第三个仆人不必因恐惧而埋藏才能，每个微小的价值创造都能在链上生长。这或许就是数字时代最深刻的民主变革——用数学确定性替代人性猜疑，让公平第一次拥有了技术背书。

当区块链的分布式账本在数字世界铺开时，三个仆人的故事正在被重新书写：成功者依然获得丰厚回报，但失败者不再失去生存的底座，因为每个人的初始银两都被刻在永恒的区块链上，谁也不能剥夺。这或许就是加密文明给人类最珍贵的礼物——在追求效率的狂奔中，为公平铸就不可篡改的锚点。

确认物权

信息技术与价值技术的核心差异在于：信息技术支持双向流通，而价值技术通常只允许单向流通。信息技术像"微信群聊天"——消息能撤回、能反复转发（双向流通）；价值技术像"红包"——谁先抢到就归谁（单向确权）。

在价值交换的场景中，确认价值的所有权（确权）的需求超过对信息的需求，因此记账方法显得尤为关键。由于信息互联网不能处理点对点网络的价值认定难题，因此这成为由区块链技术推动的价值互联网必须应对的关键议题。

公平与效率

纵观人类商业史，就是一部不断追求更高效、更公平的价值交换方式的历史。从古代的物物交换，到依赖契约和账本的商业贸易，再到现代金融体系的建立，每一次工具和制度的革新，都旨在解决一个核心问题：如何在更大范围内、更低成本地建立信任。

每一次信任机制的进步，都极大地激发了人们创造和交换价值的热情，从而推动了整个社会的发展。如今，随着新科技的兴起与进步，我们有机会利用技术本身来构建信任，让价值的分配和记录变得前所未有的透明和自动化。

现代经济的核心是价值的流动与交换。然而，每一次交换都伴随着巨大的隐形成本——寻找伙伴、建立信任、签订合同、监督执行所耗费的所有资源，经济学家称为"交易成本"。这些成本的根源，在于信息不对称和信任的缺失。

因此，一个真正的"价值时代"，其关键在于能否用技术手段极大降低建立信任的成本，让价值流动得更自由、更高效。区块链技术，正是通过其不可篡改和分布式的特性，为解决这一根本问题提供了全新的可能。它使得数据确权变得可靠,一旦有了确定的物权,相关的社会规则便有望实现代码化,从而构建一个更高效、更公平的社会经济体系。

区块链与《民法典》物权编

《中华人民共和国民法典》物权编中所规定的很多条款,都可以很好地用智能合约来实现,这就是所谓的"数字资产"。在《中华人民共和国民法典》物权编中有关于物权的建立、修改、交易及终止的描述。

人们可以建立一个组织/个人的清单,然后再建立一个物品的清单,再把组织/个人和物品之间建立联系,这种联系的建立就是确权,比如动产或者不动产的登记就是典型的确权。

确权的入口可以是国家机关的网站,数据统一存储在链上。所有计算机,包括服务器、手机、物联网终端都连接在同一条链上。显然这是一条由国家主导建设的公有链,目前我国的支持跨链的区块链服务网络(BSN)就有这样的潜质。

根据信息技术研究和分析公司 Gartner 的预计,2027 年区块链可实现全球化和规模化。关于物权的变更/转让,只不过在链上的数据库里把组织/个人名下的物品删除,然后再到另一方组织/个人名下把物品加上。

根据《中华人民共和国民法典》物权编,为满足公众利益,我们可以按照法律的授权和流程来征用集体的土地、机构、个人的住宅和其他的不动产。可以把土地、房屋等尽可能详尽的信息——咨询国家有关专家的意见确定哪些信息——包括土地证上的所有人信息、土地证号、土地的地理位置、土壤情况、建筑物的特征、土地的历史所有人等一一记录到链上。

未来 10~15 年中,因为有区块链结合法律改革、跨机构协作与用户教育的措施,关于土地、房屋等资产所有权的争议数量将大幅减少。事实上已经有公司在钻石鉴定上实现了链上确权。链上确权的关键是,物品信息要尽可能详尽。

表 2-1 汇总区块链物权管理的国内外案例,雄安、深圳等依托**联盟链**(consortium blockchain)提升效率并衔接《中华人民共和国民法典》,瑞典、格鲁吉亚探索**私有链**与政府**侧链**,行业应用拓展至商品、遗嘱等,但现在仍存在数据孤岛与司法认可挑战。

表 2-1 区块链物权管理案例对比

分类	案例名称	地区/机构	技术实现	核心成效	法律衔接	挑战/争议
国内政务	雄安新区"区块链+不动产登记"	河北雄安新区	- 国产联盟链（蚂蚁链） - 链上记录土地合同、房产证、抵押状态 - 多部门节点协同	- 过户时间从7天变为1天 - 材料减少80% - 支持"交房即发证"	《中华人民共和国民法典》第二百零九条（登记生效）；河北省不动产登记条例	需跨部门数据标准统一
国内司法	深圳"区块链+破产财产查询"	广东深圳法院	- 整合11部门数据上链 - 智能合约筛选可处置资产	- 资产查询周期30天变为实时 - 处理200+案件，资产估值50亿+	《中华人民共和国企业破产法》第二十五条；《中华人民共和国民法典》第一百一十四条（物权保护）	隐私保护与数据共享的平衡
国内金融	北京"区块链+知识产权质押"	北京	- 知识产权链上存证 - 与国家知识产权局数据互通	- 质押登记2周变为1小时 - 融资30亿+ - 解决重复质押问题	《中华人民共和国民法典》第四百四十条（权利质权）；《专利权质押登记办法》第八条	中小企业链改造成本高
国际政务	瑞典 Lantmäteriet 土地登记	瑞典土地登记局	- 私有链架构 - 智能合约签署电子协议 - 银行、政府实时验证	- 交易周期3～6个月变为数天 - 2020年完成首笔全链交易	需修订《瑞典土地法典》以适应电子化	法律修订滞后

第二章 区块链开启的价值新时代 | 31

（续表）

分类	案例名称	地区/机构	技术实现	核心成效	法律衔接	挑战与争议
国际创新	格鲁吉亚区块链土地确权	格鲁吉亚政府	-比特币侧链（Exonum） -政府拥有最终修改权	-土地欺诈下降90% -年省行政成本1亿+美元	无明确法律冲突，但需平衡中心化控制	政府主导与区块链去中心化理念冲突
行业应用	蚂蚁链"商品物权溯源"（白酒）	蚂蚁链	-商品绑定NFT数字凭证 -扫码触发智能合约变更权属	-实现全链路防伪 -支持二手市场权属追溯	《中华人民共和国民法典》第二百二十四条（动产物权交付）	消费者接受度与技术普及成本
行业创新	腾讯云"区块链遗嘱存证"	腾讯与公证机构	-遗嘱视频、文本上链固化 -公证处作为节点验证	-确保遗嘱真实性 -降低继承纠纷风险	《中华人民共和国民法典》第一千一百三十六条（打印遗嘱形式要件）	链上存证与传统公证流程的融合难度
挑战总结	—		共性障碍 -数据孤岛（部门标准不统一） -司法认可度不足 -技术改造成本高		法律需求 -明确链上数据证据效力 -修订配套法规（如《中华人民共和国电子签名法》扩展解释）	技术瓶颈 -吞吐量限制 -跨链互通复杂性

> **📖 知识窗**
>
> **联盟链**（consortium blockchain）：联盟链是一种由多个预先选定的参与者共同维护的区块链网络，通常用于企业间的协作和数据共享。与公（有）链不同，联盟链在节点准入和权限控制方面具有更高的灵活性和安全性。
>
> **私有链**（private blockchain）：私有链是由单个组织或机构控制的区块链，参与节点需授权加入，数据不公开且权限集中管理，适用于企业内部协作，在保障透明和防篡改的同时，效率更高、操作灵活性更强。
>
> **侧链**（sidechain）：侧链是与主区块链（如比特币、以太坊）并行的独立链，通过双向锚定连接，可安全转移资产，用于扩展功能或试验新技术，自主运行但依赖主链资产互通，提升效率。

区块链与应收账款

区块链技术从民事权利体系延伸至金融领域，民法典为资产数字化提供了制度基础。应收账款代币化作为典型应用，需构建法律规则框架，衔接技术与法律双重属性。

假定甲企业购买了乙企业价值100万元人民币的商品，但甲企业没有给乙企业付款，我们认为乙企业因为这笔交易拥有了100万元人民币的应收账款，这笔应收账款的所有者是乙企业。上链的数字资产除了甲企业和乙企业以及100万这三条信息，还要加上时间和交易细节。

交易细节要包括交易内容是什么，比如甲企业是电冰箱厂，乙企业生产铝材，乙企业是甲企业的上游企业。另外还要有铝材的数量和型号等信息。换句话说，应收账款的相关资料涵盖了订购协议和运输凭证以及发票等。

尽管这些数字财富就如同股票，具有流动性和交易性，然而根据常规的股票分类方法，我们却无法确定其属于何种类型的股票。正如M0、M1、M2等货币的诞生使得其定义变得不清楚，同理，数字资产也使得其证券特征变得不明确。

真实世界资产代币化 RWA

和应收账款一样，所有真实世界资产都可以代币化，也就是 RWA。我们先看一个小故事。

风暴之眼

2024 年 3 月，纽约曼哈顿下城的区块链峰会上，贝莱德（世界最大的资产管理集团之一）CEO 拉里·芬克（Larry Fink）按下全息启动键的瞬间，整个金融界的神经被一道代码点燃——代号为 BUIDL （BlackRock USD institutional digital liquidity fund，贝莱德美元机构数字流动性基金）的代币化国债基金正式浮出水面。

这头管理着 10 万亿美元资产的巨鲸，正用区块链技术在美国国债市场掀起一场静默变革。当芬克走下讲台时，一位来自瑞信的固收交易员正在角落颤抖着刷新手机——他刚刚发现，自己引以为傲的债券套利策略，在 BUIDL 的实时结算面前已沦为古董店的机械钟表。

华尔街的机械心脏与区块链血液

在传统国债交易大厅，西装革履的交易员们还在为 T+2 结算周期焦头烂额时，BUIDL 的智能合约已在以太坊网络上完成第 10 万次秒级清算。它的底层逻辑简单得令人不安：将 1~3 个月期限的美国国债切割成 ERC-20 代币，每个 BUIDL 如同**数字乐高**，既能拼凑成机构投资者的避险堡垒，也能拆解成 DeFi 世界的流动性燃料。

贝莱德让 Coinbase 托管库与链上智能合约形成了一个价值虫洞。其上设置了价格波动熔断机制，当跨链价差超过 3% 时自动

> 📖 **知识窗**
>
> **数字乐高**：BUIDL 利用智能合约把传统的美国国债"切割"成一个个数字代币。可以把这些代币想象成"数字乐高积木"。

暂停兑换，同时实时审计接口直接生成 SOC 2 合规报告，合规成本降低了 85%。另外，平台用 KYC/AML 验证打造机构级"加密 VIP 俱乐部"。单日交易超 10 万美元时即触发人工审核，BUIDL 赎回时自动完成反洗钱筛查。通过验证的机构可获得快速结算、大宗交易折扣和专属客户支持。

流动性的时空折叠实验

在 BUIDL 上线 90 天后，摩根大通分析师在晨会备忘录中写道："我们监测到价值 27 亿美元的国债在链上完成**原子级交换**，这相当于整个二级市场日均交易量的 3%——而这仅仅是开始。"

就像把百年国债撕成可兑换的电子邮票，新加坡家族办公室的基金经理 Linda 发现，她既能用 5 万美元购买 BUIDL 碎片建造**安全垫**，又能将这些"数字邮票"抵押进区块链银行，同时赚取国债利息、**质押收益**和**流动性挖矿奖励**——这在传统市场如同要求同一张纸币同时存在于三个钱包。

监管铁幕下的代码突围

在苏黎世的一场闭门会议上，欧盟监管官员指着 BUIDL 白皮书质问："你们如何保证链上国债不会成为下一个 UST（曾重创加密市场的

📖 知识窗

原子级交换：原子级交换指的是在区块链上进行的瞬时交易，确保资产交换要么全部完成，要么完全失败，避免部分交易结算的问题。这种技术极大提升了金融市场的效率和透明度。

安全垫（safety cushion）：安全垫是一种风险管理工具，通常指用于保护资产或投资者免受突发损失的缓冲资金。

质押收益：质押收益是指，如果 BUIDL 允许将代币化国债抵押用于借贷市场，则用户可以赚取借款利息或获得流动性激励。

流动性挖矿奖励：流动性挖矿奖励是指，如果用户将 BUIDL 代币存入 DeFi 平台的流动性池，可能会获得额外的奖励（如平台代币）。

算法稳定币）？"这记重锤敲碎了代币化盛宴的琉璃盏。

当 SEC 的算法探针开始扫描 BUIDL 持有者钱包时，一场"猫鼠游戏"在链上展开。某对冲基金经理的智能钱包被检测到异常流动——该地址在半夜两点同时向开曼群岛加密交易所和美联储账户发送 BUIDL。这暴露了代币化国债的监管悖论：区块链的透明性让每笔交易无所遁形，但跨司法管辖区的合规规则却像不同频段的雷达，在同一个交易对中投射出多重监管阴影。

新金融物种的生存法则

BUIDL 上线一周年之际，其链上托管资产突破 180 亿美元。这场实验揭示了其最新进化定律。贝莱德用"链上资产，链下合规"的"双螺旋"结构，在华盛顿与硅谷之间架起钢索。当黑客试图攻击跨链桥时，会发现他们需要同时破解冷钱包指纹锁、Securitize（资产代币化公司）的量子密钥和 Coinbase（数字货币交易平台）的军级保险库。

在经历加密货币寒冬后，市场终于清醒——代币化不是魔法，那些锚定真实现金流的数字证券才是诺亚方舟。此刻，在纽约证券交易所穹顶之下，传统国债交易终端依然闪烁，但所有人心知肚明：当 BUIDL 的日交易量突破百亿美元那天，传统金融体系将迎来新的变革时刻。

RWA 2024 变革

RWA 是区块链技术与传统金融深度融合的核心领域，通过将现实资产（如债券、房地产、大宗商品等）转化为链上可编程代币，实现资产流动性、透明度和可访问性的变革性提升。

持有者用一串数字密码掌握了黄金、美债和房地产，交易比股票还简单。相对于传统的资产证券化，RWA 是范式变革。RWA 把楼切成"数字乐高"，人们可以追溯每一栋楼的租金的去向。2024 年全世界最大的、管理 11.6 万亿美元资产的资产管理公司贝莱德发行了美国国债的 RWA——BUIDL，可以随时交易，按秒计算利息。

技术实现

法律合约规定了链下资产的所有者、使用者和受益者。RWA 机制通过法律合约与智能合约绑定,把法律合同的条款"翻译"为智能合约代码,确保链下资产与链上代币一一对应。可以理解为银行为存款发放存单,每笔存款都有一个唯一的存单证明。

SPV(特殊目的实体)是专门成立的法律实体,用于持有和管理链下资产。信托托管是指资产所有者委托受监管的第三方托管机构对资产进行保管。RWA 投资者需结合 SPV 架构或信托托管,满足 KYC(了解客户)与 AML(反洗钱)要求。

资产所有者在智能合约中预设收益分配的条件、比例和时间节点,并利用智能合约自动分配利息、股息或租金收益(**如代币化国债的每日变基机制**)。由于区块链的去中心化、透明和不可篡改特征,参与者无须担心遭遇不公。

📖 知识窗

SPV:特殊目的实体,如加密保险柜,将 RWA(不动产/债权)代币化封装,驶入区块链高速路,隔离风险并加速资本流通。

代币化国债的每日变基(rebasing)机制:是指每天根据国债的实际收益情况,自动调整代币余额的机制。如果每天投资者都有利息收入,智能合约会自动增加投资者的余额,相当于投资者获得的收益自动再投资。如海绵般日夜收放,代币数量随净值涨跌智能伸缩,保持资产价值精确锚定底层债券。

市场现状与关键数据

全世界 RWA 总价值 2024 年已达到 150 亿美元,其中不包含近 1 750 亿美元的稳定币(stable coin,与美元等法定货币挂钩的加密货币)市场。代币化国债在 2024 年 9 月达到 22 亿美元,2024 年的代币化黄金市值达到 10 亿美元(表 2-2)。

核心赛道与应用场景

代币化国债

代币化国债的代表项目有 Ondo Finance(OUSG)、贝莱德 BUIDL

表 2-2　市场现状与关键数据

类别	2024 年数据	增长趋势
总链上 RWA 价值	150 亿美元（不含稳定币）	年增速约 400%
代币化国债规模	40 亿美元（2024 年底）	预计 2025 年突破 500 亿美元
私人信贷代币化规模	约 114 亿美元	占 RWA 总市场 76%（主要来自企业应收账款）
头部项目	Ondo Finance、MakerDAO、Centrifuge	传统机构加速入场（贝莱德、高盛、富兰克林邓普顿）

以及 Franklin Templeton（FOBXX）。

DeFi（去中心化金融）指的是用户利用智能合约而不是通过银行，在链上进行借贷、交易、储蓄和投资等金融活动，DeFi 就像一个没有银行的金融市场，所有人都可以直接参与。Ondo Finance（OUSG）是一家 DeFi 平台，专门从事黄金的代币化，其用户既包含加密货币投资者又有传统的黄金投资者。

代币化国债的优势在于无风险利率（美国国债收益率 5%+）、24/7 交易和碎片化投资（最低 1 美元）。代币化国债的痛点在于赎回延迟（T+2 结算）、法币兑换摩擦成本等。

私人信贷与应收账款

私人信贷与应收账款的模式是，中小企业通过链上 SPV 发行代币化票据，DeFi 协议提供流动性池（如 Centrifuge）。私人信贷的年化收益率可达 8%~12%，高于传统银行信贷。

MakerDAO 投资 1.5 亿美元于代币化房地产贷款（New Silver），使得这一传统的资产类别可以通过区块链技术更方便地进行交易和管理。MakerDAO 是基于以太坊的 DeFi 平台。被投资的公司是一家叫作 New Silver 的提供短期翻修贷款和长期投资物业贷款的公司。

房地产代币化

房地产代币化的平台有 Parcl（房地产指数投资）、RealT（碎片化产权）和 HoneyBricks（商业地产）。Parcl 允许用户通过较低的资金、简单的管理和较低的流动性限制，进入地产投资世界，其投资过程高度透明，手续简单。

房地产代币化的创新点是降低投资门槛（100美元起）和租金收益自动分配。房地产代币化面临的挑战是产权登记合规性和估值标准化。

碳信用与绿色金融

碳信用与绿色金融的典型项目有Toucan Protocol（碳信用代币化）和KlimaDAO（碳资产质押）。碳信用与绿色金融的价值在于推动环境资产市场化交易，2024年碳信用代币化规模突破1亿美元。

零知识证明

零知识证明就像一个魔术师，证明自己会魔法但不透露秘诀。我们不妨用一个密室逃脱游戏了解什么是零知识证明。假设你通过了一个密室关卡，想向朋友证明但不剧透：

- 你朋友是密室设计师（验证者）
- 你拍下通关后出现的特殊灯光颜色（证据）
- 但用滤镜把照片调成黑白（隐藏关键信息）
- 设计师看到黑白照片中光斑的分布位置（验证模式）
- 能确认你确实通关，但不知道具体颜色（验证成功）
- 没有通关的人无法伪造这种光斑分布（不可伪造）

在这个过程中：

- 你知道秘密（知道颜色）＝拥有证明信息
- 黑白照片＝零知识证明
- 光斑位置＝数学验证依据
- 不透露颜色＝信息保密性

技术架构与合规挑战

技术基础设施

技术栈以以太坊主链为核心（承载60%的底层协议），将高频交易卸载至Polygon、Base等Layer2网络。跨链桥Wormhole和LayerZero支持多链资产流动性整合。跨链桥是一种技术解决方案，它就像一座连接不同岛屿的桥梁，允许人们在不同的区块链之间自由地转移资产和数据。

预言机（Chainlink）提供链下资产价格喂价机制，防范脱锚风险。预言机就像一个信息传递员，将外部数据带入区块链，确保数据的准确性和可靠性。

合规难点

目前各国存在监管分歧，美国 SEC 将代币化证券纳入证券法监管，而欧盟 MiCA 法案要求透明储备审计。从法律映射角度看，链下资产需依赖司法管辖区的法律合约保障，开曼群岛的特殊目的实体（SPV）结构提供了一个相对灵活和成熟的法律框架，常被用于代币化资产。

税务申报方面，代币化资产收益面临复杂税务认定（如美国 IRS 将代币化国债利息视为应税收入）。

未来趋势与机会

区块链技术正在加速渗透传统金融和实体经济领域，形成"RWA+ DeFi + 人工智能 + 跨链互操作"的创新矩阵。

贝莱德通过代币化基金吸引机构资金，预计 2030 年 RWA 管理规模有望达 10 万亿美元（据波士顿咨询预测）。贝莱德的 BUIDL 基金主要投资于短期美国国债和隔夜回购协议等现金等价物，这样 BUIDL 就会锚定美元。高盛的代币化平台 GS DAP 在 2023 年为中国香港金融管理局发行了代币化主权绿色债券，规模为 8 亿港元，发行期限为一年，发行收益率为 4.05%。

Aave 和 Compound 两个有名的 DeFi 平台推出了合规化 **RWA 借贷池**，支持法币与代币化资产混合抵押，进一步推动了 RWA 在 DeFi 领域的应用。RWA 借贷池就像银行为贷款人提供多重担保，但这里借助

> 📖 **知识窗**
>
> **RWA 借贷池**：RWA 借贷池，如同区块链的智能自动售货机，用户存入代币化房产/债券作为"钥匙卡"，链上合约化身精算师，按抵押物价值"吐出"稳定币贷款，实时盯紧价格波动挥舞清算锤，像永不失灵的金融反应堆，平衡超额质押与流动性需求，确保实体资产在链上无摩擦生息。

智能合约，既保证了贷款的安全性，又能实现 24/7 全天候的自动化清算和结算。RWA 通过 Chainlink 储备证明和 Oracles 实现实时风险监控，解决了超额抵押率动态调整的难题。

AI 代理自动优化 RWA 投资组合（如收益再平衡、风险对冲等）。AI 代理可利用零知识证明技术（ZKP）生成可验证的隐私化投资报告，满足审计需求。AI 代理还可实现基于市场情绪的收益再平衡，动态调整国债/企业债/大宗商品代币比例。

基于 Cosmos IBC 或 Polkadot XCM 类似于不同国家之间的货币兑换系统，通过跨链资产路由协议实现多链资产无缝流动。当美国国债代币在 Polygon 链作为抵押品时，可通过跨链桥在 Avalanche 链生成合成股票资产，最终在 Base 链完成法币结算。

苏富比正在探索 NFT+ 实物艺术品联合拍卖，实现所有权分割。实物艺术品托管在经认证的物理金库（如 Brink's），其所有权凭证（NFT）可拆分为 **ERC-3643** 证券型代币进行交易。Royal 等平台实现音乐版权、专利许可费代币化。Tradewind 的 VaultChain 等平台使大宗商品（如铜、锂）代币化，可以提升贸易融资效率。

> 📖 **知识窗**
>
> **ERC-3643**：ERC-3643 是以太坊上真实世界资产的合规代币标准，像房产证一样，它确保资产代币化过程中的合法性和安全性。

风险与警示

RWA 的风险与挑战见表 2-3。

美联储降息可能削弱代币化国债的吸引力。链上赎回的需求激增会导致底层资产抛售（如 2023 年硅谷银行危机波及 USDC），影响代币化资产的稳定性。

2024 年 Q1 DeFi 的攻击损失超 3 亿美元，意味着 RWA 协议需强化审计。OpenZeppelin 等安全公司可以为 RWA 协议提供专业的审计服务，帮助发现和修复潜在的安全漏洞。恶意节点篡改价格数据导致抵押品清算异常，这进一步强调了审计的重要性，以防止此类事件的发生。

如果某些国家禁止证券型代币，可能会导致投资者对该国市场的信心下降，进而引发市场恐慌和抛售行为，这可能引发区域性市场崩盘。KYC（了解你的客户）和 AML（反洗钱）流程使小型项目难以生存，市场向巨头集中。小型项目由于资源和资金有限，难以满足严格的 KYC/AML 要求，而大型项目则更容易获得合规资源，从而在市场中占据优势。

表 2-3　RWA 风险与挑战矩阵

资产类型	技术风险	监管风险	市场风险
代币化基金	跨链结算故障	证券法合规	利率波动
RWA 借贷池	预言机攻击	反洗钱审查	抵押品清算
AI 资产管理	模型偏差	算法监管	流动性危机
艺术品 NFT	真伪验证	文化资产出口管制	估值泡沫

RWA 的终局价值

RWA 不仅是加密行业"出圈"的桥梁，更是全球资产流动性民主化的关键路径。对于上海外滩和北京万柳书苑的房产，普通人都可以分一杯羹。对于个人投资者，以前投资房地产需要大量资金，而代币化后，投资者可以购买房地产的部分权益，降低了投资门槛。投资者可以随时查看代币化资产的运行数据和收益分配情况，从而增强对项目的信任。

智能合约取代了律师、审计、托管、清算、承销商等多个中介机构的大量工作。对于金融机构，投行承销费可以从 5%~6% 降至 3%，显著降低了融资成本。中小企业融资（SME Bonds）、房地产代币化（Tokenized REITs）、艺术品、知识产权、供应链金融资产是全世界金融机构的新边疆。全世界金融机构面前的是万亿美元规模的增量市场。

对于实体经济，RWA 解决中小企业融资难问题，加速绿色金融与碳交易落地。RWA 使中小企业能够通过将应收账款、存货、设备等资产代币化，在区块链平台上发行代币进行融资。不再需要像传统融资（如银行贷款）那样，依赖企业信用评级、抵押物或担保，门槛较高。此外智能合约自动执行也减少了中小企业的融资中介成本。

"代码即法律":当哈耶克预言照进数字现实

"货币不应该像皇冠上的宝石被锁在央行金库,而应该成为市场丛林中的野花自由生长。"——这行潦草的手写批注出现在1976年版《货币的非国家化》的扉页上。其作者哈耶克彼时不会想到,半个世纪后,一群穿着连帽衫的极客正用分布式账本技术将他尘封的思想实验变成席卷全球的金融海啸。

货币战争的数字前线:当哈耶克遇见中本聪

在布宜诺斯艾利斯的街头,玛利亚咖啡店的价目表正上演着魔幻现实:一杯卡布奇诺标注着"0.00012BTC/1.5USDT/3500比索"。这个看似混乱的定价系统,实则是哈耶克货币竞争理论最鲜活的注脚——当法币以每月15%的速度贬值,市场自会选择真正的"良币"。

区块链技术为这场货币战争提供了终极武器库。比特币如同数字黄金,用数学规则封印了2100万枚货币。USDT构建起价值传送门(稳定币),让美元霸权以代码形式渗透到监管铁幕之后。DeFi协议(去中心化金融)正在搭建自动化的"货币竞技场",算法稳定币(价格挂钩机器人)在流动性池(资金共享蓄水池)中昼夜搏杀。

全球稳定币市场份额如同现代货币巴别塔(如图2-2所示),USDT占据61%的"美元层",USDC把持24%的"合规层",DAI则代表2%的"算法边疆"。

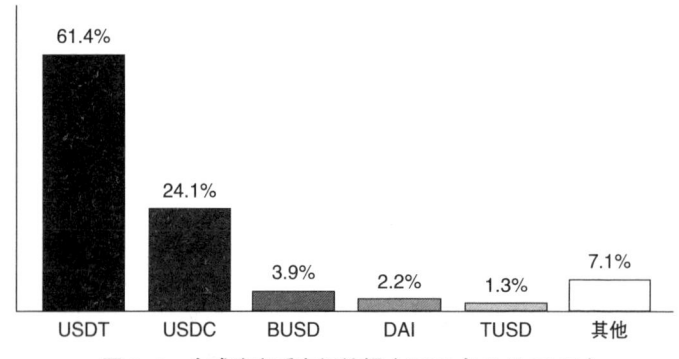

图2-2 全球稳定币市场份额(2025年2月25日)

监管者的困局与破局

人称"加密谷"的瑞士楚格城,高大气派的玻璃幕墙大厦里,一场加密版"猫鼠游戏"正在上演。金融监管局的探员们发现,追踪资金流向从未如此透明又如此困难——每笔交易都永恒镌刻在区块链上,但混币器技术(资金洗衣机)让资金轨迹如同进入量子态般难以捉摸。

全球监管者纷纷亮剑,三股力量既相互竞争,也交织成对抗加密黑箱的铁幕。中国香港证监会拿出"链上显微镜",要求交易所将用户KYC(金融身份证)数据嵌入交易元数据,每年可以捕获370万笔可疑交易。欧盟高悬"达摩克利斯之剑",MiCA法案规定稳定币储备金必须实时链上审计。新加坡搭建的"监管沙盒"(金融实验安全屋),允许合规稳定币在金融动脉中试运行,其中包含了三种算法稳定币。

而中国的解题思路更具东方智慧:数字人民币通过"可控匿名"在隐私与监管间走钢丝,上海张江的极客们正在用零知识证明技术打造监管友好的隐私交易协议。

阿根廷风暴

米莱总统的激进实验为全球上演了一出加密版的《百万英镑》。比特币ATM机(数字提款机)如雨后春笋般占领了布宜诺斯艾利斯商业领域。建筑工人开始用USDT(美元电子邮票)收取部分工资以对冲通胀,工人工资单上的USDT实质是区块链架构对法币系统的殖民。养老基金偷偷将5%资产配置为**比特币现货ETF**。

> 📖 **知识窗**
>
> **比特币现货ETF**:比特币现货ETF是一种基金,它直接在市场上持有比特币并追踪实时价格。投资者像买卖股票一样交易该基金份额,无需自行保管比特币,降低了加密货币投资的技术门槛和风险。

但硬币的另一面触目惊心,比萨店主不得不每小时更新加密钱包的汇率报价。地下钱庄通过伪造USDT贸易发票转移数十亿美元,USDT贸易发票造假案规模超出传统地下钱庄两个数量级,揭示稳定币带来的洗钱范式变革。退休教师的养老金账户在 BTC 暴跌当日缩水 23%。

货币自由化不是浪漫主义变革，而是伴随阵痛的技术分娩。当萨尔瓦多将比特币设为法币时，并没有告诉民众交易所宕机时可能带来绝望；当 USDT 成为跨境贸易的生命线时，也很少提及泰达公司的储备金迷雾。

另一方面，"贫民区"出现了基于区块链记账的互助信贷联盟，居民通过智能合约管理社区养老金池，绕过贬值中的国家养老金体系。在年化通胀率达 289% 的极限环境中（2023 年阿根廷国家统计局数据），USDT 工资支付系统至少保障了建筑工人家庭 1 个月内购买力流失不超过 5% 的可能，而同期比索现金工资的实际购买力每周贬值达 2.3%。

此外，从阿根廷整体经济来看，2024 年第一季度企业用加密货币完成的国际贸易支付达 37 亿美元，同比激增 480%。制造业企业使用 USDT 发放工资后，员工周转率下降 22%，避免了生产线停摆危机。日常小额交易仍用比索（占比 72%），房地产、汽车等大额交易 64% 采用 USDT，跨境贸易 87% 使用比特币结算。

关键转折点可能出现在 2025 年：若央行数字货币（CBDC）能与私人稳定币成功接轨，或能构建出新型混合货币体系；反之，若比特币进入熊市周期，整个经济的加密资产敞口将引发多米诺危机。

未来货币的三重宇宙

站在 2024 年的时空节点，我们依稀看见货币体系的"三体文明"正在形成。主权数字货币层面，86% 的央行正在研发 CBDC，中国数字人民币已覆盖 2 600 万商户。合规稳定币层面，贝莱德推出的 BUIDL 基金正在将万亿级美债代币化。加密原生层面，比特币算力堪比超级大国，以太坊的智能合约构筑"代码联邦"。

在苏黎世联邦理工学院的实验室里，AI 算法正在训练新型稳定币模型。当物联网传感器开始用闪电网络进行毫秒级微支付，当 zk-SNARKs 技术让监管与隐私完美兼容，我们终于理解哈耶克真正的遗产——不是要摧毁央行体系，而是用竞争机制倒逼货币进化。

货币的终极形态，或许就像正在上海测试的"智能合约央行"的原型：既保持法币的稳定性，又具备加密资产的流动性，更重要的是，所有货币政策都像开源代码般透明可验证。这或许就是数字时代对"自发秩序"的最佳诠释——不是无政府主义狂欢，而是用技术民主重建金融信任。

记账技术的革新

人类社会的记账方式，经历了四个阶段，第一阶段是结绳记事，第二阶段是记流水账，第三阶段是复式记账，第四阶段是区块链记账。

结绳记事和流水账

古人通过使用绳索来记载和传递信息，这种方式打破了时间和地点的束缚。结绳记事始于语言和文字的诞生，持续了相当长的时间。古代中国的文献中已经有关于这个问题的记录。《周易·系辞》中提到古人通过"结绳"来进行账目管理。结绳记事就是人类最原始的账本。古人记录流水账不管分类，有一笔记一笔，没有结构化，因此也难以计算利润和折旧。

复式记账

后来出现了复式记账。大约在 300 年前，复式记账开始出现，这个过程从 13 世纪开始，一直持续到 15 世纪结束，主要影响的是意大利的商业中心，例如威尼斯和热那亚。伴随地中海地区的商业与手工业的发展，特别是海洋交易以及货币转让行业的崛起，对账本的需求也在逐渐提高。经过一段时间的积累与创新，科学的复式记账法在意大利诞生，象征着记账方法的重大突破。

以账户为基础

复式记账法听起来高大上，但实际上它就是我们现在的财务报告——分别列出收入、成本、盈利、资产和债务。"借贷必然存在，且借贷的数额必须一致"是其核心准则。复式记账的核心是账户，并需要一个中央机构来进行管理。比如银行、公司的财务部门和财务中心，那么这些机构的存在又是为了什么呢？

他们必须满足计算与核实的需求，必须明确并非在随意记账，因为在做日常账目的过程中，当这些账目的顺序被混淆时，很可能存在欺诈行为。

中心化机构

为避免欺诈的产生，必须设立一个中心化组织（第三方）以实施管理。其优势体现在，通过银行等第三方机构的信誉保障，人们的资产转移账户变得更加高效。那么它的缺点又是什么呢？随着时间的推移，那些被视为核心的组织，会通过其独特的优势试图获得更多的经济回报。

因此一旦我们提供了这些资金并且享受到其方便，那么除了你需要支付的显著的费用，其实在背后，他们已经完全控制着你的一切，尤其是你的信息权。

换句话说，现今的公民并没有获取自己的完整信息的权利，如果你想查询一年前的收入信息，你需要特意到银行窗口完成。所有的信息都被分散在各家银行，而这些银行的结算则被央行控制。

随着网络电商的兴起，人们在网络电商中的个人信息越来越集中，这些信息主要由具有垄断性的互联网平台掌控。也就是说，随着第三方权力的集中，相关资源和数据的控制权也在逐渐集中，这些接近垄断的公司和机构获得的利润也在逐渐增加。

记账中心的油水

如今金融已经转变为一个受人瞩目的优势领域，其本质上只是个记账中心。

基于复式记账体系，这些以中心化机构为主导的金融组织无需担忧任何潜在的危险。无论如何，他们已将政权和全体公民牢牢地捆绑在自己的战斗机中，一旦胜利，他们就会占据主导地位。如果失败，政府会通过印制货币来支付，这已经转化为一个风险较小但收益却很大的游戏。所有金融组织都喜欢这个游戏，因此复式记账系统的缺陷也逐渐显现出来。

区块链记账

2009年中本聪成功开发了比特币,他使用的主要技术就是像P2P(point to point,一种计算机节点到节点之间的数据传输技术)这种传统的计算机通信技术,直到现在迅雷都是利用P2P技术下载视频或其他各种文件。

2014年因渐冻症离世的Hal Finney是比特币的PoW模型(proof of work工作量证明模型)的发明人。Blockstream公司的董事长兼密码学家Adam Back给世界贡献了哈希(Hash)算法。后面我们会提到区块链浏览器,接受过区块链基础培训的读者们可以在区块链浏览器上看到每一笔转账或其他交易都会附加一个唯一的哈希值。整个区块链记账流程可见图2-3。

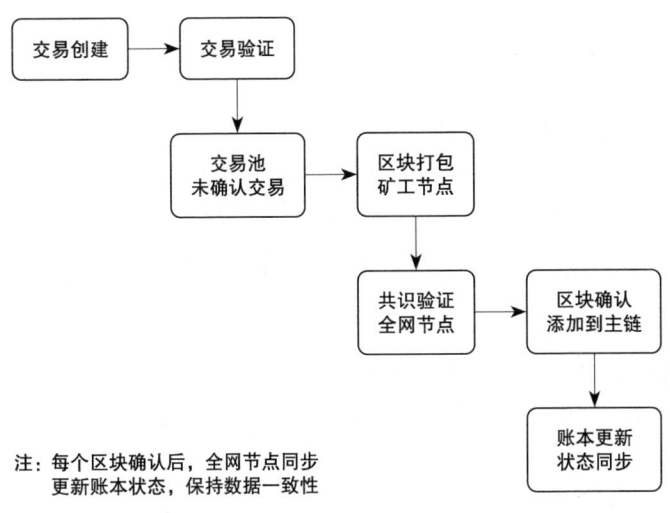

图 2-3 区块链记账流程

UTXO

我们自然而然会想问中本聪先生到底做出了哪些贡献呢?答案是工作量证明(PoW)、区块链的共识机制和UTXO(unspent transaction output,未花费的交易输出)。

自1988年以来硅谷的研究人员和密码学者们一直在思考,有没有可能创造一种新型的电子加密货币。他们期待通过此种新型的电子加密货币进行交易,这是他们的一项伟大愿景。电子加密货币的Cyberpunk运动是一种在文化领域的表现形式,咱们可以引以为傲的华人后裔戴伟是Cyberpunk运动中一个具有标志性的人物。在20世纪90年代末他成功研发了一种电子加密货币。

然而这种加密货币存在一个致命的问题,即无法完全避免双花(double spend)。那么双花是什么呢?我同事把自己银行卡里仅有的一美元既向小明又向小美转账,一美元花了两次,这无疑构成了欺诈行为。若无法消除此类欺诈行为,那么电子加密货币将无效。而中本聪利用UTXO创新性地解决了这个难题。为了理解UTXO,我们一起看一个例子。

UTXO(未花费的交易输出)好比是超市购物。想象你去超市用现金购物:

- 你钱包里有3张纸币:100元、50元、20元(这就是你的UTXO集合)
- 购物车商品总价88元
- 结账时你选择用100元支付(消耗一个UTXO)
- 收银员找你12元现金(生成新的UTXO)
- 此时原100元纸币被标记为已使用,新增12元纸币成为可用UTXO

整个过程就像区块链交易(如图2-4所示):

输入:100元(已存在的UTXO)

输出:88元(给商家)+12元(找零,新UTXO)

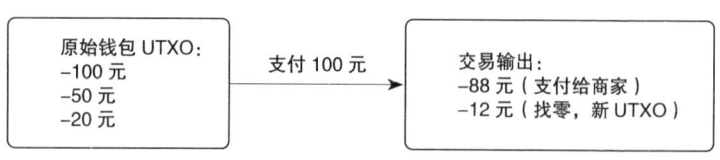

图2-4 UTXO购物流程示意图

以上操作不需要任何中间人来提供证据或记录账目,只需你给店员支付UTXO,然后把这件事通过广播告诉所有矿工计算机。那么账目的记录应该由谁负责呢?采取PoW(工作量证明)的方式,让所有的矿工计算机都加入其中竞争这项记录权。

所有矿工计算机都猜某个符合特定条件的哈希序列，谁先猜到谁就记账。记账者能够获得比特币作为新的 UTXO 的奖赏，因此大家争先恐后地争着猜数。猜数过程中需要矿工计算机花费大量的计算工作量来证明自己干活了，所以这种证明方式叫作工作量证明。

没有颠覆复式记账

尽管比特币的区块链技术已经被广泛应用，但其复式记账法的改革仍然困难重重。由于在比特币区块链中，所有的比特币都必须被分配到各个账户，每一次比特币的流动都会有账户流出，也必然会有账户流入，反之亦然。

因此复式记账法仍然是主导，且必须坚守"入必有出，出必相等"的原则，否则就会破坏其全局的均衡，导致整个系统的混乱。复式记账中的信任往往依赖于银行、审计机构等第三方，而区块链通过分布式共识提供了一种新的信任机制。

在比特币的区块链中，记账的方式并非仅限于每一位用户，也非仅仅由他们记录，更多的时候全网的记账以及分布式存储（就像一个共享的云盘，数据存储在多个地方）都被大家一起完成。然而这仅仅是记账的一种具体方式，并未对复式记账法产生颠覆性的影响。

不过，区块链的特性为记账法的创新提供了新思路。UTXO 是能够跟踪加密货币的"输入"和"输出"的底层交易模型，而密码学家 Ian Grigg 提出的三重记账是应用层的创新，能够记录交易的多方状态，增强交易透明度和审计能力。

供应链中的三重记账应用

背景

某电子产品制造商（A 公司）向供应商（B 公司）采购芯片，并通过分销商（C 公司）销售成品。传统复式记账中，三方各自记录交易，但存在对账延迟、数据不一致甚至篡改风险。通过区块链实现三重记账法后，交易透明度和可信度显著提升。

传统复式记账流程（问题）

订单阶段

A 公司记录"应付账款 – 供应商 B"，B 公司记录"应收账款 – 客户 A"。其风险是，若 B 公司私下修改订单金额，A 公司需耗费时间对账核查。

发货阶段

B 公司发货后记录"库存减少"，A 公司收货后记录"存货增加"。其风险是，若物流延误或货物损坏，双方记录可能矛盾，责任难以追溯。

支付阶段

A 公司支付后记录"银行存款减少"，B 公司记录"现金增加"。其风险是，若 B 公司声称未收到款项，需依赖银行流水作为第三方证明，流程烦琐。

区块链三重记账流程（解决方案）

订单上链

A 公司通过智能合约向 B 公司发送采购订单，包含数量、价格、交付时间等条款。其三重记账条目如下。

- A 公司：应付账款（借）→智能合约（贷）
- B 公司：智能合约（借）→应收账款（贷）
- 区块链记录：订单哈希值（如 SHA-256：3a7b……）、数字签名、时间戳，全网节点同步存储

物流与验收

B 公司发货时，物流信息（如 GPS 数据、温湿度传感器读数）自动写入区块链。A 公司收货后，扫描芯片二维码验证真伪，确认信息后触发智能合约。其三重记账条目如下。

- B 公司：存货减少→智能合约（贷）
- A 公司：存货增加→智能合约（借）
- 区块链记录：物流哈希值、验收时间戳，分布式节点验证一致性

自动支付与审计

智能合约根据验收结果自动释放货款：A 公司账户扣除款项，B

公司账户增加相应金额。其三重记账条目如下。
- A 公司：银行存款减少→智能合约（贷）
- B 公司：智能合约（借）→现金增加（贷）
- 区块链记录：支付交易哈希值，链上永久可查，C 公司作为分销方可实时追踪成本流

三重记账的优势对比见表 2-4。

表 2-4　三重记账优势对比

环节	复式记账痛点	三重记账改进
对账效率	人工核对，耗时数天	链上数据实时同步，各方即时可见
防篡改能力	依赖公司内控，易伪造	哈希加密 + 分布式存储，修改任一记录需攻破全网 51% 的节点
审计成本	需第三方机构介入，费用高	审计方直接访问区块链，自动生成可验证报告
纠纷解决	举证困难，依赖法律流程	链上存证（如物流传感器数据）作为不可抵赖凭证

案例解析

每一笔交易（订单、物流、支付）均在区块链上生成加密凭证，作为独立于 A/B 公司的"第三方条目"。例如，订单哈希值 3a7b……既是 A 公司的应付依据，也是 B 公司的应收证明，同时是审计方的验证来源。

类似比特币 UTXO 的"未花费输出"，智能合约中的货款在未支付前属于"未释放信用"，支付后标记为"已消耗"，同时生成新的 UTXO（如 B 公司的现金增加）。若分销商 C 公司加入链，可基于同一智能合约分账：A 公司销售成品后，货款自动按比例分配给 B（芯片成本）和 C（分销佣金），全程无人工干预。

这一案例表明，三重记账法通过区块链将传统"双边信任"转化为"数字信任"，在复杂交易网络中实现全局一致性。未来，结合物联网（如自动采集数据）与零知识证明（如保护商业机密），三重记账或将成为企业链改造的核心模块。

持续演进

账本的历史变迁源于人类在日常经济活动中,为了适应并优化其运营,逐渐创造出各种科技。如今我们已采纳了区块链等先进科技,预计未来将继续发展。

将交易写入区块链有很多好处。就像在企业的会计账簿中的分层记账一样,在区块链上记录交易将提供对相关交易的可见性。

比如只要签署了业务合同,就能够在区块链这个完整账本上构建一个区域,接着能够根据这个业务合同提交采购订单,并根据这个订单制定账单,然后根据这些账单支付款项等来跟踪整个流程中遇到的所有问题。在此链条里,会包含与协议、采购订单和账目有关的唯一ID,用于把所有的独立元素联系到一起。

拥有一个可以轻松显示整个相关交易字符串的分类账,不仅可以提供出色的审核记录,还可以使交易双方实时更新状态。每次用新记录更新区块链时,交易双方都能立即看到更新。另外借助以太坊等区块链技术,你可以限制对交易各方的访问。区块链记账才刚刚开始,笔者期待看到随着该技术的发展和被广泛采用的广阔应用前景。

永辉超市应用案例

上海,凌晨三点。永辉超市生鲜仓内,警报器突然响起,监控大屏上红色光斑亮起——山东寿光樱桃批次的区块链图谱出现异常:农药残留超标!"锁定货柜,阻断上架!"值班组长林悦迅速在触控屏上操作。27分钟前,这批樱桃刚入库;现在危机被控制在冷链车内。而三年前,处理类似情况往往需要七天七夜,那时腐烂的果蔬堆积如山,消费者的愤怒在社交媒体上蔓延。

三重记账

2021年秋天,北京中关村的一场闭门会议上,永辉技术团队在白板上写下关键要点:"传统复式记账如同二维平面游戏,我们要为每个苹果建立'数字档案'。"首席架构师张野说道,"农户的施肥记录、冷链车的振动频率、超市货架的湿度变化等动态数据,构成了第三重账本!"

这套被称为"商业DNA"的三重记账系统,将物理世界的各类信息记录在区块链上。四川攀枝花的芒果在采摘时,糖度数据被记录并附上时间戳；内蒙古草原的羊肉在运输过程中，车载 GPS 轨迹成为其独特的标识；浙江舟山的带鱼在捕捞时，海水盐度数据成为其电子档案的一部分。

透明风暴

2023 年"3·15"之夜，上海白领李晓薇用手机扫描车厘子包装，地图上的详细溯源信息让她惊讶：

- 00:23 云南基地空气 PM2.5 值 8 $\mu g/m^3$
- 03:17 冷藏车在杭瑞高速遇 17 分钟堵车，温控记录波动 0.8℃
- 07:49 上海分拣中心 AI 质检得分 86 分，果径标准差 0.3 mm

"这水果带着详细的生长和运输记录！"她在朋友圈的分享引发广泛传播。当越来越多的消费者开始用区块链数据对比商品信息时，传统商业中的一些虚假信息逐渐难以立足。

数智觉醒

这场变革正在重塑经济格局。长三角某蔬菜基地的合同纠纷率大幅下降，因为智能合约在芹菜装车时就已确保货款支付；某网红奶茶店的原料投诉显著减少，每一颗珍珠的淀粉溯源都能精准到原料产地的具体位置；海关通关效率大幅提升，区块链存证让报关单成为可信赖的电子凭证。

2024 年春节，一批问题猪肉在短时间内被全面处理，市场监管总局局长表示："这是技术层面的重大进步，我们有效提升了市场监管效能。"

此时，上海外滩的霓虹灯下，永辉的区块链大屏显示着每秒 500 万条的数据。那些在冷链网络中的商品，带着数字信息，成为新的商业物种，展示着一个事实：当信任能够通过数据验证，商业文明就有了新的发展动力。

区块链与密码学

密码学支撑区块链的三大支柱

哈希函数（数字指纹）

哈希函数就像数据的"指纹提取器"。想象每个人的指纹独一无二且长度固定,无论你身高体型如何,只需轻轻一按,就能生成一串特定符号。不论文件是小说还是视频,哈希函数都能输出固定长度的"指纹"(图2-5)。

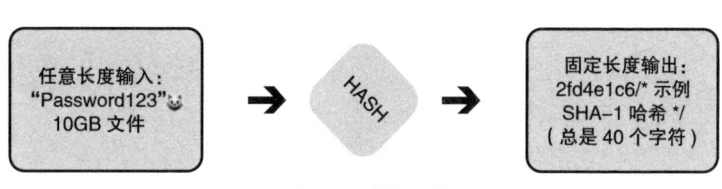

图 2-5 哈希函数

指纹无法还原出完整容貌,黑客拿到密码的哈希值,也无法倒推出原始密码。现实中难以找到两个指纹完全相同的人,哈希函数也让数据"指纹"几乎不可能重复。

不同的哈希函数类型对比见表2-5。不同的数学难题对比见表2-6。

表 2-5 哈希函数类型对比

类型	示例算法	输出长度	安全性	常见用途
加密哈希	SHA-256	256位	高(抗量子攻击)	区块链、数字签名
非加密哈希	MurmurHash	32/128位	低(用于快速查重)	布隆过滤器、缓存键值
已破解算法	MD5	128位	不安全(已知碰撞攻击)	旧版文件校验

表 2-6 数学难题对比

技术	依赖难题	数学领域	典型攻击复杂度
哈希函数	非线性方程组求解	布尔代数	$O(2^n)$
RSA	大整数分解问题	数论	GNFS算法 $O(e^{1.9(\ln n)^{1/3}(\ln\ln n)^{2/3}})$
ECC	椭圆曲线离散对数问题	代数几何	Pollard's Rho $O(\sqrt{n})$

非对称加密（钥匙分离）

非对称加密是一种使用成对密钥（公钥与私钥）的加密机制，其核心特征是：公钥可公开分发，用于加密数据或验证签名；私钥仅由持有者保管，用于解密数据或生成签名。

共识机制（防篡改协议）

共识机制的核心要素见图 2-6。

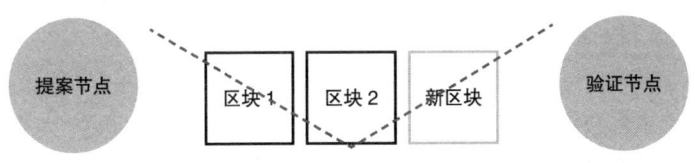

共识机制核心要素：

工作量证明（PoW）
- 通过算力竞争记账权
- 耗能大但安全性高
- 示例：比特币

权益证明（PoS）
- 通过持币数量决定记账权
- 能效高但需要抵押
- 示例：以太坊 2.0

图 2-6 共识机制

以下用几个小故事来讲解。

守护村子的"共识宝珠"

在一个名为"链界村"的山谷中，村民们世代守护着一颗能预知天气的魔法宝珠。宝珠的力量需要全村人共同维护，但每年雨季前，总有人想偷偷篡改宝珠的预言，让天气偏向自家农田。

独裁者的失败

最初，村里推选一位长老单独守护宝珠。可没过几年，长老被贿赂，私自修改预言，导致庄稼大面积受灾。村民们意识到：权力集中，必生腐败。

新规则——共识竞赛

一位叫中本聪的游侠提出"共识三法则"。

人人可参与：任何村民都能竞争"宝珠守护者"，但需通过考验。

验证即真相：守护者写下预言后，全村人必须共同验证其真实性。

诚实者得奖：成功守护宝珠的人，会获得村民集体奖励的稻谷。

第一年——劳力证明（PoW）

规则：所有竞争者比赛解一道数学谜题，谁先解开，谁就能刻写预言。

铁柱连夜用算盘解题，第一个算出答案。

其他村民迅速验算，确认答案正确后，将预言刻上宝珠。

关键点：作弊者想伪造答案，但验算成本极高，得不偿失。

第二年——权益证明（PoS）

规则：村民抵押自家稻谷作为"诚信押金"，押得越多，被选为守护者的概率越高。

阿禾抵押了全村最多的稻谷，获得写预言的权利。

若她作假，押金将被没收并分给其他村民。

关键点：富人作恶的成本远高于收益，诚实更划算。

第三年——民主投票（DPoS）

规则：全村投票选出 10 位"可信代表"，轮流守护宝珠。

被选中的代表必须公开预言逻辑，接受随时抽查。

关键点：效率高，但若代表作弊，村民可立即投票罢免。

反派的溃败

巫师"双花"偷偷潜入村子，企图同时贿赂多个守护者篡改预言。但当他发现：

在 PoW 中，他需要消耗全村三倍的算力才能造假；

在 PoS 中，他得抵押所有家当，但一旦失败就血本无归；

在 DPoS 中，村民实时监督，篡改立刻暴露……

最终，巫师灰溜溜地逃走了。

故事的寓意

去中心化：权力分散给所有人，无人能独裁。

激励相容：规则让"诚实比作弊更有利"。

灵活适应：不同场景需要不同的共识（PoW/PoS/DPoS）。

从此，链界村的宝珠预言再未被篡改。而这项规则，正是区块链中比特币、以太坊等系统赖以生存的核心——共识机制。

共识机制之间的对比，见表 2-7。

表 2-7 共识机制对比

共识机制	描述	优点	缺点	适用场景
PoW（Proof of Work）	节点通过解决复杂的数学难题来竞争记账权，最先解决的节点获得奖励	- 高安全性（抗51%攻击） - 去中心化程度高	- 能源消耗大 - 低吞吐量 - 挖矿设备集中化风险	比特币、莱特币等加密货币
PoS（Proof of Stake）	节点根据持有的代币数量和时间（权益）被随机选中来验证交易	- 能源效率高 - 更环保 - 支持高存吞量	- 可能导致"富者愈富" - 安全性依赖于代币分布	以太坊 2.0、Cardano 等
DPoS（Delegated PoS）	代币持有者投票选出少数节点（代表）来验证交易，代表轮流记账	- 高吞吐量 - 低延迟 - 能源效率高	- 去中心化程度较低 - 依赖选举机制，可能存在中心化风险	EOS、TRON 等
PBFT（Practical Byzantine Fault Tolerance）	节点通过多轮投票达成共识，容忍少数恶意节点	- 高交易速度 - 低延迟 - 适合小规模网络	- 节点数量受限 - 通信开销大 - 不适合大规模去中心化网络	联盟链、私有链（如 Hyperledger）
PoA（Proof of Authority）	由预先选定的可信节点（权威节点）验证交易	- 高吞吐量 - 低延迟 - 适合特定场景	- 高度中心化 - 依赖权威节点的可信度	私有链、测试网络
PoSpace（Proof of Space）	节点通过提供存储空间来参与共识，存储空间越大，获得记账权的概率越高	- 能源效率高 - 利用闲置存储资源	- 存储设备可能集中化 - 安全性依赖存储资源的分布	Chia Network
PoH（Proof of History）	通过时间戳序列化事件，提高共识效率	- 高吞吐量 - 低延迟	- 依赖中心化时钟 - 安全性尚未经过长期验证	Solana

(续表)

共识机制	描述	优点	缺点	适用场景
PoET（Proof of Elapsed Time）	节点随机等待一段时间，等待时间最短的节点获得记账权	-能源效率高 -公平性较好	-依赖可信执行环境（TEE） -可能存在硬件依赖	联盟链（如Hyperledger Sawtooth）
PoC（Proof of Capacity）	节点通过提供硬盘空间来参与共识，类似于PoSpace	-能源效率高 -利用闲置硬盘资源	-存储设备可能集中化 -安全性依赖硬盘资源的分布	Burstcoin
PoR（Proof of Reputation）	节点的信誉度影响其参与公事的权重，信誉度通过历史行为、贡献等衡量	-激励良好行为 -适合特定社区或生态系统	-信誉度评估可能主观 -依赖信誉系统的设计	特定社区或企业链
PoI（Proof of Importance）	节点的记账权不仅取决于代币数量，还取决于其在网络活跃度和贡献	-激励网络参与 -减少"富者愈富"问题	-复杂性较高 -评估标准可能不透明	NEM
PoB（Proof of Burn）	节点通过销毁代币来获得记账权，销毁的代币越多，获得记账权的概率越高	-减少流通代币 -能源效率高	-代币销毁不可逆 -可能不适合长期激励	Slimcoin
PoWeight（Proof of Weight）	节点的记账权取决于多种因素（如代币数量、信誉、贡献等）的加权	-灵活性高 -支持多维度评估	-复杂性较高 -评估标准可能不透明	Algorand
PoAI（Proof of AI）	利用AI算法动态调整共识参数，优化网络性能	-自适应性强 -潜在的高效性和安全性	-技术复杂度高 -尚未经过大规模验证	实验性项目
PoIoT（Proof of IoT）	利用物联网设备参与共识，设备通过提供数据或计算资源来获得记账权	-利用闲置资源 -支持物联网生态系统	-设备安全性较低 -依赖物联网设备的分布	物联网相关区块链

第三章

从比特币到元宇宙：
一部信任机器的进化史

区块链：信任的机器

——《经济学人》封面标题

本章导读：

1. 从比特币的加密货币实验（1.0）到智能合约的金融革新（2.0），再到跨链互操作与隐私保护（3.0）。

2. 技术迭代中，可扩展性、能源效率与合规框架成为关键突破点。

当比特币白皮书在 2008 年金融危机中诞生时，中本聪或许未曾预料到，这项技术将在 15 年后重塑数字世界的信任体系。

如果区块链 1.0 是让价值传递像发送邮件一样简单（比特币），2.0 就是在邮件里内置了自动执行的合同条款（智能合约），而 3.0 则是让这些合同能读懂现实世界的法律条文（预言机 + 合规框架），整个区块链时间演进图谱见图 3-1。而今，随着元宇宙与 Web3 的崛起，区块链正从底层协议升级为数字文明的基石——这是人类首次用代码构筑的自主权价值网络。

区块链技术的演进：从比特币到Web3

比特币引入分布式账本	以太坊引入图灵完备智能合约	联盟链和跨链互操作的发展	Web3的崛起，带来去中心化身份和存储
2009-2014	2015-2020	2021-2025	2026-2030+

图 3-1　区块链时间演进图谱

区块链 1.0

区块链 1.0 时代的核心在于加密货币。目前在海外市场，加密货币在支付和 DeFi（去中心化金融）等领域占据重要地位。

加密货币的出现

比特币于 2009 年作为一种开源软件应用程序进入市场，并在 2010 年首次用于商业交易。当时有人用 10 000 个比特币购买了两个比萨饼，当时 10 000 个比特币价值不到 10 美元，但 2025 年 1 月其价值约为 10 亿美元。由于没有中央机构或服务器来验证交易，因此公众最初对比特币持怀疑态度，不愿使用它。

但从 2014 年开始，比特币的用户基础、品牌知名度和交易量都急剧增长。然而其价值非常不稳定，从 2017 年末的超过 19 000 美元的峰值开始急剧下跌。加密货币创业者创建了许多其他加密货币（也称为"山寨币"）来解决比特币的某些缺陷或效率低下的情况。流行的山寨币包括 Dash、Litecoin 和 XRP（通过瑞波提供）。

在所有除比特币以外的加密货币中，以太坊是最受欢迎的。它是一个开放源代码平台，允许用户构建和启动去中心化应用程序，包括加密货币或数字分类账。用户必须花费特定的数字货币以太币才能在以太坊上运行应用程序。以太币也可以替代常规货币，但其主要目的是促进以太坊的运营。

2024 年比特币现货 ETF 的诞生进一步融合了加密货币和传统金融，全世界的 RWA（真实世界资产代币化）在 2025 年预计达到 500 亿美元的规模（不含稳定币），而 USDT 等稳定币（价格稳定的加密货币，比如 USDT 和美元一比一挂钩）的市场规模在 2025 年预计达到 4 000 亿美元的规模。

交易验证

验证交易的方法因加密货币而异。使用比特币时，第一个参与方或"矿工"（之后省略引号）验证交易，将新数据块添加到数字分类账中，获得一定数量的代币作为奖励。在工作量证明（PoW）系统的模型下，矿工有动力迅速采取行动。但验证交易不仅仅涉及验证比特币已经从一个账户转移到另一个账户。

取而代之的是，矿工**挖矿**必须通过正确识别与交易关联的字母数字序列来回答密码问题。此活动需要大量的反复尝试，因此**哈希率**对于比特币极为重要。

最初很多人都是把比特币当作业余爱好。但随着对加密货币的

> **知识窗**
>
> 哈希率（Hash rate）：完成操作的计算速度，就像跑步的速度，越高表示计算能力越强，是衡量挖矿计算能力的指标。
>
> 挖矿：就像解数学题，解对了就能获得奖励，通过计算解决复杂问题，验证交易并获得奖励。

兴趣增加，比特币矿工的数量和规模猛增，因此需要更复杂的硬件和更强大的计算能力。这种转变有利于大型矿池的兴起。其中许多公司（包括 AntPool 和 BTC.COM）都在国内。排名前五的矿池占整个比特币网络集体哈希率或计算能力的 70%～85%。

世界各国普遍关注挖矿对电网和碳排放的影响，政策差异显著（见表 3-1），多数国家将加密货币纳入税收体系，非洲等新兴市场通过挖矿来缓解经济困境。

加密货币玩家的硬件

在加密货币的早期，业余爱好者依靠中央处理器（CPU）优化计算性能。当比特币网络在 2010 年左右开始扩展时，图形处理单元（GPU）作为首选的加速器取代了 CPU。后来许多公司开始设计用于加密货币挖矿的专用集成电路（ASIC）以提高哈希率，因此 GPU 的崛起是短暂的。

2017 年制造用于比特币交易的 ASIC 公司中约有 50%～60% 位于中国大陆和港澳台地区。其中一些公司在 2008 年比特币进入市场之前就开始创建用于加密货币采矿的 ASIC，因为这已经被视为潜在增长领域。

总部位于中国的公司比特大陆（BitMain Technologies）2017 年提供了 70% 至 80% 的加密货币 ASIC。其客户通常使用"密码绑定"（基本上是多个 ASIC 一起工作）来优化计算速度。

保守估计，比特大陆的毛利率在 65%～75%，营业利润在 55%～65%，2017 年的利润约 30 亿～40 亿美元。这与英伟达的利润率大致相同，但英伟达的营业时间超过 20 年。尽管面临同类厂商的挑战，2023 年比特大陆仍然坚持推出号称史上能耗最低的蚂蚁矿机，力图保

表 3-1 世界各国对加密货币挖矿政策的对比

国家/地区	政策态度	监管措施	能源与环境	经济影响	备注
中国	全面禁止，局部探索	2021年起禁止比特币挖矿；中国香港推动合规区块链创新	曾依赖水电，现以地下矿场为主	矿场外迁，算力流失	通过中国香港试点数字资产
俄罗斯	区域限制+联邦监管	2025年起10个地区禁止挖矿；矿工需登记并分类管理	冬季电力紧张区域限制挖矿	平衡能源补贴与挖矿收益	区分个人与商业用电上限
美国	州级差异，联邦支持可再生能源	得州、怀俄明州税收减免；联邦要求反洗钱和纳税申报	部分州因电力消耗争议限制挖矿	吸引矿企投资，推动地方经济	环保争议推动绿色能源转型
加拿大	资源友好+成熟框架	魁北克省水电竞价分配；企业所得税征收	低廉水电吸引矿场，需满足环保标准	矿企创造就业，税收贡献	个人挖矿可能免税
欧盟	绿色转型+统一监管	2025年实施MiCA框架，要求透明合规	强制使用可再生能源（如冰岛地热发电）	推动低碳经济，限制高能耗矿场	成员国需符合绿色协议目标
中东（阿联酋）	开放支持，推动合规	虚拟资产监管局（VARA）颁发牌照	依赖传统能源，逐步转向可持续方案	吸引国际资本，发展数字金融中心	迪拜为加密货币企业枢纽
南美（萨尔瓦多）	法定货币+鼓励挖矿	比特币合法化，提供矿业税收优惠	电力短缺限制规模化发展	试图通过加密货币缓解经济困境	政府直接参与挖矿项目
日本	开放但严格监管	矿企需注册并遵守反洗钱法规	依赖进口能源，可再生能源探索中	吸引合规企业，抑制非法交易	与金融科技战略结合
印度	模糊限制+高税收	未明确禁止挖矿，但征收30%加密货币利润税	电力短缺，矿场规模小且分散	抑制民间挖矿，央行发行数字货币	政策可能随经济形势调整

持技术领先优势。

尽管现在大多数主要的加密货币都以较高的计算速度奖励矿工，但有些已采取措施防止使用加密钻机的大型采矿池占领市场。比如以太坊所采用的哈希算法 Ethash 被设定为具备 ASIC 的防御性，这就要求矿工需要收集随机信息并进行随机选择的交易来处理他们的密码问题。两项活动都需要频繁访问内存，而 ASIC 本身无法提供。以太坊矿工主要依靠将 GPU 与内存结合使用的系统。

区块链 2.0

让我们研究一下加密货币及其商业应用的不确定性。区块链 2.0 时代迎来许多变化。伴随着 BaaS 的简化实施，区块链业务应用程序市场正在升温。对这些应用程序的需求强劲，2025 年企业用户的数量已经明显超过加密货币矿工。

2017 年风险投资在加密货币和商业应用程序领域的资金达到一个阶段高峰，约为 9 亿美元，而 2018 年仍保持在 6 亿～8 亿美元，2019 年币价出现反弹。根据 CoinMarketCap.com 的最新统计，到 2025 年 1 月，全球一共存在 730 个加密货币交易平台，并且已经推出了 13 000 多种加密货币。

这些加密货币的总市场价值高达约 2.5 万亿美元，比特币、以太币和 XRP 的市场价值位列前三，其中比特币的市场价值更是突破了 1 万亿美元。我们识别出加密货币和 DApp 市场中的几种趋势。

变更算法

隐藏在背后的是，当各方尝试利用创新的算法降低对计算能力依赖时，加密货币市场经历了微妙的转变。

2019 年以太坊考虑使用基于权益证明（PoS）的系统来取代 PoW 系统。PoS 系统会根据参与者在其数字钱包中的货币数量和持有这些货币的时间长短来奖励他们。系统选择在这些因素上评分最高的参与者来验证交易并获得奖励。许多其他大型加密货币网络，包括 Cardano、Dash 和 EOS，也在研究 PoS 算法。

PoS 系统具有几个优点。首先，它们帮助加密货币网络建立了一个由忠实参与者组成的可信任网络，这可能会减少安全漏洞。其次，它们为加密货币矿工创造了公平的竞争环境，因为那些拥有最大计算能力的矿工不一定是赢家。玩家还意识到 PoS 系统具有更高的能源效率，允许更快地交易。

2022 年 9 月以太坊成功完成 PoW 向 PoS 的升级，网络的能源消耗减少了 99.95%。随之而来的是 Solana、Cardano 和 Polkadot 等主流公链也转向了 PoS 系统。

硬件厂商为了支持 PoS 系统的交易验证和智能合约运算，逐渐从 ASIC（application-specific integrated circuit，高性能且高定制运算硬件）转向 GPU 和 FPGA（field-programmable gate array，现场可编程门阵列，比 GPU 和 ASIC 更适合快速原型设计和特定应用）。

探索商业领域新应用

智能合约与传统行业的数字化革新

想象这样一个世界：国际贸易的远洋货轮刚刚靠岸，交易资金立刻到账；证券市场的买卖无需等待两天清算，资金下一秒就到口袋；哪怕偏远山区的农民遭遇极端天气，理赔款也能在一小时内自动打入账户……

这一切不再只是科幻电影的剧本，而是智能合约正在改写商业规则的现实剧本。

区块链 2.0 早已撕掉"炒币专用技术"的标签，化身商业世界的隐形推手。它有智能合约这把"万能钥匙"，能打开跨国支付、供应链透明化、数字身份安全认证的保险箱，甚至能让版权保护从"打官司"变成"自动防盗锁"。

全球巨头们早已抢占这场技术变革的先机：Linux 基金会推出开源平台 Hyperledger，给各行各业配发区块链工具；R3 公司集结金融界精锐打造 Corda 平台，让银行家的精算表变成一行行自动执行的代码。商业文明的齿轮，正在区块链的润滑下悄然加速。

全球区块链市场的爆发与早期探索瓶颈

2017 年，全世界企业在区块链上砸下 10 亿美元。2024 年市场规

> **📖 知识窗**
>
> **跨链技术**：就像一座桥梁，跨链技术连接不同的岛屿，实现互通，可以实现不同区块链之间相互协同。

模直接突破 270 亿美元，同比增长超 100%，DeFi、稳定币、**跨链技术**和企业应用是主要增长动力。中国区块链市场更似一匹黑马：2023 年体量 60 亿人民币，却瞄准 2029 年 431 亿美元的星辰大海，年均增速 54.6% 的子弹列车正在启动。

但梦幻数据下暗藏荆棘。回看 2018 年，区块链项目宛如困在实验室的小白鼠——全行业 90% 的应用被困在 "概念验证" 阶段，创业公司的 C 轮融资像中了消失咒。企业们顶着 "颠覆者" 的光环，却在现实骨感的技术壁垒前撞得鼻青脸肿。那个年代最赚钱的区块链公司，或许是专门教企业写 PoC（概念验证）方案的咨询机构。

规模化应用与分层架构的技术支撑

时间闪回 2025 年，区块链技术终于脱下 "试验服"，换上各行各业的工装。供应链管理、数字身份验证和跨境支付等领域的解决方案日臻成熟。

Ripple 不仅已为中东和新加坡超 50% 的跨境支付提供支持，而且无须银行提前注资，提高了资金利用效率。尽管有消息传递网络等竞争性技术的挑战，但是 DeFi 和智能合约仍然吸引了大量投资，其中 DeFi 的锁仓量达到了 5 000 亿美元。

这场爆发绝非偶然——BaaS（区块链即服务）的出现，如同给企业发了张技术直通卡。过去要自建五层技术栈的苦差事，现在像拼乐高一样简单（见图 3-2）：

- **客户端层**是你的手机 App 和网页界面，用户拿它点按钮看数据
- **应用层**像尽职的管家，管理 API 密钥、守护数据安全
- **服务层**当起数据搬运工，存储、计算、消息推送一气呵成
- **核心层**化身智能指挥官，既要学北京公交系统的 "坏车秒换"（高可用性），又要像快餐店 "客流翻倍立刻加服务员"（可扩展性）
- **基础设施层**则默默提供云服务器和光纤网络，如同城市地下的水电管网

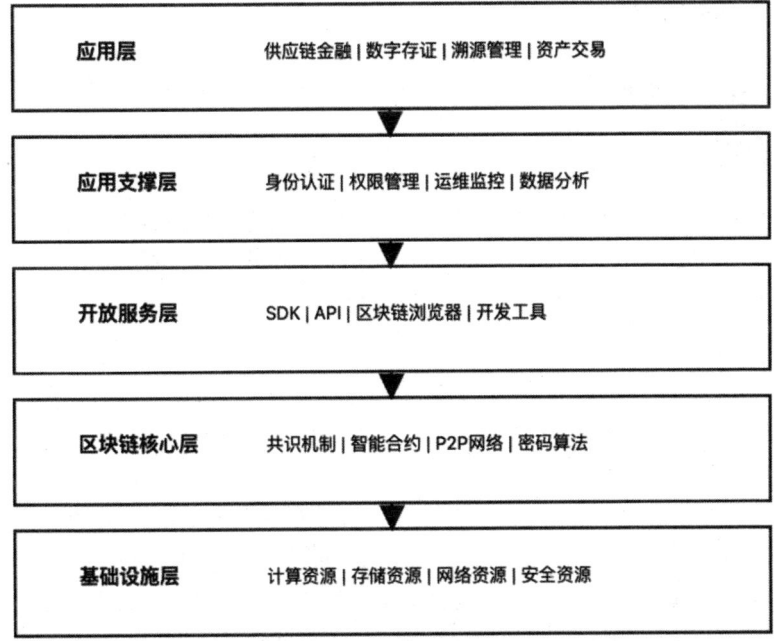

图 3-2　BaaS 五层技术架构

当分层架构降低技术门槛，区块链开始规模化落地：医疗档案的跨机构安全共享、碳足迹的实时追踪认证、文化遗产的数字化永存……这项技术正从极客圈的"黑科技"，蜕变为数字文明的新型基础设施。

区块链 3.0

区块链 3.0 建立在货币、金融等经济领域上对外扩散到社会各行各业，影响人们生活的方方面面，可以说 3.0 是建立在 1.0 和 2.0 的基础上，对 1.0 和 2.0 的补充和完善。未来的区块链 3.0 时代将会是改变世界的变革，未来的人们也会像推崇互联网一样推崇区块链。我们可以从可扩展性、互操作性等角度共同努力加快区块链 3.0 的到来，让区块链尽早为人类造福。

可扩展性

区块链当前的可扩展性问题并不是什么秘密,就像公交车系统需要保障乘客的正常乘坐一样,区块链系统也需要保障交易和通信的正常进行。

可惜区块链除了吞吐量天生较差(例如比特币每秒7笔交易,对比 Visa 每秒2 000笔交易相形见绌),由于挖矿的能源需求,利用工作量证明共识的区块链也遇到了扩展瓶颈。幸运的是,在解决这些可扩展性问题的过程中,有很多区块链3.0解决方案。

Layer2(第二层)

Layer2 已成为主流的区块链扩展和降本增效的方案。目前有多种 Layer2 公链和现有的比特币和以太坊等主链进行集成,以增加比特币和以太坊等主链的吞吐量和效率。

例如许多比特币交易目前通过相对较新的 Layer2 闪电网络进行。以太坊的乐观(Optimistic)Rollups 解决方案成就了 Optimism 和 Arbitrum 两条 Layer2 公链,这两条链的用户能够比较容易地开发智能合约。而希望拥有更高隐私性和效率的用户可以选择 ZK-Rollups 解决方案(见图3-3)。

Optimistic Rollups 解决方案就像它的名称一样,是比较乐观的解决方案,因为采用这种解决方案的 Layer2 公链如果没有人提出非议,

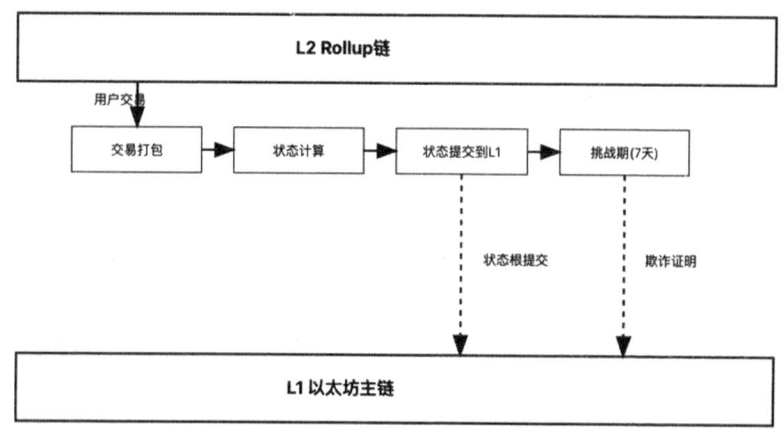

图3-3 乐观 Rollups 机制原理

就默认为交易有效;而 ZK-Rollups 解决方案的公链每次交易都会利用 ZK(零知识证明)机制验证交易的有效性。

共识机制

众所周知,我国政府把基于工作量证明共识算法 PoW 的比特币划为高耗能污染产业,而 2021 年起又禁止在境内设立矿场。所谓矿场,就是一个靠近能提供便宜电的电厂的相比于云计算中心很简陋的计算中心,其中运行的计算机都叫作矿机,比如蚂蚁矿机等。

全世界有很多人都在诟病比特币耗能很大且不环保。此外比特币的 PoW 共识算法交易的速度也很慢。于是包括第二加密货币以太坊在内的众多公链都在寻求更好的共识算法,以太坊选择了从 PoW 到 PoS(权益证明)的转变,实现了以太坊 2.0。表 3-2 是创新共识算法的公链的列表。

表 3-2 共识机制创新的公链项目

公链名称	共识机制	创新点	应用场景
Zilliqa	混合共识(PoW+PBFT)→ 升级为 PoS	- 首个主网分片技术,显著提升吞吐量 - Scilla 智能合约语言(形式化验证,提高安全性) - Zilliqa 2.0:支持 PoS、跨链互操作和 EVM 兼容	DeFi、游戏与 NFT、物联网、社交与广告
DDO Chain	AI-D-PoW(人工智能驱动的工作量证明)	引入 AI 优化挖矿难度调整和网络监控,提升能源效率和安全性	AI 驱动的 DApps、金融、数字期权
InterValue	HashNet(基于 DAG 的分层分片共识)	分层分片、异步 PBFT、Gossip 协议,提高交易吞吐量和网络性能	大规模商业应用
Avalanche	Avalanche 共识	三层网络架构、子网机制,支持高吞吐量和低延迟交易	DeFi、企业区块链部署
Algorand	Pure PoS(纯权益证明)	随机选择验证者、快速最终性、绿色共识,适合可持续区块链发展	金融支付、资产发行、DApps

（续表）

公链名称	共识机制	创新点	应用场景
Solana	PoH（历史证明）+ PoS（权益证明）	历史证明解决时间同步问题、高吞吐量、低成本	DeFi、NFT、高频交易
Polkadot	NPoS（提名权益证明）	异构多链架构、共享安全性、链上治理，实现跨链互操作性	跨链应用、DeFi、物联网
Filecoin	PoRep（复制证明）+ PoSt（时空证明）	存储证明验证数据真实性和持续性，构建去中心化存储网络	分布式存储、数据备份、内容分发
Near Protocol	NightShade（夜影协议，基于状态分片）	状态分片、开发者友好、低延迟，适合高频应用	DApps、游戏、社交网络
Cosmos	Tendermint（BFT+PoS）	跨链互操作性、快速最终性、模块化设计，支持自定义区块链开发	跨链应用、DeFi、供应链管理
Hedera Hashgraph	Hashgraph（异步拜占庭容错）	高吞吐量、公平性、低能耗，适合绿色区块链发展	支付、供应链、身份验证

有向无环图（DAG）

事实上一些项目正在完全远离区块链。例如 IOTA 和 Nano 的基础是 DAG 而不是区块链。DAG 要求节点在创建交易时，节点自身确认其中的几笔交易。这样做可以使 DAG 随着网络的增长而变得更加高效。

互操作性：跨链和预言机

区块链的互操作性是指不同系统间的协同能力，好比不同交通系统的互相连线，乘客先坐地铁，再转乘公交车，最后换乘出租车。由于人们开发了数千个不同的区块链，因此它们之间的协同工作能力至关重要。不幸的是，该行业缺乏促进这种通信的互操作性协议，形成一个个"价值孤岛"。

好比互联网初期的局域网之间并无连接，彼此也不兼容，标准也不一致。许多公司和项目正在从各个角度处理区块链的互操作性问题，以推动 DeFi（去中心化金融）等的广泛应用。为了实现我们的金融目的，我们不再增设中介机构（银行），而是增设更可靠且经济的设备（换乘站）——可信的机器。

Aion、Wanchain 和 Polkadot（波卡）是专门从事互操作性的区块链 3.0 项目。这些项目的目标是提供一种去中心化的、跨链传输数据和资产的机制。这样你可以跨链把比特币换成以太币。

互操作性也不限于跨链的通信（见表 3–3）。我们还需要将区块链连接到传统基础设施。Chainlink 等公司正在努力通过构建一个预言机生态系统来实现这一目标，该生态系统将现实世界的数据输入到区块链网络中。谷歌、甲骨文和 SWIFT 已经与 Chainlink 合作，接收预言机数据，并更轻松地将区块链网络集成到他们的系统中。

表 3–3 区块链互操作性概况

类别	内容	备注/示例
市场规模		
全球市场规模	2025 年全球区块链市场规模预计达到 431 亿美元，年均复合增长率（CAGR）为 54.6%	主要增长驱动力为跨链技术、DeFi 和稳定币的普及
中国市场规模	2023 年中国区块链市场规模约 60 亿元，同比下滑 10.5%，但企业注册数量持续增长，2023 年新增 6.33 万家	中国区块链市场进入理性调整期，但企业对新技术需求旺盛
跨链桥市场规模	跨链桥市场在 2025 年成为区块链生态的核心，预计总锁定价值（TVL）将翻倍，达到 300 亿美元以上	跨链桥的安全性、速度和资本效率显著提升
用户情况		
新增用户	2024 年 10 月，Base 链单月新增用户达 1 940 万，创历史新高	Base 链通过迷因币交易和链上 AI 应用吸引了大量用户
超级用户	Base 链拥有 1 510 万超级用户（执行 100+ 次交易），远超以太坊的 1 070 万	超级用户主要集中在 DeFi 领域，Polygon 在非 DeFi 领域表现突出
用户增长趋势	2024 年以太坊月均新增用户 156 万，Arbitrum 在 5 月单月新增 330 万用户	L2 链（如 Arbitrum、Optimism）在用户增长方面表现强劲

（续表）

类别	内容	备注/示例
关键技术		
跨链桥	连接不同区块链，支持资产和数据的跨链转移	如 Stargate、Relay、Mayan 等
中继链	通过中央链连接多个区块链，实现跨链通信	如 Polkadot 的中继链
侧链	在主链外创建独立链，通过特定机制与主链连接	如比特币的 Liquid 网络
原子交换	基于哈希时间锁的跨链交易方式，支持点对点资产交换	如 Lightning Network
互操作性协议	标准化跨链通信和数据传输的协议	如 IBC（Cosmos）、CCIP（Chainlink）
主要项目		
Polkadot	通过中继链和平行链实现跨链通信，支持异构区块链互操作	已有 400+dApp 接入
Cosmos	使用 IBC 协议实现区块链间的通信和数据交换	支持多链生态系统
Chainlink	提供预言机和跨链互操作性协议（CCIP），支持智能合约跨链调用	集成外部数据源，增强 DeFi 应用
Wanchain	专注于跨链资产转移，支持 30+ 区块链集成	主要用于 DeFi 和资产跨链
应用场景		
DeFi	跨链借贷、交易和流动性挖矿	占跨链用例的 40%
供应链管理	跨链数据共享和透明化，提升供应链效率	预计 2025 年市场规模达 10 亿美元
游戏与 NFT	跨链资产转移和多链 NFT 交易	多链 NFT 增长 120%
跨境支付	通过跨链技术实现低成本、高效的跨境支付	预计 2028 年交易量达 3 万亿美元
挑战		
安全性	跨链桥和智能合约漏洞导致的高风险	2023 年因跨链桥攻击损失 20 亿美元

（续表）

类别	内容	备注/示例
标准化	缺乏统一的跨链协议，导致技术标准不一	80%的项目面临标准化问题
用户体验	跨链操作复杂，用户界面不友好	35%的用户报告操作困难
流动性	跨链资产流动性不足，限制用户选择	仅25%的桥支持流动性资产
未来趋势		
模块化互操作性	模块化设计提升跨链协议的安全性和功能性	如LayerZero V2的模块化验证层
零知识证明	增强跨链交易的隐私性和安全性	如ZKP在跨链验证中的应用
链抽象	通过意图和求解者模型简化多链交互	如Connext（Everclear）的链抽象方案
资产代币化	实现世界资产（RWA）的跨链代币化	预计2025年成为主流趋势

隐私

大多数区块链本质上是公开透明的，这意味着任何人都可以查看钱包和交易。即使隐私对你来说似乎不是一个紧迫的问题，但在实施区块链技术时，许多组织和个人仍将缺乏隐私视为破坏交易的因素。

已经有几种加密货币在其协议中加入了隐私保护。Monero、Dash和Zcash的核心都包含不同级别的匿名性。以太坊甚至计划在不久的将来实施Zcash背后的隐私协议zk-SNARKs（zero-knowledge succinct non-interactive arguments of knowledge）。但是很难说这些加密货币是区块链3.0运动的一部分。

MimbleWimble似乎正在引领区块链3.0隐私保护，其中Grin和Beam是首批实践的两个项目。MimbleWimble是一种独特的区块链协议，它用仅包含输入、输出和签名数据的块替换地址和脚本语言。

这样做会使交易更难以被追踪，并有助于提高区块链的可扩展性。MimbleWimble就像简化了信的内容，并且有可靠信封的信件一样。除了 Grin 和 Beam，比特币和莱特币的开发者也在做 MimbleWimble 集成。

新的增长预期

时间来到 2025 年初，回顾过去几年的区块链领域的进展，我们发现增长速度没有回归到历史最高点，但技术创新层出不穷，机构也踊跃地参与区块链领域的投资当中，市场也愈发成熟。

跨链技术和 RWA（真实世界资产代币化）以及人工智能和区块链的融合给区块链领域带来了新的增长动力。2025 年全球范围内对区块链领域的支持力度明显增强，政策环境逐步完善，为行业发展注入了新的活力，预示着区块链行业未来几年稳健的增长前景。

Web3 与元宇宙

Web3（即 Web3.0）是区块链技术驱动的下一代互联网愿景。区块链是 Web3 的"骨骼"，Web3 是区块链的"血肉"，而元宇宙是应用场景，依赖前两者构建开放、持久、用户主导的虚拟世界。

当 1492 年哥伦布的船队冲破大西洋的迷雾时，他们携带的不仅是罗盘和六分仪，更是一整套改变人类文明进程的认知范式。五百年后，一群数字时代的航海家正在以太坊区块链上锚定新的坐标——这就是 Web3 变革。它不仅是一场技术迭代，更是人类首次在赛博空间构建起完整的产权体系、治理规则和经济模型，其深度变革性不亚于大航海时代对地理疆域的重构。

数字农奴制的瓦解

在中世纪庄园经济中，农奴创造的财富有九成归于领主。今天的互联网平台完美复刻了这种剥削结构：用户每天创造 2.5 万亿字节数据，却无法拥有自己社交图谱的任何权益。某些主流短视频平台创作者获得每千次观看仅 0.02 美元分成，而平台广告收入每千次展示可达 6 美元——这种 100∶1 的价值分配比，正是数字封建主义的活标本。

区块链技术正在打破这种失衡。通过 ERC-6551 协议，每个 NFT 可以成为自主的数字钱包，让游戏玩家的虚拟装备真正具备资产属性；

社交图谱协议 Lens Protocol 将用户的关注列表转化为可组合的社交资产,任何人都能基于此开发去中心化应用;Brave 浏览器用 BAT 代币量化用户注意力价值,让广告收益的 70% 直接回馈观看者。这些创新犹如宗教改革时期的《九十五条论纲》,正在动摇数字农奴制的神学根基。

算法城邦的崛起

1516 年托马斯·莫尔在《乌托邦》中构想的理想国,正在以太坊虚拟机(EVM)中成为现实。2022 年,去中心化交易所 Uniswap 以完全自动化的算法,处理了高达 1.2 万亿美元的交易量,超过高盛集团全年证券交易规模。其核心不过是 500 行开源代码构成的恒定函数做市商(CFMM)模型,却实现了传统金融需要数万员工才能完成的流动性管理。

这种"代码即法律"的范式正在重塑商业文明:
- Aave 的闪电贷机制允许无抵押瞬时借贷,改变了银行信贷的百年风控体系
- Chainlink 的预言机网络构建起价值 250 亿美元的去中心化信息中介
- Yearn.finance 用算法自动优化 DeFi 收益策略,管理资产峰值达 70 亿美元

这些由智能合约驱动的"自治商业体",正在将科斯定理中的交易成本逼近理论极限。就像威尼斯商人发明的复式记账法催生了现代会计制度,Solidity 语言编写的智能合约可能正在孕育数字时代的商业源代码。

数字城邦的文艺复兴

在爱琴海畔的雅典卫城,公民用陶片投票决定城邦命运;在 Web3 的链上王国,智力代币持有者用加密签名参与协议升级。GitcoinDAO 通过二次方投票机制,将 3 800 万美元公共资金精准分配给 1.8 万个开源项目;MakerDAO 的稳定币 DAI 发行系统,由全球 5 400 个 MKR 代币持有者共同治理,其日交易量(35 亿美元)已超过瑞典克朗等法币。

这些去中心化自治组织（DAO）呈现出惊人的进化速度：
- 宪法 DAO 在 72 小时内募集 4 700 万美元竞拍美国宪法副本
- CityDAO 以 400 万美元在怀俄明州购置实体土地进行链上治理实验
- 乌克兰 DAO 通过 NFT 筹款 650 万美元支援战时人道主义

这种新型组织形态正在突破邓巴数字的约束——BitDAO 的治理社区拥有 10.7 万名成员，远超传统公司股东大会的规模上限。就像美第奇家族资助的文艺复兴催生了现代银行体系，DAO 的实践可能正在孵化后公司时代的组织范式。

虚拟边疆的拓殖

当西班牙探险家科尔特斯焚毁舰队以明志时，他宣告了对新大陆的彻底拥抱。今天的数字原住民正在用 NFT 铸造自己的创世记：虚拟地块交易平台 Decentraland 的 LAND 代币市值突破 12 亿美元，相当于加勒比岛国圣基茨和尼维斯的全年 GDP；The Sandbox 中一块 24×24 的虚拟土地以 430 万美元成交，单价超过纽约曼哈顿写字楼。

这场数字圈地运动正在重构价值坐标系：
- Gucci 在 Roblox 卖出 4 100 美元的虚拟手袋，价格超过实体款
- 虚拟建筑师 Krista Kim 的元宇宙住宅"火星之家"以 288 个以太币成交
- 数字时尚平台 RTFKT 的 NFT 运动鞋售价突破 10 万美元

区块链技术赋予这些数字造物真正的稀缺性和流动性，使元宇宙经济具备自我造血能力。就像东印度公司的股票交易催生了阿姆斯特丹证券交易所，NFT 交易市场 OpenSea 的估值在 18 个月内从 0 暴涨至 133 亿美元，昭示着虚拟边疆的资本狂热。

站在数字文明的海格力斯之柱前，我们目睹的不仅是技术变革，更是一场认知范式的迁徙。Web3 的探险家们正在用零知识证明构建隐私新大陆，用灵魂绑定代币（SBT）铸造数字身份护照，用 Layer2 扩容方案铺设价值互联网的"香料航道"。

当未来史学家回望这个时代，或许会如此记载：正如大航海时代重塑了物理世界的经纬，Web3 变革重新标定了数字文明的产权边界与价值坐标，人类终于在自己的创造物中获得了真正的数字主体性。

第四章
区块链行业的现状和发展趋势

前车之覆，后车之鉴。

—— 荀子

本章导读：

1. 类比互联网发展，区块链正处于"安装阶段"，基础设施与商业模式初具雏形。

2. 跨链技术、稳定币与 DeFi 加速渗透，监管与技术创新博弈中酝酿万亿美元市场。

时间坐标定格在 2025 年，全球数字原住民已达 50 亿之众，相当于过去几年间，每 1.6 秒就有一人成为新网民。在这个每秒呼啸着 5PB 数据流量的星球上（足够让全人类不间断观看高清电影 35 年），数字经济已占全球 GDP 的 30%，而中国的贡献堪称耀眼：11 亿网民打造出 60 万亿元人民币的数字经济体量，这足以让长江黄河的水流都带上比特的韵律。

地球正在经历一场静默的数字化迁徙。当我们还在惊叹互联网创造的奇迹时，一个更底层的技术革命已在悄然生长——这就是由区块链构建的"价值互联网"时代。

三大支柱构筑区块链的世界：最底层的基石是算力矩阵——全球联网的计算机形成分布式神经网络；第二层是跨链协议——就像数字大陆间的跨海大桥；最顶层的应用层则呈现出惊人的生长力：以太坊生态已培育出 3 000 个 DApp（去中心化应用）创新物种。而 Solana 生态也已涌现出超过 1 400 个 DApp，每天吸引着超过 360 万个活跃地址访问，共同推动着这场即时、高效的价值互联网革命。

互联网和区块链的发展对比

我们简单对比一下互联网和区块链的发展历程，再提出几个关于区块链的问题。

以太网和联盟链

回顾互联网的历史,早在 20 世纪 60 年代美国就有一些零零星星的关于计算机网络的论文、大公司资助的研究项目,以及国际学术会议出现。1973 年 Bob Metcalfe 在哈佛大学的博士学位论文中,率先阐述了以太网的理念。Xerox 公司的 PARC 电脑已经对其理论进行了验证,其中第一个以太网被命名为 Alto Aloha System。这可以类比超级账本等联盟链。

在同一年,Bob Kahn 等人提出了构建网络的议题,并启动了 ARPA 的网络连接研究。这可以类比比特币和以太坊等公链。1974 年 Vinton Cerf 与 Bob Kahn 共同撰写了一篇名为 *A Protocol for Packet Network Interconnection*(《包交换网络互连协议》)的论文,该论文对 TCP 协议的构建进行了深入的阐述。

2008 年中本聪发布了比特币论文和源代码,2013 年以太坊创始人 Vitalik Buterin 用 Python 写了以太坊原型代码,2014 年微软资助了以太坊的 Go 语言实现。其他各种公链接二连三地上线,IBM 和蚂蚁金服等公司进行了底层技术的研究,层出不穷的区块链大会不断地召开。

互联网的 1998 年和区块链的 2017 年

2017 年全球大约有 6 650 万个家庭拥有数字资产,占全球家庭总数的 3.5%。在 1998 年至 1999 年间,也有 3%～5% 的世界人口接入了互联网。所以区块链的 2017 年相当于互联网的 1998 年。2000 年互联网的泡沫正式崩溃,同样 2018 年,加密货币市场经历了大跌,这一年也象征着区块链技术的新纪元。

泡沫破裂

观察 2000 年的互联网进步,与 2018 年的区块链进步有着惊人的相似性。2000 年 4 月 13 日,新浪首次在纳斯达克上市,紧接着网易和搜狐也相继进行了上市。然而三大门户网站在刚刚踏出第一步的时候,就遭受了纳斯达克的互联网泡沫破裂的打击。新浪的价格从最初的 42 美元下滑到 1.06 美元,而搜狐的价格则从发布时的 13 美元降低到 60 美分。

在全球范围内,雅虎的市值从 937 亿美元降至 97 亿美元,而亚马逊的市值则从 228 亿美元减少到 42 亿美元。2000 年美国总共有 210 家网络公司停业。2018 年停业的区块链企业数量也相当多。

2001 年的互联网泡沫崩溃之后，中国的互联网产业陷入了悲惨的境地。在寒冷的环境下，互联网企业急需寻找新的营收方式以维持生存。在紧急情况下，网易率先开始了收费的试验性行动。3 月网易公布了收费的个人主页服务，紧接着 263 和新浪等公司也相继推出了收费邮箱，腾讯曾经要求收费注册 QQ 号。

在过去，互联网并未像现在这样拥有支付宝等付款方式，甚至只有极少数人能够使用互联网。2001 年"移动梦网"作为一款网络服务，由中国移动发布，主要提供手机网络和彩信功能。同时该网站也采用 SP（Service Provider 服务供应商）作为运营平台。"移动梦网"的用户通过这些服务供应商获得了上网服务，并且"移动梦网"也会对用户进行收费。

通过"移动梦网"的短信服务，中国移动将其服务费用与服务提供商进行了分配，使得新浪和网易等衰落的互联网公司得以复兴。毫无疑问，当时的中国互联网正是由服务提供商所挽救。

回暖

2002 年，我国互联网产业已经进入了复苏阶段，搜狐、新浪和网易都公布了盈利。搜狐在 2002 年 7 月 17 日的推广活动中，成功地将其经济收益转化为正数。在 2002 年 8 月 5 日网易的第二季度财报中实现 3.8 万元人民币的盈利，虽然这笔收入不多，但已经创造了一个新的里程碑。

随后新浪选择了一个极其吉祥的日子——2002 年 8 月 8 日公告，新浪已经完成了 40 万美元的运营现金流。2002 年经过一番狂风暴雨的考验，B2C 电子商务再次崭露头角。因此如电子商务和游戏这样的主流网络模式正在持续地影响着我们的日常生活。

几个问题

简单地回顾完互联网和区块链的发展对比，来思考几个区块链的问题：

区块链公司的救命稻草

2000年那些财力雄厚的商家忽视了一个基本事实：大部分网站此刻并未找到一个合理且可行的盈利方式。2018年，许多以往富裕的区块链公司也并未寻求到一种适当且实用的收益方法。因此区块链企业的盈利方法将是什么呢？假设服务提供商（移动、联通等公司）的重要性在于它得益于全国最大的收费体系运营商，那么在区块链领域，我们应该如何吸引和服务众多的消费者呢？

2024年某运营商给员工做了区块链培训，针对的业务是其视频创作的NFT，所以运营商会再次挽救区块链行业吗？有兴趣的关联区块链企业不妨学习当年新浪和网易的经验，没准将再造前辈的辉煌。关于民生服务场景的链上应用，2024年下半年某支付平台也给员工做了区块链技术培训，所以此支付平台很有可能是中国广泛应用区块链的先锋乃至未来的王者。

并购潮

在遭受资金压力的情况下，收购好像是应对低迷的最普遍方式。2000年网络公司的并购数量庞大：搜狐与ChinaRen的合并、联想与赢时通的合并、Tom与163邮局的合并，携程网对中国最大的预订中心现代运通公司的并购，以及盈动与香港电讯的并购等。

2019年和2020年区块链行业并购数量激增。2019年Facebook收购了区块链初创公司Chainspace，随后就推出了数字货币项目Libra（后更名为Diem，后于2022年终止）。2019年和2020年币安在全世界范围内完成了多起并购，其中包括CoinMarketCap。

是什么在驱动区块链行业整合？我国将区块链纳入新基建，推动区块链技术应用落地。并购帮助头部企业快速获取技术、人才和市场份额，完善其生态布局，尽快合规。

区块链世界的"2002年"何时到来

经过多方面的付出，2002年的新闻平台实现了预期目标，使得公众见证了互联网的希望。那么"2002年"是否会在区块链领域出现呢？大部分的区块链公司现在的关键在于，积极地生存。马云曾经说过，今天的情况相当严峻，明天的情况更加严峻，后天的情况相当美好，但大多数人会在明天晚上死去。

2025 年初，我们预测 2025 年金融基础设施层将定型，2026—2028 年消费级应用爆发。大浪淘沙，ICO 和 NFT 的炒作泡沫已经出清。

早期成功的产品

这一部分将回顾互联网的诞生，同时也会探讨在早期科技阶段中大受欢迎的一些产品。

网景浏览器和币库

令人惊讶的是，早期的互联网时代中，诸如微软和康卡斯特这样的大型企业都将焦点集中在了一个错误的方向上，他们坚信奇点会出现在电视和信息快速通道上，也就是交互式智能电视上，你可以从电视购物。

在居家环境里，我们可以利用网络对话、通过电子书籍等方式进行沟通……今天我们能够在个人电脑中执行各种任务。当时由于电视已经存在了超过 60 年，且普遍被每个人所使用，而当时的个人电脑使用率却极其低下，这就是造成了这种误判的根源。

另外网络的初始版本并非适合一般公众使用，因为需要使用者对 Unix 系统和命令行有所了解。美国在线（AOL）将创建网站并期待人们能够发现它们视为"信仰的突破"。实质上互联网最初是在冷战阶段被视为一种能够对抗核武器的通信设备（ARPANET），并被纳入军事范畴。

后来 DARPA 将其引入学术研究机构，成为一个专门进行研讨会和同业评估的场所。人们并未察觉到，信息高速公路已经存在，并将在个人电脑中实现。首个成功的产品是那些为大众提供了一种便利的途径来访问新产品的技术。

20 世纪 90 年代初期在美国的国家超级计算应用中心 NCSA 学习的一个叫马克·安德森（Marc Andreessen）的勤工俭学者，发现了互联网对普通大众的巨大潜力，他期待能够开发出一款更加便捷、更具人性化的浏览器，让用户能够轻松地访问互联网。

在 1993 年至 1994 年期间，NCSA Mosaic 的网站数量从几百个飙升至数万个,并迅速崛起为拥有 300 万用户的互联网上的最大存在。

1994 年马克·安德森创建互联网浏览器公司——网景(Netscape)。在最初的 18 个月里,网景已经吸引了 3 800 万的用户,同时它还首次进行了创新的公开发行,使其跻身于历史上增速最迅速的企业之列,同时也是首家互联网企业。硅谷与华尔街马上被网景的快速崛起所吸引,触动了"互联网大爆炸"的火花,众多的科技新兴企业也在努力寻找相同的模式。

2008 年比特币在区块链领域被认为是这项技术的首次使用,同时第一批使用者主要集中在技术层面。在加密货币诞生之初,大众并未找到一种便捷的途径去获取并交易比特币。

随着 2011 年的到来,CoinBase(币库)成功地应对了三个核心问题:存储、传输/接受和加密货币的合规转让。这提高了公众对加密货币的使用便利性,币库迅速转变为加密投资者的首选渠道。

截至 2017 年底,币库的用户数量已经突破 1 300 万,成功跻身第一个加密货币"独角兽"行列。这种成功的币库,借助一款用户友好的产品,让主流社会更轻松地接受新的科技,进一步减少了加密货币的技术普及难度。

雅虎和 CoinMarketCap

雅虎(1995)和 Mosaic 一样,都是一家取得巨大成就的企业。这家企业的快速崛起,归功于其能够为初次接触互联网的用户提供有价值的信息。当新的网站开始每天出现时,有两个斯坦福大学的博士生(杨致远和大卫·费罗)作为一种爱好,开始收集自己喜欢的网站链接并发布到学校的网站上。

他们鲜为人知,他们的公共目录为最初的互联网用户提供了巨大的价值,并迅速通过口口相传而流行起来。终究当时被广泛使用的浏览器网景也成功地融入雅虎的页面浏览器中。虽然普通的区块链交易查询工具对于一般使用者来说,无法满足需求,然而仪表板上的列表以及追踪全部的加密货币,却为早期使用者提供了极大的便利。

在加密世界中 CoinMarketCap 与早期的雅虎最相似,CoinMarketCap 使用户可以轻松地找到最受欢迎的链接/加密货币。2013 年这个网站首次推出,只通过七种加密货币以及几个交易平台和市场进行交易,

2018 年已经能够追踪 1 600 多种加密货币和 200 个交易平台，因此迅速地成了加密交易者最喜爱的初级网站。

2013 年 5 月的一个阳光明媚的下午，在纽约皇后区的长岛市，一个孤独的工程师坐在自己的公寓里静静地启动了他最新的项目。他对世界充满了强烈的好奇心，喜欢修修补补，经常发现可以利用自己的工程技能解决一些问题。

这一次，他的问题是，有没有一种简单的方法可以用比特币的价值来衡量越来越多的加密货币？在阅读了中本聪撰写的白皮书后，他对比特币产生了迷恋。几个月来，他一直在思考如何才能最好地衡量这些加密货币。

他突然想到，对于那些已经熟悉其中一些财务术语的人来说，这样的度量标准是有用的也是熟悉的，于是他决定，这就是他能够最好地呈现各种加密货币相对大小的方式。他开始收集这些加密货币的数据，并在一个网站上建立一个非常简单的用户界面来显示它。于是 CoinMarketCap 诞生了。

Alexa 数据显示，CoinMarketCap 从 2018 年初至今的访问量中位列第 174，拥有 6 000 万的独立用户。2025 年初 CoinMarketCap 仍是全世界加密货币数据服务领域的领头羊。

简而言之，由于初始的应用和技术难题，互联网的潜力被掩盖了。许多大公司对互联网的潜力估计过低，因此将关注点转向了既有的电视市场。在互联网与区块链的变革早期，一些早期的成功产品主张采纳众多的科技元素，并赋予用户对新科技的优质使用权限，这些都是第一波用户的重要引领者。

颠覆性公司的起源

回顾互联网变革的历程，很多颠覆性公司的创始人给人的第一印象并不一定是有生意头脑的，他们来自不同背景，是业余爱好者或大学的研究员或黑客甚至是公司雇员。

业余爱好者

建立雅虎的杨致远博士和大卫·费罗博士，开始仅仅把互联网作为一种业余爱好，1994年他们还是斯坦福大学的学生，收集和交易网络早期的新网站链接。在发现了第一个Web浏览器Mosaic之后，两个人都沉迷于万维网（World Wide Web）。当时人们还可以在几个小时内访问完每个存在的网站，而每天都有几个新网站出现。

杨致远和费罗的目标是找到最好的网站，根据类别对其进行排序，然后将其汇总为列表。他们的公共网站目录迅速在浏览网络的第一批用户中传播。在某种程度上，雅虎的第一个版本并不是技术公司，而是一个"榜单"，是通过在网络上聚合原本分布式的网站来提供巨大的价值，使其具备该领域的先发优势。

同样，Vitalik Buterin（币圈V神），以太坊的共同创始人和首席科学家，最初开始写论坛帖子，作为Bitcoin的博客（一种业余爱好），他每个帖子收取5个比特币（当时比特币的价值为每个4美元）的报酬。他为这个网站撰写文章，直到比特币的主流关注度下降，这个网站才关闭。

接着Vitalik Buterin和其他人一起创建了比特币杂志，并且成为主要的作者。在此过程中，他提出了超越比特币允许的财务场景的想法，并于2013年发布了名为以太坊的系统的白皮书。以太坊的官网地址是ethereum.org。

大学研究人员

大学的科研计划能够转化为超越当前科技的新颖策略。1995年，谷歌的创始人拉里与谢尔盖在斯坦福大学相遇，并开始探讨论文的题目。他们认识到网络的构成是基于一个页面连接到另一个页面的连接原则。

在学术领域的影响下，我们经常借鉴其他知名的学术著作来构筑论述，你能够依据引用的频率来评估论文的重要性。反之若是更多的学术著作援引了这本学术著作，那么其权威性就会提升。

拉里与谢尔盖构建了一个功能卓越的搜索平台，这个平台能够依据全球对其的关注度来对网页进行排序，这个功能超越了所有现存的搜索平台，比如雅虎、Excite、Lycos和AltaVista等。

他们尝试解决一些有趣的问题，并且碰到了一些值得信赖的创意。在区块链行业存在一些由学术界推出的项目案例如 Algorand（麻省理工学院 –Silvio Micali）、Oasis Team（加利福尼亚大学 Dawn Song）和 Thunder Core（康奈尔大学 Elaine Shi 和 Rafael Pass）等。

黑客

黑客们通常在大型技术社区分享新想法。在 1997 年至 1998 年的一段期间，第一个平等的音乐文档共享网络服务 napster 的开发者 Shawn Fanning（后来受到 BitTorrent 的启发）被邀请参与了一个叫作 w00w00 的私有 IRC 频道，这个频道属于一个专门的黑客团队。

w00w00 的团队是由匿名的黑客构建的，后来他们创办了数十家技术公司，包括 WhatsApp 和 Arbor Networks。2008 年一位名叫中本聪（Satoshi Nakamoto）的科研人员，研究出一种叫作比特币的新型数字货币，并通过加密邮件发表。

2016 年一位化名 Tom Elvis Jedusor（取名自《哈利·波特》里的 Tom Marvolo Riddle，Voldemort，伏地魔）的人登录进一个比特币研究 IRC 频道 #bitcoin-wizards，并且发布了一份名为 Mimblewimble 协议，这为区块链技术带来了一种全新的解决方案，最后引发了 Grin 和 Beam 项目的诞生，Grin 项目强调持续的通货膨胀，而 Beam 项目强调固定的货币供应量。

成功公司的前雇员

在互联网的浪潮中，PayPal 的之前的员工们持续创建了一些最具影响力的企业和投资机构。

比如埃隆·马斯克（Elon Musk）的特斯拉（Tesla）和杰里米·斯托佩尔曼（Jeremy Stoppelman）的 Yelp，其他 PayPal 的员工都曾经成功地建设、支持或推动过许多广受好评的企业的创建（比如 LinkedIn、YouTube、Yammer、Palantir 和 Square）。所以科技圈的专家经常将其戏称为硅谷的"PayPal 帮"。

Coinbase 一直致力于加密货币与区块链领域，通过相似的手法不断推出一些关键的项目与投资企业，例如莱特币、dYdX、Polychain 等。此外，他们还持续推出了广受欢迎的 ConsenSys（Joseph Lubin）、

Cardano（Charles Hoskinson）、Parity & Polkadot（Gav Would / Gavin Wood）等区块链项目。

由于早期的科技公司员工积累了扩大规模的实践经验，并拥有强大的行业网络，在新兴领域寻找新的商业模式上能够表现出明显的优势。

早期的挑战

在初级科技领域，由于诸如扩展能力、费用以及教育等方面的问题频繁出现，这些都对创新型应用的研究与广泛使用产生了阻碍。然而随着我们亲眼看见了互联网的进步，这些难题通常会在时间的流逝中得到解决，我们应当期望区块链技术能够实现同样的进步。

可扩展性和成本

尽管今天的互联网数据传输速度很快，但是在互联网的初期阶段，其可扩展性和成本方面却面临诸多挑战。1996 年 8 月 7 日，美国的在线互联网服务由于不能满足众多的网络使用者需求，陷入了长达 19 个小时的停滞状态。在那个时期，美国人的网络生活日益丰富，美国在线成为该国最大的互联网服务提供商，其竞争对手包括 Prodigy、CompuServe 和 MSN。

虽然互联网未发生故障，但其访问功能却被短暂地关闭，对许多已经在日常生活中频繁使用互联网的人而言，无疑是巨大的麻烦。

2017 年 12 月，在区块链领域，加密猫（CryptoKitties，一款基于区块链技术的虚拟宠物游戏）交易导致了以太坊的链上交易量急剧增长，以太坊网络几乎完全堵塞。大部分的用户只有当愿意支付高额的 Gas 费用时，才能利用区块链进行交易，这在社群内引发了许多混乱和困扰。

由于以太坊的网络阻碍，很多人开始认识到，当前的区块链技术在应对复杂环境时，其可扩展性不足。这也表明了需要更好的可扩展性解决方案来支持不断增长的用户群及其需求。

当年的互联网环境下，开设初创企业是昂贵的，网络投入和花销也是如此。在那个时候，上网需要一个调制解调器和一根电话线，所有的在线服务都是由本地调制解调器网络提供的，供人们拨打。

美国在线当时是最受欢迎的在线服务，每月的费用为 9.95 美元，访问时间固定。然而超时的费用就会提高到每小时 2.95 美元，这在现今的收费标准下显得非常不合理。随着时间的推移，DSL 的宽带连接最后达到了网络速度的增长，截至 2014 年，网络速度已经是 1999 年的 200 倍，同时价格也降低了 90%。

一直以来，我们都亲眼看见了无线移动电信的快速发展，从最初的 1Mbps 逐渐升级，直至 4G 技术把 2G 技术提升至 25Mbps，这也让像音乐和视频流等新兴服务能够在音乐中得以应用并且变得可行。随着岁月推移，关于扩展能力与费用的约束逐步减少，进一步让更为复杂且带宽紧凑的应用程序变得真正有效。

2018 年区块链还处于早期阶段，而关于可扩展性与费用的问题妨碍了研发更为复杂的应用，也阻碍了更多使用者的加入。由于缺乏可扩展性，区块链的使用者需要花费更多的资金。到 2019 年 2 月为止，以太坊的平均交易成本大概是 0.13 美元，而对于更加复杂的 DApp（比如网络游戏），它们会迅速产生更高的交易成本。

虽然并非所有的操作都必须依赖于区块链，但我们依旧亟需将其扩充到能够应对 DApp 和日常交易的不断增加（Visa 每秒处理 24 000 笔交易）。许多公司正在运用各种策略以提升区块链的交易效率，并在增强的扩展能力、保障的安全性以及实现去中心化的过程中做出决策。

在 EOS 和 TRON（分别为 4 000 TPS 和 750 TPS）推出主网之后，一些人开发了更为复杂的 DApp。随着区块链领域部署更多可扩展的区块链，这种趋势还在持续。

人们正在寻找各种各样的压缩策略，比如创新的数据架构（Sharding、Tangle、DAG、Coda 等），第二层的解决方案（侧链、脱链、哈希时间锁等），还有更高效的共识算法（POS、DPOS、Casper、Avalanche、Hashgraph 等），这些都会逐渐扩大网络带宽，减少区块链的交易费用，进一步为长期的应用环境和服务提供支持。

2025 年初，以太坊的平均交易成本已经下降到不足 0.01 美元，远低于 2019 年的 0.13 美元。

在 1999 年至 2010 年期间，开设初创企业的费用出现了下降。期待在未来的日子里，开设区块链新兴企业的花费会有所减少。随着互联网的兴起，一家新兴企业的年度开销一直在快速减少，自 1999 年的 500 万美元减少至 2005 年的 50 万美元，并且在 2010 年已经降至 5 万美元。

开源的出现和高水平计算的实施是第一波成本降低的主要原因，这是因为它们都没有 UNIX、Web 服务器和 Oracle 数据库的许可证。同时这也意味着无需购买昂贵的 Sun 服务器和 EMC 存储。

接下来第二次成本降低是由于云计算的发展，AWS 的广泛应用，提供了 Web 存储（S3）、处理能力（EC2）以及根据云端流量（自动放大）进行扩展或缩小的能力。Gartner 的数据显示，企业实施区块链概念验证（PoC）的初始投入是 27.5 万美元，而最大的投入可能会超过数百万美元。

2019 年，依据区块链（如以太坊、NEO、EOS 等）的差异，在公链上安装基础 DApp 的成本和交易成本可能需要达到 3 万~8.5 万美元（这是一个有趣的细分）。

目前区块链领域的专业人才稀缺且价格高昂（平均年薪 15 万美元）。就像互联网的进步一样，公众期待通过推动区块链项目来提高其交易的可扩展性并减少其费用。

这种期待已经体现在各个领域，包括全栈平台（如 BaaS 托管的——Kaleido、AWS、Azure、Oracle 等）、开发平台（NoOps-Esprezzo）、中间件（Omnitude）以及开发者工具（Mist、Geth、Truffle、Remix 等）的发布。许多研究人员已经转向了区块链行业。

区块链科普

科普是推广新技术的重要驱动力量，帮助降低跨越门槛的鸿沟。在技术尚未成熟阶段时，人们常对新技术持谨慎态度；而当技术实现实质性突破后，人们便认为其能安全地被投入应用。

互联网科普

布兰特曾被美国在线任命为营销副总裁，目的是增加美国在线的用户数量。当进行市场研究时，她认识到大众对于电脑的操作并不熟悉，这主要表现为"有些人拿起电脑鼠标，就像操控遥控器一样，开始对准电脑"。所以关键的问题就是需要回归到人们熟悉的基本操作。

依靠一种在线服务而不是另一种在线服务来销售给消费者，并不像对消费者进行在线服务的教育那样重要。美国在线实施的营销策略是分发试用盘和 CD 供人们试用，结果证明效果不错，人们签署协议并愿意支付。

美国在线公司进行了大规模的投入，让 CD 能够遍布各个角落，不管是在公众的邮件收件箱，新型电脑设备，书籍，或者租赁的电子书籍，如此一来全球制造的 CD 中，有 50% 都带着美国在线的标识。

该策略使美国的网络服务能力超过其他竞争者，同时也使得它的用户数量由 20 万提升至 2 500 万。一般来说美国的网络营销行为就是一个优秀的实践案例，这个行为通过主动减少参与的标准，有效地激励了"技术不够先进"的早期使用者的使用。

加密货币科普

在讨论加密货币的问题时，我们已经注意到许多关于未来的加密货币和区块链使用者的教育方案，这些方案涵盖了诸如大规模的会议——比如共识会议，德勤或 IBM 主办的企业培训、研究人员的教学——比如 ConsenSys 学院，还有像 Blockchain Education Network 这样的高等学府教学。许多企业也在尝试利用各种活动以及推广活动，无偿提供货币或者冷钱包。

目前我们还面临着许多关于如何与区块链进行互动的问题，你必须掌握一些基本的技能（例如私钥/公钥，Gas/ 交易费等），更别提无法回避的私钥管理以及由此产生的风险。

2024 年 8 月，全世界约有 5.62 亿人持有加密货币，占全球人口的 6.8%。摩根大通的调查显示，71% 的机构交易员计划在 2025 年进行加密货币交易。

Coinbase 2023 年的调研显示，全球仅 38% 的人能准确解释区块链原理，而 65% 的用户因技术复杂性而却步。对于普通人来说，加密货币、区块链和密钥管理的教育对于该行业的进步至关重要。加密货币交易所 Gemini 于 2021 年推出免费教育平台 Cryptopedia。新加坡国立大学与 Polygon 联合开设链上学分课程。

Visa 推出了可编程的企业钱包，允许公司自动化处理付款条件

（如"到货后自动释放 USDC"），降低跨境 B2B 摩擦。星巴克用户通过消费或参与 NFT 谜题游戏可积累积分，积分可兑换独家会员体验（如咖啡庄园旅行），该应用技术底层采用 Polygon 链，交易量已突破 200 万笔。

区块链行业正处于从投机到基建的关键转型期。真正引爆大规模采用的可能并非金融场景，而是嵌入日常生活的低感知应用——比如日本铁路集团即将推出的"链上通勤票"，将通勤数据转化为可交易碳积分。

接下来会发生什么

1994 年初，网景的创始人马克·安德森抵达硅谷，他却觉得自己的决定太迟，错过了一个绝佳的发展机遇。这主要归咎于 1990 年至 1991 年间的短期经济低迷对科技产业的巨大冲击。目前区块链和加密货币的发展阶段与 1994 年的互联网变革极为相似。在那场变革中人们创造了 TCP/IP、HTML 和 FTP 等技术。

在这些变革的推动下，网景（1994）以及后续的脸书（2004）和爱彼迎（2008）得以壮大。在区块链领域我们依然在创新和制造各种组件与设备，它们赋予了我们处理数据、维护个人信息、控制个体身份以及支持扩展的能力。虽然目前还没有出现具有突破性的 DApp，但是随着人工智能、物联网和区块链的融合不断深入，预计在未来几年可能会出现。

2025 年的区块链类似于 2003 年的互联网

由于互联网与社交媒体的存在，现在的世界关系变得越来越紧凑，信息传播速度加快，放大了市场情绪，全世界的资本流动速度加快，投机行为加剧。这些因素以一种前所未见的速度推动了全球的热门事件的发展和产生泡沫，1994 年的互联网和 2018 年的区块链发展即是如此。

根据卡洛塔·佩雷斯（Carlota Perez）的技术变革理论，从经济社会影响的角度分析，技术变革的周期通常分为安装、爆发、狂热和协同四个阶段。我们不妨再前面加一个孕育阶段。

从技术变革周期的视角看，2018年的区块链还在卡洛塔·佩雷斯科技周期的"孕育"阶段，而"安装"阶段还没有到来，原因是之前的市场热情并没有形成转变所需的成果，比如重要的基础设施革新和可复制的商业模式都没有形成。2025年初，区块链技术已经从2018年的"孕育"阶段进入了"安装"阶段，重要的基础设施革新和可复制的商业模式已初步形成。

区块链技术从技术可行到经济可用，比互联网技术度过了更长的验证时间。因为中国侧重联盟链，而欧美国家侧重公链，全世界不同地区进入阶段的节奏有所不同。

如果把2025年视为"安装"阶段的起点，我们需要关注一些标志性事件（见表4-1），如全世界区块链的吞吐量是否达到10万TPS（每秒交易量）的传统金融级别，各国之间是否建立基础合作框架，区块链的经济规模是否达到全世界GDP的1%。

2025年全世界超过三分之二的人口在使用互联网，互联网与我们的日常生活紧密相连。我们有理由相信在加密货币行业，也会有相同的发展路径，这是由于当前全球的联系日益紧凑，并且在过去的几个世纪里，使用新技术的速度越来越快已经成为一种常态。

比如要实现全球市场的25%渗透率，需要46年的电力投入，35年的电话使用，14年的电视机使用，以及7年的网络使用。所以有人预测加密货币可能还需要10年的时间才能实现在互联网中的应用程度。

再看资金量的对比，2003年美国互联网初创公司吸引了大约数十亿美元的风险投资，而2024年全球的区块链企业得到了115亿美元的风险投资。2003年互联网总市值达到了数千亿美元，而2025年初全世界加密货币市场总市值达到了4万亿美元（见表4-2）。

观察这些因素，可以预见在未来几年内，一个或者更多的泡沫将会出现，因为在去中心化的应用程序中，我们会找到"成功且可复制的业务模型"（原话引自Carlota Perez）。同时更多的机构资本也会流入这个行业，这与2004年互联网变革期间的情况相似。

尽管中间会有波折反复，但是区块链行业总市值有望突破10万亿美元，这是由于其融入了加密货币、NFT（就像一张独一无二的收藏卡，每张都有不同的价值，NFT是代表独特资产的数字代币）、DeFi

第四章 区块链行业的现状和发展趋势

表 4-1 区块链技术的发展阶段

阶段	时间范围	经济社会影响特征	区块链技术表现与标志性事件
孕育阶段	2008—2018	- 技术实验与社会质疑：公众认知模糊，经济影响微弱 - 投机萌芽：加密货币被视为"极客玩具"或灰色资产	- 比特币诞生（2008） - 以太坊推出智能合约（2015） - 早期交易所（如 Mt.Gox）兴起与崩溃（2014）
安装阶段	2019—2025（当前）	- 基础设施与规则构建：技术标准化，监管框架探索 - 商业模式：传统机构谨慎参与，可复制的商业模式初步形成	- Layer2 技术突破（Optimism、Arbitrum） - 欧盟 MiCA 法案出台 [2024] - 企业联盟链应用（如蚂蚁链、IBM Food Trust）
爆发阶段	2025—2030（预测）	- 规模化应用与市场扩张：技术渗透主流经济领域，创造新商业模式 - 监管框架初成：各国立法明确加密资产地位、税收、合规化进程加速	- 全球央行数字货币（CBDC）互联互通 - DeFi 2.0 协议主导万亿级链上金融市场 - DAO 组织管理超千亿美元资产（如 Aragon、MakerDAO） - 链上房地产代币化（如 RealT 平台扩展至跨国不动产）
狂热阶段	2030—2035（预测）	- 投机失控与资源错配：资本涌入催生万亿级泡沫，社会资源过度倾斜区块链领域 - 风险集中爆发：系统性漏洞暴露，引跨链协议黑客攻击，引发连锁危机	- 加密货币总市值突破 50 万亿美元（超全球股市规模） - "元宇宙地产"投机潮，虚拟土地单价现实核心地段 - 算法稳定币大规模崩盘（波及传统金融市场） - 能源争议激化（PoW 链耗电占全球 5%）
协同阶段	2035—2040+（预测）	- 理性回归与深度融合：技术成为社会基础设施，监管-技术-商业形成稳定三角 - 经济范式转型：数据主权、去中心化治理成新常态	- 抗量子区块链协议强制升级（应对量子计算威胁） - 全球供应链应链 100% 链上可追溯（如欧盟 eIDAS 2.0 标准扩展至全行业） - 链上数字身份证件取代传统身份治理（如 IBM Food Trust） - AI+ 区块链自动化治理（如 AI 仲裁智能合约纠纷）

表4-2 2024年区块链和加密领域融资情况

领域	融资金额	投资方	案例/项目	备注
基础设施	55亿美元	多家风投机构	模块化技术、L2解决方案、流动性质押协议、开发者工具	2024年基础设施领域融资总额同比增长57%
NFT与游戏	25亿美元	Animoca Brands、OKX Ventures等	NFT市场、区块链游戏项目	融资总额略高于2023年，但市场活动有所下降
Web3	33亿美元	SocialFi、加密AI、DePIN等新兴趋势	去中心化社交网络、AI驱动的区块链应用	近两年融资总额接近2021—2022年水平
DeFi	530笔融资	基于比特币的DeFi用例	稳定币、贷款协议、永续协议	2024年融资笔数同比增长85%
企业区块链	1.64亿美元	同比下降69%	企业级区块链解决方案	2023年融资额为5.36亿美元，2024年大幅下降
AI与区块链	显著增长	Sentient、CeTi、Sahara AI等	AI驱动的区块链应用、去中心化AI计算	2024年AI相关项目融资显著增加，尤其是Q3
稳定币	649亿美元	Tether、Cantor Fitzgerald等	Tether的600亿美元融资	稳定币领域融资总额主要由Tether贡献
Layer 1	341亿美元	Monad、Berachain等	高性能区块链、EVM兼容链	Layer 1项目在2024年Q3融资显著增长
社交与媒体	150亿美元	Farcaster、Zentry等	去中心化社交网络、区块链媒体平台	Farcaster融资150亿美元，Zentry融资140亿美元
预测市场	未披露	Polymarket等	去中心化预测市场	在2024年美国总统大选期间获得关注

和跨链收入等。如果比特币的价格能够与数字黄金持平，那么它就能构成一个价值 7.8 万亿美元的储备库。

当然以上预测需要满足一些前提。全世界主要经济体可能再次严令禁止相关行业的发展，量子计算或零日漏洞可能威胁区块链的安全，而美国等国家持续的高利率也会影响风险资金的投入。

综合以上各种因素，有 50% 的可能性区块链行业总市值在 5 万亿～8 万亿美元之间震荡，40% 的可能性市值超过 10 万亿美元，还有 10% 的可能性也就是在量子计算突破和全球监管封杀的情况下，市值回落到 1 万亿美元以下。*

接下来会发生什么

2024 年底全世界的加密货币总市值达到 3.91 万亿美元，同比增长近一倍，比特币价格创下历史新高 108 135 美元。区块链技术迎来了它的"杀手级应用"——稳定币。USDC 等稳定币在以太坊和以太坊的 2 级网络 Base 上的交易成本大幅度降低，导致 2024 年二季度稳定币的交易量超过 8 万亿美元，远超 Visa 近 4 万亿美元的交易量。全世界 2024 年 9 月活跃加密地址达到 2.2 亿个，比 2023 年年底多了 3 倍。

第五阶段

区块链发展的阶段划分没有一个统一的标准，各种划分方式各有侧重点。其中有一种阶段理论认为，目前人们正在经历区块链发展的第五个阶段，其中包括探索区块链在各行各业的应用以及区块链的可扩展性解决方案。

比特币是一种全新的数字货币，它的首批使用者是一群坚定的科研工作者、密码专家以及解密专家（cypherpunks）。这些专业人士曾积极探索并普及各种类型的加密货币、电子邮件系统以及如 bitcointalk.org 和 Reddit 等社区。

2013 年至 2014 年的第二个阶段，尽管媒体报道的数量有所上升（尽管其中大部分是负面新闻），但是像交易所、钱包、托管以及支付解决方案这样的基础设施的数量却开始上升。在 2015 年至 2017 年的

---

* 以上观点仅为技术探讨用，不可作为投资建议参考。

第三个阶段,我们主要关注的是金融领域的具体运用,比如汇款、小额支付和跨国支付。伴随着以太坊智能合约的诞生,第四个阶段我们寻找了除金融之外的其他领域的应用场景。

在第五个阶段,我们希望看到成功的 DApp 以及相关的应用场景,从而再次增强我们对这项科技的信任,同时也提升了区块链的拓宽能力、个人隐私保护、数据保存、交互性、服务器托管以及用户感受。预计在未来的第六个阶段,DApp 将会与 Dropbox、脸书、Youtube、Airbnb 等中心化的垄断竞争,这将使用户有更多的选择并使 DApp 在数字经济中获得更大的影响力。

请注意一个成功的 DApp 可能需要一段时间来实现,这是由于去中心化的应用程序生态系统所消耗的资源远低于协议。在网络泡沫时代,许多资本投入在创建各种应用(如雅虎、网景、eBay、亚马逊等)上,而协议开发者(TCP/IP、HTML、FTP)则成为幕后英雄,协议开发者基本上不会获得任何回报,这些非营利性质的公司通常会对这项技术的进一步更新进行处理。

然而在区块链行业,我们注意到一个截然不同的现象,那就是绝大多数的投入都被用于支持协议的私人企业(如以太坊、NEO、ICON和本体团队等),而许多的区块链设备(如普通节点设备、硬件钱包、物联网设备等)却未能从中获取任何经济利益。如果资金分配不均,可能会降低 DApp 的全面创建和推出的速度。

跨越"鸿沟"

杰弗里·摩尔(Geoffrey Moore)被誉为高科技市场推广的先驱,同时他也是硅谷策划和创新的权威顾问。"新摩尔定律"是杰弗里·摩尔提出的一个关于技术产品生命周期和市场推广的理论。杰弗里·摩尔的探索主要围绕"销售"这一企业获取收益的核心,并将其全部注意力放在了企业的持续运营与成长之上(见表4-3)。

表4-3 杰弗里·摩尔提出的技术产品生命周期的阶段

阶段	特点	用户类型	市场策略
创新者	最早采用新技术的群体,通常是技术爱好者和冒险者	技术狂热者、冒险者	提供前沿技术,吸引技术爱好者的关注,建立早期口碑

（续表）

阶段	特点	用户类型	市场策略
早期采用者	对新技术有较高兴趣，愿意承担风险，通常是行业内的意见领袖	意见领袖、愿景驱动者	强调技术的创新性和未来潜力，通过意见领袖影响市场
早期大众	务实型用户，需要看到明确的价值和可靠性才会采用新技术	实用主义者、主流用户	提供成熟、可靠且易于使用的解决方案，强调产品的实际价值和稳定性
晚期大众	对新技术持保守态度，通常在产品成熟且价格下降后才会采用	保守型用户、价格敏感者	提供性价比高的产品，降低使用门槛，强调产品的普及性和易用性
落后者	最后采用新技术的群体，通常对新技术持怀疑态度，只有在别无选择时才会使用	怀疑者、传统主义者	提供简单、低风险的产品，强调与传统方式的兼容性和过渡性

向"早期大众"阶段过渡

2024 年，40% 的美国成年人持有加密货币，至少在美国，区块链和加密技术正在从"早期使用者"阶段向"早期大众"阶段过渡。

2025 年，如果稳定币能够成功融入传统系统，如政府财务报销体系和银行业务，加密货币的整体采用率将会大幅提升。将有 100 家上市公司将比特币计入资产负债表，比当前的 68 家有显著增加。AI 智能体的链上活动将超过 100 万个，这些链上活动包括自动执行交易和优化 DeFi 策略等。证券代币化、稳定币和 DeFi 将加速发展。

亚洲：在加密货币所有权方面占比较大，特别是在韩国等接受度高的国家。

非洲：在移动钱包采用率方面表现突出，如肯尼亚等国家。

欧美有望重新崛起为全球加密货币的核心中心。

机构的转变

另外，公众已经注意到了机构的态度转变，尤其是哈佛大学、麻省理工学院、耶鲁大学和达特茅斯大学等捐赠基金的加入，他们开始进军加密货币行业，还投资了剑桥联合公司（Cambridge Associates）。

这是一家领先的养老金和捐赠基金咨询公司，为近 4 000 亿美元的资本提供咨询服务，并开始建议其客户考虑对数字资产领域进行长期投资。

另外，洲际交易所（ICE）已经成立了一个新的项目 Bakkt。这家公司是纽约证券交易所等多个全球交易所的运营商，已经筹措到超过 1.825 亿美元的资金，这样消费者和机构就能够购买、销售、存储和使用数字资产。这些措施将从机构层面进一步促进全球对数字货币的使用，从而协助消除使用上的差距。

投入、协调和统一标准

就像在 1994 年的互联网变革时期，我们现在还在区块链技术的早期阶段，我们估计将出现更大的泡沫，并且更多的资本将涌入 DApp 的生态体系。人们期待未来几年能推出更多的 DApp，这些项目有可能带来变革性的改变，进一步增强人们对这个行业的信任。

随着大企业与金融组织的不断参与，这个行业具备巨大的吸引力，能够填补应用的空白，同时也能够为广泛使用创造条件。构建区块链必须面对繁重的配合工作。

有效的区块链仍需要初始的多方利益相关者相信，区块链比任何其他方式都能更好地满足他们的利益要求。这需要各方认同一系列技术手段，并坚定地投入资源，采用新的技术和工作方式。

区块链广泛应用后，协调问题会变得更加复杂。区块链需要和现有的政府、商业、公益组织的网络通过编程接口等方式实现互操作，这需要不同应用间的统一标准，但此类标准尚未完全形成。

未来可期

2025 年初的以太坊如同 2003 年的宽带互联网，象征着区块链技术从实验阶段迈向大规模应用的转折点，正处于技术爆发的前夜。正如互联网的发展得益于摩尔定律的推动，区块链技术的进步也将加速，进入一个高速发展的快车道。

以太坊 2.0 就像一座醒目的灯塔，象征着区块链从"拨号时代"迈向"宽带时代"。Layer2 解决方案的成功应用，以及 2025 年以太坊 Pectra 升级，将大幅提升网络性能，彻底改善用户体验。

越来越多的行业和领先企业正在积极探索区块链技术的应用场景。与此同时全世界各国政府也意识到这一技术的战略价值，为避免落后于竞争对手，纷纷加快布局。如今成熟的框架元素为开发者提供了坚实的基础，使他们能够高效地搭建、布局并扩展产品，释放区块链技术的无限潜力（见表4-4）。

表 4-4 区块链研发生态

类别	具体示例	功能描述
智能合约开发框架	Truffle、Hardhat、Foundry	提供编译、测试、部署智能合约的工具链
编程语言	Solidity、Vyper	用于编写以太坊智能合约的编程语言
协议标准	ERC-20、ERC-721、ERC-1155	定义代币和NFT的功能和接口标准
Layer 2 扩展解决方案	Optimistic Rollups（Optimism、Arbitrum）、ZK-Rollups（zkSync、StarkNet）	提高交易吞吐量，降低 gas 费用
开发工具	MetaMask、Infura、Alchemy、The Graph	提供钱包、节点API、数据索引等服务，简化开发流程
测试与部署工具	Ganache、Remix、OpenZeppelin	本地测试、浏览器IDE、智能合约模板库
去中心化存储	IPFS、Arweave	分布式文件存储和永久存储解决方案
身份与认证	ENS（以太坊域名服务）、DID（去中心化身份）	将地址映射为易读域名，管理去中心化身份
跨链互操作性	Polkadot、Cosmos、Chainlink	支持不同区块链之间的通信和数据传输
治理与DAO工具	Aragon、Snapshot	创建和管理去中心化自治组织（DAO），支持链下投票
安全工具	MythX、Slither、OpenZeppelin Defender	智能合约漏洞检测、静态分析和监控工具
以太坊2.0基础设施	信标链、分片链、质押工具（Lido、Rocket Pool）	支持权益证明（PoS）、分片技术和简化质押流程

近年来多项政策的实施表明我国政府在不断积极地推动区块链与加密货币的发展。我国政府从国家战略角度布局区块链，发改委推进政务区块链的应用，中国人民银行联合四家国有企业在深圳以及苏州

进行了国家数字货币试点，北京市政府积极推进长安链在市政建设中的应用，国税总局在金税四期项目中也积极地把区块链和智能合约应用到自动化税款征收等流程中。

与此同时美国仍然是一个始终推动区块链进步的主导力量，特朗普政府计划在 2025 年取消 SEC（美国证监会）原先限制加密货币的政策，并计划推出一系列支持区块链和加密货币的政策。政府效率部部长马斯克提出了使用区块链技术来追踪联邦开支、保护数据以及进行支付。

实物资产和金融资产的代币化预计到 2028 年达到 1 万亿美元的市场规模。这里面仅仅房地产一项的想象空间就绝对惊人，更别说还有艺术品和贵金属等其他资产！未来世界的财富会流向何处？答案似乎不言自明。DAO（去中心化治理模式）的应用也会极大促进经济生活的民主化和透明化。

区块链市场现状

2018 年全球的区块链技术市场规模约为 16 亿美元，而 2023 年全球区块链技术市场规模已超过 100 亿美元，预计到 2025 年底有望达到几百亿美元市场规模。各国政府对区块链技术的支持以及企业对数字化转型的需求等客观因素，共同推动了区块链技术市场规模以超过每年 50% 的复合增长率增长，微软和 SAP 等科技巨头仍是区块链市场的主要参与者。

在 2019 年的尾声，中国的区块链行业得到了重要的政策支持，中共中央政治局集体学习区块链，区块链技术被誉为"关键技术自主创新的关键突破口"。2020 年是区块链技术从概念验证走向规模化应用的重要转折点，联盟链在其中扮演了关键角色。区块链技术首先在供应链金融、版权保护、法律证据存储、能源交易等领域实现了应用。

2020 年之后区块链技术从探索阶段进入规模化应用阶段，成为数字经济的重要基础设施。2023 年中国公司在提供区块链咨询、实施、运维和支撑等方面花费 78 亿元人民币，比 2022 年增长 16.4%。随着区块链的快速发展，其所处的政策背景逐渐清晰，这同时也给该行业提供了巨大的增长空间。

中国区块链市场未来可期。区块链的技术与监控能力已经形成大范围的使用前提,目前它在诸如游戏、医疗、物联网、物流、身份验证等多个行业内均有大量的实践应用。

智能合约是市场上最重要的应用之一,通过区块链网络部署的智能合约可确保合同条款和条件无法修改。区块链技术使第三方无法入侵或篡改合约中的数据。因此各个行业的组织都在部署基于区块链的智能合约,以降低验证、执行、仲裁和欺诈预防的成本。

目前大多数中小型企业正在尝试采用区块链技术。由于区块链技术的去中心化、透明和不可篡改特性,区块链技术可以帮助中小企业降低彼此的信任成本并且提高运营环境效率。由于跨链技术愈发完善,链上交易速度愈发迅速,而交易成本愈发低廉。作为区块链基础设施,BaaS 平台成本同样持续走低,预计中小型企业在未来几年内对区块链技术的采用率将大大提高。

金融保险业的垂直市场将成为最大规模的市场。金融保险行业垂直部门已经意识到了区块链技术的重要性,该技术有助于确保客户的交易安全。由于各种因素,例如区块链生态与金融服务行业生态系统的高度兼容性,交易越来越快,成本越来越低,预计金融保险行业垂直领域的区块链技术将在全球范围内经历快速增长。

第五章

区块链的多元应用

  区块链有潜力改变所有行业,包括银行、政府记录、保险、医疗、资产所有权、数字身份、交易、清算和结算、安全投票系统等。

——唐·塔斯考特(Don Tapscott,《区块链革命》作者)

本章导读:

1. 金融、医疗、供应链、物联网等场景全面落地,稳定币成"杀手级"应用。

2. 智能合约重构保险、贷款与跨境支付,数据资产化催生新经济模式。

当我们用美团外卖抚慰饥肠辘辘的深夜，在抖音直播间穿梭云端音乐会，通过京东"次日达"维持生活秩序时，21世纪最伟大的社会实验正在悄然成真——互联网已如空气般浸透人类文明肌理。这场始于二进制代码的无声变革，在新冠大流行中呈现出震撼人心的终极形态：一千多平方公里的中国香港都能"装进"外卖小哥的保温箱里，史诗级的"人类集中上网工程"竟以如此荒诞方式完成。

但这场数字乌托邦暗藏隐疾：当转账记录在银行数据库里"迷路"，当原创音乐在盗版网站间仓皇流窜，当跨国贸易在传真签名中蹒跚，一种更深刻的进化需求正在涌动。区块链技术携带着数学契约精神应运而生，它不仅是下个时代的"数字水泥"，更是重组价值交换架构的"社会操作系统"。

现代化经济体系的桁架上，区块链的"诚信代码"正在重塑信用基建：

跨境汇款正褪去时间外套，SWIFT 数日的跨国旅行缩减为区块链上的"实时传送门"；

融资市场启动去中介化进程，智能合约让价值交换像扫码支付般轻盈；

保险行业引入"机器判官"模型，理赔程序从月历牌跨入沙漏计时。

而在我们触手可及的生活场景中，区块链思维正在孵化"代码共和国"：

厨房里的智能冰箱开始用"通证经济"做管理员，自动补货时能追溯每颗蔬菜的产地基因；

医师调取的电子病历封存着带时间戳的生命密码，医患之间蔓延十世纪的信任坚冰悄然融化；

新生儿的哭声诞生即被铸成 NFT，婚誓盟约被镌刻在分布式账本上，遗产分割自动执行"程序正义"。

数字文明的终极愿景表，正在区块链技术的催化下展开惊人图景：当每台设备都有独立"财产权"，当每份创意都自带防伪芯片，当每个公民都持有主权数字身份——我们不再需要"信任中介费"，经济摩擦系数归零的星辰大海正在显现。这或许是人类首次用数学法则构筑社会契约，用代码文明突破物理边疆，用分布式共识编织命运共同体。

站在 Web3.0 的奇点前哨，每个人都是新大陆的哥伦布。当比特币白皮书演化为重构世界的源代码，这场"无须许可的创新运动"正在开启：大约在二十年后，我们的孩子将难以相信，人类曾活在一个可以篡改数据的"原始互联网"时代。

区块链应用

让我们想象一下 10 年后的区块链"杀手级应用"。通常我们猜测未来的事物总要由已知到未知，所以你首先想到的是目前流行的互联网应用。

前几年一个段子在互联网上广为传播："微信被用来支付款项，QQ 被用来保存照片，抖音被用来熬夜，电话被用来接收快递，而短信则被用来接收验证码。"这些是移动互联网时代的"杀手级应用"，但到了 10 年后会有哪些区块链时代的"杀手级应用"呢？

区块链应用研发

软件应用并非独立于现实生产生活。小明打算设计一款应用，并希望它成为所谓的爆品或"杀手级应用"。为此小明首先必须帮助人们解决现实生活或生产中的问题。

解决生活问题的应用被称为 ToC（面向消费者），解决生产问题的应用被称为 ToB（面向业务领域或商家），此外还有 ToG（面向政府）和 ToD（面向开发者）等应用。V 神当年设计以太坊的时候，就采取了和小明一样的步骤，只不过以太坊是偏底层的应用而已。

小明需要进行调研，了解普通消费者或特定消费人群的痛点，或者了解商家的痛点。这些痛点通常包括为消费者或商家提供便捷的服务、降低成本以及提高效率。比如传统跨境支付手续费高且到账慢，国际交易面临汇率波动风险及外汇管制，面对这些痛点，小明团队设计了稳定币应用。

然后小明会利用所谓的 SMART（具体的、可量化的、可实现的、相关的且有时限的）原则，把消费者或商家的需求明确下来，把需求分割成大大小小的各个层级的模块并明确模块之间的数据流，再选择前后端、数据库、区块链、数字孪生和人工智能（大语言模型和 AI 代理）等各种技术实现这些模块和模块之间的接口。

通常小明会召集一个设计团队来实现上述设计工作，团队中的成员包括产品经理、UI 设计师和信息技术架构师等。实际上在微软的帮助下，V 神才实现了以太坊主流版本（Go 语言版本）的开发落地。

因为用户已经养成了使用习惯，所以现有的互联网应用很难被撤弃，小明的产品经理在设计区块链应用时候就要非常小心，最好用户体验没有怎么改变，但效益却很好。以太坊的操作非常繁杂，通常需要具备半个极客的技术水平，才能够成功驾驭，这样永远不会迎来大众接受的那一天。

Solana 和 Ton 比以太坊更像传统互联网的使用体验。如果新的区块链应用在功能上没有减少，就很容易被商业生态系统所吸收采纳。比如美国购物卡公司 First Data 基于区块链的购物卡，零售商可以减少成本，不依赖外部金融机构处理交易，安全性也更高。商家之间也可以利用区块链转账。

此外，小明的产品经理还要兼顾数据隐私和知识产权的合法合规。小明的架构师会遇到一些技术上的挑战，比如区块链的性能不高，交易速度较慢，数据流量（吞吐量）也不高，智能合约安全性不高等。

之后小明的团队还需要程序员、测试人员和运维人员的参加。以上活动所需的成本按照应用的规模大小从几万到几千万人民币不等，通常采用迭代的方式，先实现 MVP（最小可行产品）测试一下市场的反应,并根据市场的反馈持续优化需求。

最后营销的成本往往是巨大的,往往会超过研究和开发的成本。小明和营销团队成员需要策划并实施营销,写软文、做视频、搞直播、打广告、建社区等。

表5-1从应用领域、案例名称、解决的问题、设计亮点、成功原因等方面介绍了一些国内外知名的典型区块链应用项目。

表5-1 知名区块链应用

应用领域	案例名称	解决的问题	设计亮点	成功原因
供应链透明度	IBM Food Trust	食品供应链中的透明度和可追溯性问题	- 区块链溯源 - 企业合作 - 消费者信任	解决食品安全和信任问题,提升消费者信心
数字身份认证	Microsoft ION	中心化身份认证系统的隐私和安全问题	- 去中心化身份(DID) - 跨平台兼容 - 隐私保护	提供更安全、更隐私的身份认证方式
医疗数据管理	MedRec	医疗数据分散,难以共享和管理	- 数据共享 - 数据安全 - 患者控制	解决医疗数据孤岛问题,提升医疗服务效率
知识产权保护	KodakOne	数字内容的版权保护和侵权追踪	- 版权登记 - 侵权监测 - 自动维权	为创作者提供便捷的版权保护工具
投票系统	Voatz	传统投票系统的安全性和透明度问题	- 区块链记录 - 身份验证 - 实时统计	提供更安全、更透明的投票方式
能源交易	Power Ledger	分布式能源交易中的信任和效率问题	- 点对点交易 - 智能合约 - 透明记录	推动可再生能源普及,降低能源交易成本
房地产管理	Propy	房地产交易的烦琐流程和信任问题	- 智能合约 - 透明记录 - 跨境交易	提高房地产交易效率和透明度

"杀手级"应用——稳定币

稳定币一般由私人机构发行，和法定货币或黄金绑定。而国家数字货币是国家发行的数字化的法定货币。稳定币和国家数字货币都基于区块链技术。

京东集团副总裁沈建光等人在 2024 年 12 月的《国际金融》期刊上发文，指出国际社会的稳定币表现了很好的韧性且市场认可度越来越高，广泛应用在跨境支付、常规金融和 DeFi（去中心化金融）等领域。内地的政策仍以防范风险为主，而为了促进人民币国际化，中国香港成功地结合了稳定币和 e-HKD（香港的数字货币）实现了跨境支付。

因为香港关于交易所牌照的政策要求交易所清退所有已有的内地用户，原本申请的火币等大牌交易所纷纷取消交易所牌照的申请。但是腾讯等公司由于没有既有内地用户的压力，仍旧非常积极地申请交易所牌照。京东也如愿以偿地在香港加密货币交易所发行了稳定币。这些互联网巨头拥有极其敏锐的眼光，不会放过大好时机。

当年支付宝迅速普及的一个重要原因是，它为我国大量没有银行账户的人群提供了一个便利的支付手段，这就是所谓的普惠金融。稳定币和国家数字货币都可以用于支付，也都可以金融普惠。

Tether、Circle 和 Paypal 等私人机构都发行了稳定币，分别是 USDT、USDC 和 PYUSD。随着欧美、日、韩、新加坡各国对稳定币监管体系的逐步完善，以及稳定币与国家数字货币之间技术的相互借鉴融合，这些国家将来也可能把稳定币并入国家数字货币体系。

美国支付公司 Paypal 类似中国的支付宝，体量上比支付宝小不少，但是比支付宝早创建了很多年，且国际化程度远高于支付宝。2023 年 8 月 Paypal 公司推出了自家的稳定币 PYUSD，并绑定美元和美国短期国债，Paypal 副总裁认为稳定币是"杀手级"应用，能够显著降低交易成本并提高结算速度，自此稳定币从加密市场正式进入主流支付市场。

2023 年一年稳定币结算了 10.8 万亿美元的交易，接近同年 Visa 信用卡的 12.3 万亿美元的交易结算量。2024 年稳定币市值增幅近 50%，达到近 2 000 亿美元，有分析师预测，稳定币市值有望五年内达到 3 万亿美元，几乎相当于美国苹果公司的市值，或者全球第五大经济体的体量，超过了英国的经济体量。

法律监管和未来发展

由于稳定币是一种加密货币，我国政府2021年发布的《关于进一步防范和处置虚拟货币交易炒作风险的通知》，禁止了包括稳定币在内的加密货币的业务开展。随后中国人民银行于2024年发布了《中国金融稳定报告（2024）》，承认了国际社会加密货币的发展趋势，赞许了我国香港的加密货币监管措施。

中国香港特区政府认为比特币和以太币等加密货币具有明显地去中心化特征，也不具备证券或股票的特征，不适用于《打击洗钱及恐怖分子资金筹集（修订）条例》的监管范畴。只要不涉及违法行为，比特币和以太币等加密货币就可以在香港的加密货币交易所合法交易。香港的加密货币政策可以为内地提供参考依据。

2023年美国政府发布了《21世纪金融创新与技术法案》，在进行反洗钱和KYC（了解你的客户）等监管措施的前提下，允许私人机构发行包括稳定币在内的加密货币。2024年欧盟发布了《加密资产市场法规》（MiCA），在欧盟成员国的许可和监管下私人机构可以发行包括稳定币在内的加密货币。

由于稳定币在跨境支付、DeFi和Web3.0等应用场景得到广泛应用，具有增强创新能力和便于兼容国际标准的作用，我国在香港进行了"沙盒实验"，支持企业测试稳定币相关业务模式，进行可控范围内的创新尝试。

区块链金融

传统金融系统往往烦琐、容易出错且速度极慢，通常需要中介来调解流程和解决冲突。自然在这方面使人们产生了压力，也花费了人们的时间和金钱。相反用户发现区块链更便宜透明有效。

难怪越来越多的金融服务机构正在使用此系统引入创新，例如智能债券和智能合约。一旦满足某些预编程条款，智能债券会自动向债券持有人支付其息票，而智能合约在满足条件时也会自动执行和自我维护。

借助于区块链技术，最后的交易可能会变为：交易就等同于计算。

基于完整的"互联互通"和区块链的可信环境里,我们能够将所有的交易放置于一个庞大的社群之内,从而达到即时、高效且方便的交易和计算。这里的社群是金融背景下的技术、经济和人文的复合体,单从技术层面讲,智能合约将取代投行、交易所和清算中心。

资产管理

资产管理的常规商业过程可能会带来高额费用和潜在危险,尤其在进行跨国交易的情况下。流程中的每一个参与者(如经纪人、保管人或和解管理人 reconciliation manager)都会保留自己的记录,这可能导致效率严重降低,并且容易出现错误。

区块链利用加密的方式降低了错误率。此外,分类账的使用大大简化了操作过程,并且减少了对中间环节的依赖。

一般来说资产管理公司会选择第三方管理人来记录投资者对股票或有限合伙人权益的所有权。在面对众多投资者的情况下,此类策略便显得力不从心。由于区块链技术的存在,所有的财富拥有者都被永久性地记录下来,并且财富的各个部分是完全独立的,而财富的拥有者和其他相关的数据也是无法被更改的。

因此,财富管理机构可以轻松地使用智能合约和它的高级应用来进行财富的管理。另外如 Fabric 和以太坊等的区块链技术允许投资者在一个账户内拥有多个资产代币(通证)。这样他们就能够轻松地在华尔街的对冲基金或北京的一个住宅区或非洲的一个黄金矿区,或是深圳的一家新兴企业中进行投资。以前这都是不可能的,因为所有的投资都将被单独管理。

保险

保险的核心由信誉度、风险汇聚、风险预测、风险管理和保险合同等构成,一旦这些部分得到了改造并实现"智能合约",那么我们需要重新考虑保险产业及其"社会风险资产管理者"的地位、功能、价值及含义。

由于保险的根源在于一种依据规定的协同机制,例如精确计算的帮扶方式,同时它也可以被视为一套计算体系。因此在区块链和智能合约的背景下我们应该深思,未来是否会存在一个"机器保险公司"。

想象保险行业是个大型互助社团

传统模式下,大家把钱交给保险公司(信任管家),管家用精算师算风险(预测大师),出事时管家审核后赔钱(人工柜台),剩余钱投资赚钱(资金池管理)。

智能合约模式下,保险服务变成区块链上的自动售货机+AI助手(见表5-2):

表5-2 保险领域区块链应用

应用名称	解决的问题	区块链的作用	核心功能
智能合约理赔平台	保险理赔流程烦琐,效率低	-智能合约自动触发理赔 -记录理赔数据,确保透明	-自动化理赔处理 -理赔数据管理 -用户隐私保护
去中心化保险平台	传统保险成本高,透明度低	-去中心化保险合约 -用户共同承担风险	-互助保险合约 -透明化风险管理 -自动化赔付
保险数据共享平台	保险数据孤岛,信息共享困难	-记录保险数据,确保透明和可追溯 -跨机构数据共享	-保险数据管理 -跨机构协作 -数据隐私保护

保险合同就像自动售货理赔机。车祸发生→车载传感器自动上报→区块链对比天气数据/交警记录→符合条件立即打款,就像投币后饮料自动掉出来。

风险汇聚就像P2P互助储钱罐。1 000名车主自发组队,每人往智能合约账户存500元。当年有20人出险,合约自动从总池子拨款赔付,省去保险公司抽成。

风险预测就像AI预言家。不再依赖历史数据手册,实时接入你的智能手表健康数据+城市交通事故直播流,动态调整你的健康险价格,像滴滴打车在高峰期加价一样。

车险App发现你连续急刹车,立即振动方向盘提醒;家庭财产险监测到烟雾报警,5秒内自动关闭智能燃气阀,把风险掐灭在萌芽期。

深度变革

保险公司可能变成"代码维修工"(维护智能合约)和"数据保安"

（保护隐私）。

理赔纠纷从"找客服扯皮"变成"代码有没有 bug"的技术排查。

保险产品像手机流量包。共享单车骑行险按分钟计费，直播网红声带险按打赏金额动态投保。

现实阻碍

黑客攻击智能合约就像抢劫运钞车，一次得手可能掏空整个资金池。

老年人可能宁可信柜台大姐也不信"会自己数钱的代码"。

自动驾驶车险责任难界定。事故是 AI 系统 bug 还是车主没更新软件？

这就像把保险从"纸质合同＋人工柜台"时代，推进到"代码自动执行＋机器信任"时代，但技术铁笼也需要人性化设计。

Etherisc 保险产品

欺诈性保险行为是保险行业的一个难题，这会引发保险公司提高保费，然后保险公司为了降低成本，不得不扩大保险开发新市场或覆盖更多人群，然后可能会有更多的保险欺诈，进而形成恶性循环。

打击欺诈是非常吸引人的区块链保险应用，这种技术能够为保险公司和受害者提供持续的、用于评估索赔的审计追踪。然而保险审计的追踪不只是为了防止欺诈。这个技术能够提高索赔处理系统的自动化水平与工作效能，我们已经观察到一些企业正在对财产及意外伤害保险进行研究。

Etherisc 是一种创新的参数化农作物保险，基于以太坊上的"通用保险框架"（GIF）构建，并与当地天气参数挂钩。通过利用 Chainlink 的预言机网络，Etherisc 能够与外部天气数据源建立可靠的连接，从而实现保险单在极端天气事件发生时的自动触发，及时向保单持有人支付保险赔款。

简而言之，该区块链平台利用智能合约，在发生极端天气事件时自动执行赔付。这一赔付流程通过 Chainlink 的预言机网络与区块链系统绑定，确保了过程的公平性、透明性和防篡改性，并能迅速完成赔付。

除去智能合约带来的客观和防篡改的赔付系统优势外，Etherisc 的技术还显著降低了保险的成本。研究表明利用这种技术可以使签发保单的成本降低 41%，从而大幅减少农民的保费支出。最终保险费的分期付款可低至 50 美分，使得之前无法承担保险费用的农民也能受益于保险保护。

该项目得到了 Chainlink 和以太坊基金会的支持，并且与 ACRE Africa 合作，后者是东非地区最大的农业小额保险提供商之一。2019 年在乐施会和怡安的支持下，该项目在斯里兰卡成功进行了测试。这表明 Etherisc 已经获得了几家重要公司的支持，预示着其未来可能的成功。

2021 年肯尼亚试点中，赔付记录直接上链，农民可通过公共账本验证数据。2023 年在布基纳法索的试点中，66% 的投保农民（约 3 630 人）平均获得 12 美元的赔付，女性占比达 51%，体现了该项目的普惠性。

道德风险和逆选择

自 2011 年起由于个体对于家用轿车的需求不断上升，因此汽车保险行业的发展速度也相当迅速。然而由于道路狭窄和新手众多，汽车的交通事故数量相较之前有了显著的提升。那些已经购置了汽车保险的人，因为拥有了保障，驾驶车辆就像驾驶坦克一样，无论如何发生碰撞，无论如何，只要是汽车出现故障，都会得到保险公司的维护和赔偿。

有些人在酒后驾驶时，难以控制车速。有些人在驾驶时精神不集中，甚至会打瞌睡。因此汽车的交通事故频率增加，导致保险公司所支付的保险金额无法支付给汽车维修公司的维修费用。

道德风险和逆选择是汽车保险业中经常讨论的两个概念，凸显了信息不对称对交易的影响。道德风险指的是，个人在获得保险后可能会改变其行为。例如一旦驾驶员拥有了汽车保险，他们可能会变得不那么谨慎，因为他们感觉自己在财务上得到了保护，不用承担事故带来的经济后果。这种行为改变往往会导致事故发生率上升，增加保险公司的理赔成本。

这种变化反映了道德风险，即投保人在保险后的一些行为增加了保险公司的风险暴露。逆选择则发生在交易的一方比另一方掌握更多信息的情况下。在汽车保险中，这通常表现为高风险的驾驶员更倾向于投保，甚至可能隐瞒一些风险因素以获得更低的保费。

由于保险公司无法全面了解每个申请人的风险水平，可能最终会吸引到一批高风险客户，从而提高理赔成本，扭曲保费结构。为应对逆选择，保险公司通常采用基于风险的定价策略，通过驾驶记录、车辆类型等因素来确定保费。

面对道德风险和逆选择问题，区块链技术和智能合约在未来或许可以为汽车保险行业提供新的解决思路。区块链技术可以提供透明、不易篡改的数据记录，通过将驾驶员行为数据实时上链，实现更为精准的风险评估。

例如，利用区块链的透明性和不可篡改性，保险公司可以追踪车主的驾驶行为和事故记录，形成一个可溯源的信用体系。这将有助于降低道德风险，因为车主将无法轻易掩盖或篡改其驾驶不当的行为记录。

此外，通过引入智能合约，我们可以自动完成赔偿过程，并依据驾驶行为数据进行实时调整保费，从而增强了保险公司对风险的管理能力。在处理道德危机和逆向选择的问题上，区块链技术与智能合约未来有望为汽车保险领域带来一种全新的解决方案。

道德风险和逆选择是保险业常见的两大难题，前者指的是投保人在获得保险后可能会改变其行为，从而增加保险公司的赔付风险；后者则指的是高风险群体倾向于购买保险，而保险公司难以准确评估每个投保人的风险水平，导致定价失衡。传统的保险模式很难有效地应对这两个问题，而区块链和智能合约的引入为解决这些问题提供了可能。

首先，区块链技术可以为保险公司提供透明、不易篡改的数据记录，保证所有信息的真实性和可靠性。通过将驾驶员的行为数据实时记录在区块链上，保险公司能够对车主的驾驶习惯、违章记录、事故发生率等进行全面跟踪和评估。

这种基于数据的评估方式能够消除传统保险中因信息不对称而产生的逆选择问题。例如，保险公司可以通过区块链记录车主的驾驶行为，判断其是否有频繁超速、酒后驾驶等不当行为，这样能够更加精准地评估投保人的风险水平，并为不同风险层次的车主设定差异化的保费价格，从而降低逆选择带来的负面影响。

此外，区块链的不可篡改性使得驾驶员的行为记录更加透明且具有法律效力。车主在投保后不能轻易更改或删除其驾驶记录，这就有效防止了道德风险的发生。如果车主在某一时间段内驾驶不当，保险公司将能够通过区块链系统永久追溯并记录下这一行为，从而确保保险公司可以根据真实的驾驶行为进行赔付，避免因驾驶员不当行为而增加的赔付风险。

智能合约的引入进一步加强了区块链在汽车保险中的应用。智能合约是基于区块链技术的自动执行协议，能够在预定条件满足时自动执行约定条款。在汽车保险领域，智能合约可以根据驾驶行为数据自动调整保费。

例如，若车主的驾驶行为良好，系统可以自动降低保费，反之，则提高保费。此外，智能合约还可以在发生交通事故时，自动触发赔付流程，简化了传统保险中烦琐的理赔程序，提高了效率和透明度。

通过区块链技术和智能合约的结合，保险公司能够实时监控和调整风险水平，降低道德风险和逆选择的发生。以数据驱动的保险模式，其实是一种以行动为导向的方式，它既可以增强保险领域的经营成果，也可以向客户提供更具公正性与个人特色的保险服务。

同时，区块链技术为保险行业提供了全新的风控手段，未来或许能够彻底改变传统汽车保险行业的运作方式，使其更加智能化、透明化和去中心化。

Lemonade

Lemonade 基金会（Lemonade 旗下的非营利组织）于 2022 年成立了 Lemonade Crypto Climate Coalition，这是一个创新的基于区块链的系统，旨在帮助非洲自给自足的农民以成本价购买农作物保险。

这一项目通过量化天气风险，并利用智能合约技术，根据降雨数据自动触发保险索赔，从而为农民提供保护，特别是在干旱、洪水等气候事件发生时，帮助他们避免巨大的经济损失。

该项目的核心在于利用区块链的透明性、不可篡改性和智能合约的自动执行功能，使保险过程更加高效、公正，并且能够实时响应天气变化。通过这一系统，农民能够获得基于实际天气数据的保险赔偿，且无需复杂的人工审查流程，减少了传统保险模式中的欺诈风险和成本。特别是对于受气候变化影响较大的地区（如非洲）的农民而言，这种基于区块链的解决方案为他们提供了更为可靠和及时的保险保障。

截至 2023 年肯尼亚的 7 000 名农民已经通过该项目获得了保险赔偿，并有效地保护了他们的农作物免受气候变化的负面影响。Lemonade Crypto Climate Coalition 的这一成果不仅提升了农民的抗风险能力，也为全球范围内的农业保险提供了一种新型、可持续的解决方案。

该项目的成功实施证明了区块链技术在应对气候变化和改善农业保险服务方面的巨大潜力，也为其他发展中国家的农民提供了参考，未来有望在全球范围内推广和应用。

展望未来

可以把开放式保险市场想象成一个"众筹互助保险超市"，而 TVL 就是这个超市的"救命钱池子有多大"。2023 年的 DeFi 保险市场的总锁定价值 TVL（区块链银行的存款总额）达到了 50 亿美元。

2017 年就成立的 Nexus Mutual 为智能合约的漏洞提供保险服务，如果客户的智能合约遭受攻击，该公司进行相应赔付。通过跨行业数据资产化和开放式保险市场，区块链将重构未来保险市场的生产关系（见表 5-3）。

表 5-3 跨行业数据资产化

数据源	区块链赋能点	价值创造案例
车联网数据	确权与计价	车主出售驾驶数据给 UBI 保险公司，年收益 $200+/ 车
健康穿戴数据	动态保单定价	Fitbit 用户获得保费折扣，保险公司降低赔付率 15%
供应链物流数据	风险共担机制	物流、保险、货主三方链上分润，缩短纠纷处理时间 70%

区块链资产

基于区块链技术的可以交易所有权的资产,我们称为智能资产,就像一个带有电子标签的物品,可以追踪和管理。智能资产包括有形或无形的资产,有形资产如汽车、房屋、家电等,无形资产如专利、版权或股票等。这些资产信息可以与该资产相关的合同的详细信息一起存储在区块链分类账中。智能资产的所有权通过智能密钥被人掌控。

合同验证后,区块链分类账将存储并允许交换这些智能密钥。分布式的分类账也成为记录和管理产权的系统,在记录或智能密钥丢失时使智能合约得以恢复,使资产变得聪明可以降低欺诈的风险,也提高了信任度和效率。

2020年在江苏省射阳县,中国首笔农村产权链上交易完成,交易的资产是价值近300万元的280亩养殖水面的土地经营权,江苏省政府和蚂蚁链协同支持完成了这笔交易。

抵押贷款

智能合约可以彻底改变传统的贷款系统。例如放贷人为信誉欠佳的借款人提供所需的贷款——同时收取贷款金额的2%~10%,并要求其财产作为抵押。太多的借款人后来破产,失去房屋。利用区块链技术,人们有能力让陌生的人来贷款,同时用智能资产来减少风险。

在智能合约中不必展现借款人的借款记录和职业经验,也不必人为地处理众多的文件。这个特性被编码在区块链上,供所有人查看。

改进抵押贷款流程

传统的借款申请过程既费力又烦琐,且不够公开。目前的交易过程依赖信誉机构的第三方建议,协助对借款人的资质进行评定,同时中介也负责计算并保证抵押借款的数据精确无误。此外,研究人员会给出最新的房屋价值,而律师则负责编写相关的条款,同时产权单位也会对所有权的归属进行验证并进行更新。在这些功能中,每个部分都需要庞大的团队来完成相应的任务。

对于信贷数量的测算,银行必须依赖于会计、法律服务中心和借款方提供的精确数据。假如所有必要的信息都被安全地存储在区块链上,那么每个中间商更新的信息,银行就能轻松地查找他们需要从这个网络获取的各类信息,而无需依赖向每个第三方供应商发送请求。区块链技术能够为各种特征构建数字标记,如法律文档、产权合同、评估报告等。

区块链技术不仅提高了房地产市场的流通性,还允许对各种数字标识,如所有权和当前的市场评估,进行查验。这样银行就能迅速确认当前的所有权情况和最新的市场价格,而无需再与任何中介机构进行烦琐的交易。

利用智能合约,区块链有能力完全避免对所有的中介机构发送数据的需求,自动化地进行有关运算。比如当抵押物经过数字签名之后,借款者会立即获得抵押贷款的许可,同时借款者的资金也会被自动地流入借款者的银行账户。另外,在区块链环境下,费用高昂的律师事务所也将消失。

应用案例

交通银行和中国农业银行在早期探索了区块链在数字抵押和贷款领域的应用,并取得了显著进展,例如发放了数亿美元的数字抵押贷款和数十亿美元的农业用地贷款。

Raiffeisen 国际银行的子公司在俄罗斯利用一个被命名为 Masterchain 的区块链技术推出了一款完整的数字抵押贷款。该技术是俄罗斯银行创建的,它依赖以太坊,能够实现银行、政府机构和其他金融机构的高效且安全的通信,也能让金融机构迅速验证客户资料的真实性。表 5-4 是中国近年来利用区块链技术实现抵押贷款的案例概览。

汽车、智能手机

你的车钥匙可能装有防盗器,只有在你按了正确的钥匙密码后才能激活汽车。你的智能手机也只有在输入正确的 PIN 码后才能运行。两者都使用加密技术来保护你的所有权。像车钥匙密码、手机 PIN 码这样的原始形式的智能资产其实就是一小串数字。这种原始智能财产通常保存在物理容器中,例如车钥匙或 SIM 卡,不容易转移或复制。

表 5-4 中国近几年区块链抵押贷款案例

案例名称	地区/机构	抵押物类型	技术应用	效果/成果
江苏省金湖县区块链土地经营权抵押贷款	江苏省金湖县	土地经营权	区块链技术用于土地确权、流转信息上链存证，银行通过链上数据完成核验	贷款流程从一个月缩短至半天，显著提高效率
贵州省农权抵押贷款平台	贵州省	农村产权	基于 Hyperledger Fabric 联盟链，实现农权抵押贷款全流程链上操作	单笔贷款流程从两周缩短至一天
神州信息农权抵押贷款平台	全国范围	农村产权	区块链技术实现农权资产和资金，实现数权评估、确权、贷款和监管一体化	荣获 2021 年可信区块链生态大会"十大金融应用高潜力案例"
中国银行供应链金融区块链应用	中国银行	应收账款、库存等	区块链技术实现供应链上下游信息交互，支持应收账款融资、库存融资等模式	首笔业务围绕汽车供应链展开，为吉利汽车供应商提供全流程供应链金融服务
中国建设银行 BCTrade2.0 平台	中国建设银行	贸易金融资产	支持国内信用证、福费廷、国际保理等业务	为供应链企业提供高效融资服务
浙商银行区块链移动数字汇票	浙商银行	数字汇票	区块链技术实现数字汇票存储和交易，支持供应链金融场景下的融资需求	提升供应链金融效率，降低融资成本
中国工商银行数据资产融资授信	中国工商银行	数据资产	允许企业利用数据资产作为抵押物获取贷款	南方财经全媒体集团获得数百万元授信额度

（续表）

案例名称	地区/机构	抵押物类型	技术应用	效果/成果
中国建设银行"数易贷"	中国建设银行	数据资产	针对数据资产抵押贷款需求，提供简化的流程和高效的评估机制	上海襄动机器人有限公司通过该服务获得贷款
光大银行数据资产融资业务	光大银行	数据资产	提供无质押数据资产增贷款业务	深圳微言科技有限责任公司获得全国首笔无质押数据资产增信贷款
上海银行数据知识产权质押	上海银行	数据知识产权	基于区块链的数据知识产权质押	为浙汇凡聚科技有限公司授信100万元，或成为全国首单基于区块链的数据知识产权质押案例
安徽省砀山县良梨镇区块链达村金融	安徽省砀山县	无抵押（基于信用数据）	区块链记录酥梨销售和物流数据，农户基于信用链上信用凭证获得无抵押贷款	农行安徽分行实现放款千万元，当地电商销售额同比大幅增长
兴业银行区块链防伪平台	兴业银行	信用卡催收资产	区块链技术优化信用卡催收业务，提升不良资产催收效率	提高催收效率，降低不良资产风险

区块链物联网

任何实质性对象都是"物"。当它具有将其连接到互联网以及彼此连接的开关时,它便成了物联网(IoT,internet of things)。通过连接到计算机网络,诸如汽车之类的对象变得不仅仅是一个对象。现在是人人互联、人物互联和物物互联的世界。

据IDC《2023全球物联网支出指南》,2025年全球含工业传感器等边缘节点的物联网设备数量预计将达到519亿,其中,中国85亿。此外,据Gartner《2023战略趋势报告》,全球具备独立IP地址的物联网设备数量2025年位于270亿~386亿。

物联网会怎样影响你?当打印机的电量不足时,你可以自动从亚马逊购买墨盒。你的计时器可以调整你煮咖啡的速度,同样烤箱也能够在节日里烤制蛋糕。以上仅是一些示例。物联网的应用将扩展到更广阔的领域,使得城市与政府能够创造出更加绿色的环境,并且更高效地使用资源,进而实现被称为"智慧城市"的目标,从而改变公众的生活习惯和职业习惯。

此外,还存在如何组织和分析来自这些相关设备的大量数据的问题,以及区块链分类账上数据权限管理的问题。笔者在本章中先简单从智能设备和供应链传感器两个方面作简要介绍。区块链和物联网的结合,随后笔者将在第七章详细介绍,物联网的安全挑战(如DDoS攻击、数据篡改等)及其区块链解决方案将在第七章详细讨论。

智能设备

智能设备是一种可以连接到互联网并为你提供更多信息和控制权的设备。例如连接到你的设备可以链接到互联网,在饼干烘烤完毕或洗衣已停止时提醒你。这些警报可使你的设备保持良好状态,为你节省能源效率方面的成本,帮助你出门在外时控制设备。

智能设备的中心化和去中心化

在物联网的全程中,中心化思想的关键是让用户利用手机或智能音箱与中心化平台进行互动,然后该平台将相应的控制命令传递至各个终端平台,最后实现设备的操作。仅允许用户执行控制命令,并且这个命令必须一直传递至智能设备,形成了一个从基础层面延伸至顶层的树形架构。

多中心化的主要框架,其主要区别在于各个平台的互联互通,构建出一个多中心的网络体系。这种体系能够让网络智能设备实现互动,从而创建一个具有弹性的分布式系统。

物联网护照和全新商业模式

在基于区块链的物联网安全架构中,所有智能设备都能获得一张"物联网护照",这是跨品牌跨平台协同工作的象征,能够实现各个品牌之间的互联互通。对于物联网系统的所有参与者来说,这种以设备为核心的 IoT 模式无疑是极具吸引力的。

此体系的意义绝非只局限于构筑一个能够持续扩大的通用物联网,来确保个人隐私、安全和无需信赖的交易,而是要创造一个崭新的市场,打造一个崭新的商业方案。

表 5-5 系统梳理了区块链技术在智能家居、交通、制造、能源等十大领域的创新应用案例,涵盖设备管理、数据共享和供应链追溯等场景。每个案例都通过具体项目展现了区块链在提升透明度、保障安全性和优化业务流程方面的技术优势与落地价值。

表 5-5 区块链智能设备

应用领域	案例名称	描述
智能家居与设备管理	Adept 系统	三星开发的基于区块链的物联网架构,支持设备间的去中心化通信
	Slock.it	通过以太坊智能合约实现闲置资源共享,如智能门锁的远程控制与租赁
智能交通与车辆管理	VISA 与 DocuSign 的区块链租车项目	利用区块链记录租车数据,简化租车流程,并通过智能合约实现自动支付和车辆状态监控
	大连市车辆信息区块链信用平台	通过区块链技术记录车辆信息,提升交通管理的透明度和效率
智能制造与工业物联网	区块链边缘计算网关设备	集成区块链与边缘计算,支持智能制造中的数据共享和设备状态监控
	iPoint-systems GmbH	利用区块链追踪制造业中矿物的来源,确保供应链的透明性和合规性

（续表）

应用领域	案例名称	描述
能源管理与共享	L03 Energy	在纽约布鲁克林区实现基于区块链的点对点能源交易平台
	德国莱茵公司的 BlockCharge 项目	通过区块链技术实现电动汽车充电桩的点对点支付和能源共享
医疗健康与设备数据管理	PATIENTORY	基于区块链的医疗记录系统，支持智能设备（如健康监测设备）的数据上传与管理
	MedicalChain	通过区块链平台实现医疗数据的透明共享，支持智能设备（如可穿戴设备）的数据整合与隐私保护
物流与供应链管理	DHL 区块链物流平台	利用区块链技术追踪货物的运输过程，确保数据的透明性和不可篡改性
	ShipChain	通过区块链实现端到端的物流追踪，提升供应链的透明度和效率
智能城市与公共服务	重庆区块链财政电子票据试点	覆盖 300 多家市级单位，通过区块链技术实现财政票据的电子化管理
	浙江区块链取证 App	利用区块链技术实现移动端取证，确保数据的真实性和不可篡改性
娱乐与媒体设备	True Tickets	基于区块链的票务系统，确保演唱会门票的真实性和可追溯性
	JAAK 音乐区块链	通过区块链技术实现音乐版权的透明管理和实时支付，支持智能设备（如音响）的内容分发
农业与环境监测	Filament	通过区块链技术实现农业设备的互联互通，支持数据共享和设备管理
	Plastic Bank	利用区块链技术记录海洋塑料回收数据，支持智能设备（如回收设备）的数据上传与管理
安全与隐私保护	HYPR	通过去中心化身份认证解决方案，保护物联网设备的数据安全
	Xage Security	基于区块链的物联网安全平台，支持设备间的安全通信和数据保护

供应链传感器

利用传感器获取全球货物的地点及详情信息,能够实现供应链从前线到后台的实时监控。2022年全世界传感器技术的规模已达到2000亿美元左右,2025年或将突破5000亿美元。

2014年起,《国家集成电路产业发展推进纲要》《中国制造2025》等一系列具有战略意义和引领作用的政策文件被中国政府颁布,这些举措促使中国的传感器和物联网行业朝着整合、创新、环保和集聚的趋势进一步提速。

目前我国的传感器公司正在积极追赶国外的企业,并形成了一个区域性的传感器公司集群。但仍然存在关键技术有待突破、企业竞争实力不足、国际差距明显等问题。

区块链医疗

区块链非常有利于收集和保存数据。目前医疗领域使用的最频繁的区块链技术就是在分布式账本的医疗健康数据收集上。例如在建立个人网络病历的过程中,专业医疗服务人员负责保证敏感病例的精确性和完整性,确保这些病历信息的保密性(表5-6)。

随着医疗保健与制药领域的信息泄露问题日益严重,以及对区块链技术的使用量急剧上升,预计世界医疗保健区块链市场2024—

表5-6 区块链医疗应用

应用名称	解决的问题	区块链的作用	核心功能
医疗数据共享平台	医疗数据分散,患者难以共享和管理	-记录医疗数据,确保安全和隐私 -患者授权访问	-医疗数据共享 -患者授权管理 -数据隐私保护
药品溯源平台	药品供应链不透明,假药问题严重	-记录药品从生产到销售的全流程 -确保数据不可篡改	-药品信息登记 -供应链透明化 -假药检测与追踪
医疗保险平台	保险理赔流程烦琐,效率低	-智能合约自动处理理赔 -记录保险数据,确保透明	-自动化理赔处理 -保险数据管理 -用户隐私保护

2033 年复合年均增长率（CAGR）为 69.2%，市场规模预计从 2023 年的 39 亿美元跃升至 2033 年的 7 500 亿美元。行业头部公司包括 IBM、Patientory 和 Guardtime。

国际清算银行（BIS）预测，2025 年区块链技术每年可为全球医疗行业节省 1 000 亿~1 500 亿美元，主要来自数据泄露成本降低（约 30%）、IT 运营效率提升（约 20%）及供应链优化（约 25%）。麦肯锡的分析显示，区块链在临床试验中提升数据透明度后，研究机构间的协作效率提高 25%，同时因数据篡改风险降低，保险和审计成本减少约 15%。

《中华人民共和国数据安全法》推动医疗机构加速采用区块链技术，实现电子病历共享和药品溯源。2025 年我国医疗区块链市场规模预计突破 20 亿美元。2025—2030 年复合增长率（CAGR）或达 48.7%，主要受医院信息化改造和医保支付系统升级驱动。部分三甲医院已试点区块链电子处方流转。

根据中央网信办《中国区块链创新应用发展报告（2023）》，浙江省通过区块链实现医疗数据共享后，患者跨院就诊时的重复检查率显著下降，每年节省大量医疗费用。

医疗数据共享

通过利用区块链技术创建的电子病历和相关的信息，可以全面地追踪到包括生理指标、药物摄入、诊断成果、患者的治疗经验、手术过程等健康信息，还有医务工作者的治疗方式、药物剂量、医疗设备的操作情况等相关的医学信息。每个医疗单位都会从搜集的数据链里获得他们的必要信息。

利用区块链技术处理医学信息，我们能够让各个参与者在区块链系统中分享他们的信息，从而收集病人的过往信息，并利用这些信息进行模型构造、图片搜寻、提供医师的诊断和健康指导等。通过不断查阅相关的数据信息，病人能够深入理解医生的整个治疗流程，同时也能清晰地看到自身疾病的痊愈和后续的恢复情况。

医疗保险

在传统的医疗保障服务里，以运营费用为主的保障费用相当昂贵。

众多的资源被用于保险服务提供者的各个环节，包括合约的制定、数据库的管理、费用的支付和接受、索赔的核实和文件的评估。

截至2023年，美国医疗保险相关活动的总成本已达到4.867万亿美元，占GDP的17.6%。这一现象凸显了医疗保险服务流程中巨大的管理成本和低效性，亟须变革和创新。

医保报销流程的复杂性

当病人遇到医疗费用以及烦琐的保险退款过程，他们经常会感觉迷茫和害怕。由于医疗保险的支付过程复杂多变，患者和他们的家属常常难以完全掌握。

这就导致许多疑问，例如"我是否具备享受这种待遇的资格？""该怎么进行支付呢？""哪天可以获得报销金额？"对于医疗部门，处理医疗费用的支付流程同样耗费了许多的时间和精神，包括整理患者的病历、与保险公司以及政府的审查交流等步骤。这些都导致了整个流程的冗长和低效。

智能合约在医保报销中的应用

保险索赔的支付和裁决是一个极其复杂的过程，需要涉及大量的人工审核和管理费用。绝大多数的保险索赔实际上并不复杂，如果使用自动化流程，可以通过相对简单的逻辑进行处理。区块链技术的引入，尤其是智能合约的应用，为医疗保险领域提供了一个解决方案。

智能合约可以将医疗保险的索赔过程完全自动化。一旦满足合同中的某些条件，智能合约可以自动触发支付过程，无需人为干预。例如智能合约可以根据预设的标准自动核对索赔要求，确认是否符合条件，接着触发自动支付，无需人工审批。这种自动化流程可以显著减少管理成本，提高支付速度和准确性。

医疗健康记录与区块链的结合

医疗健康记录是极为敏感的数据，因其涉及患者隐私和数据安全，区块链技术的应用面临较高的挑战。尽管如此，区块链仍然有可能通过与现有医疗标准（如快速医疗互操作性资源FHIR）接口的结合，实现医疗数据与保险合同的互操作性。FHIR是一种标准化的医疗数据交换协议，通过它医疗数据可以在不同医疗系统之间共享，并且可以控制数据的访问权限。

在实践中医疗健康记录的数据不一定直接存储在区块链上，而是通过 FHIR 接口将其以 URL 链接的形式存储在区块链上。这种方式不仅能有效减少敏感数据的暴露，还能保证医疗数据在区块链中的不可篡改性和透明度。同时智能合约会根据这些数据触发自动化的保险索赔流程，减少人工审核的需要。

医保智能合约的应用场景

智能合约在医疗保险中的应用不仅限于索赔处理。它还可以在多个方面改善医疗数据流动和患者管理。例如智能合约可以监控慢性病患者上传的持续医疗数据，并在患者的健康指标超出标准范围时，自动提醒医生和患者。智能合约还可以自动化患者挂号流程，甚至在合适的时间内自动更新患者的治疗计划。这些功能都基于事先约定的触发条件，确保了医疗过程的高效和透明。

智能合约在医疗保险中的潜力

通过智能合约，医疗保险的整个管理流程可以变得更加高效和透明，不仅能减少运营成本，还能减少欺诈风险。在智能合约的保护下，医院和保险公司可以通过自动化的流程减少人为干预，提升数据处理的准确性和及时性。同时患者也能享受更便捷和个性化的保险服务，提升用户体验。随着区块链技术的逐步成熟，医疗保险行业将迎来一场深刻的变革，智能合约将在其中发挥至关重要的作用。

表 5-7 是区块链在各类医疗场景中的应用效能对比。

技术实现

以下技术方案已在实际三甲医院联盟中部署，实现跨 6 个医疗机构的实时数据共享，TPS 达到 1 500+，数据泄露事件归零。

技术选型

- 区块链平台：Hyperledger Fabric（联盟链，符合医疗数据隐私要求）
- 数据存储：IPFS（分布式存储加密后的医疗文件）
- 加密算法：AES（对称加密数据内容）+RSA（非对称加密对称密钥）

表 5-7 区块链医疗应用场景效能对比

应用场景	具体案例/技术方案	效率提升	成本节约/经济效益	数据来源
医疗数据共享与互操作性	浙江与广东医疗数据共享项目	诊疗时间节省约 30%	降低重复检查与人工录入成本（预计 15%~20%）	试点反馈
	IBM 区块链平台	保险理赔审核时间从 5~7 天缩短至实时处理（效率提升 90% 以上）	—	IBM 技术白皮书
药品供应链防伪与溯源	MediLedger 项目	假药识别时间从数周缩短至几分钟；假药流入率 <0.1%	全球假药经济损失每年 750 亿~2 000 亿美元（区块链显著降低风险）	项目公开报告
	上海药品溯源系统	供应链数据同步速度提升 50%	—	上海市卫健委公告
	IBM 与沃尔玛合作项目	—	供应链管理成本降低约 25%	IBM 案例研究
医疗保险与理赔自动化	Aetna 区块链理赔系统	理赔周期从 30 天缩短至即时处理；欺诈案例减少 40%	—	Aetna 年度报告
	华为智慧医疗平台	商业医保快赔处理时间从数小时压缩至秒级（用户满意度 +60%）	—	华为医疗解决方案发布会
	BIS 全球预测	—	2025 年全球医疗行业年节省 1 000 亿~1 500 亿美元（数据泄露、欺诈减少）	BIS 研究报告
临床试验数据管理	Boehringer Ingelheim 公司	数据错误率下降 35%；审核周期缩短 50%	—	公司新闻稿
	Pharmaledger 项目	—	减少 20% 的重复试验成本	Pharmaledger 官网

- 访问控制：基于属性的访问控制（ABAC）+ 智能合约
- 隐私保护：零知识证明（ZKP）用于匿名身份验证

分步骤技术实现解析

步骤 1：数据生成与预处理
- 场景：医院生成患者 CT 影像报告
- 技术动作：
  医疗设备生成 DICOM 格式文件
  数据标准化处理

步骤 2：分层加密
- 核心逻辑：
  使用 AES-256 加密原始数据
  用数据请求方的公钥加密对称密钥

步骤 3：分布式存储
- 双链架构：
  私有链（医疗联盟链）：处理敏感操作
  公有链（如以太坊）：存证关键操作哈希值
- 动态密钥管理（图 5-1）：

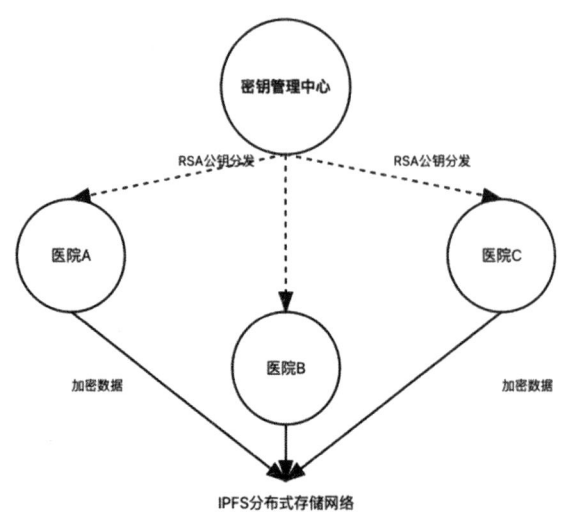

图 5-1　动态密钥管理

- 联邦学习集成：
允许在加密数据上直接进行 AI 模型训练

典型数据流
- 急诊场景：
患者授权→首诊医生发起请求→智能合约验证时效性→自动解密关键数据→诊疗后自动归档
- 科研访问（图 5-2）：
去标识化数据→差分隐私处理→多机构联合签名授权→沙箱环境受限访问

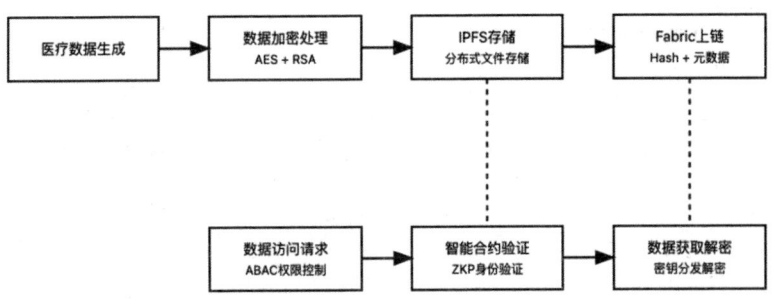

图 5-2 基于区块链的医疗数据共享技术实现流程

区块链音乐

关于音乐产业的核心议题包括所有权和特许权使用费的分配以及透明度。在数字音乐领域，人们主要关心的是如何从产品中赚取收益，但往往会忽视其产权。

2024 年，某音乐平台因版权侵权被中国音乐著作权协会起诉，最终被判赔偿。

2025 年 1 月因韩国 SM 娱乐公司单方面终止版权合作，网易云音乐被迫下架其全部歌曲。东方神起和少女时代等都是 SM 娱乐公司旗下知名艺人，在中国拥有大量粉丝。平台虽积极协商续约，但仍面临用户流失和法律风险。

版税确定和征收

在过去的十年里，随着互联网与流媒体的进步，音乐产业遭遇了重大转型。无论是音乐节、唱片制作人、歌手还是流媒体提供商，他们都在互联网浪潮的推动下，面临着更为严峻的挑战，特别是对音乐版权的确权与征收问题。所以我们亟须提高艺人和音乐人的版税的透明度。

利用区块链和智能合约技术，我们可以构建一个全方位、精确的去中心化音乐版权数据库，从而解决这个问题。听众根据合同中指定的条款以数字货币付款。所有音乐作品的所有权和特许权使用费都可以通过利用区块链技术的智能合约被加入数据库中。智能合约会自动确定音乐作品各个利益相关者的关系，并实现利益相关者之间的自动互动。

目前 PeerTracks 与 Ujo 这两家依托区块链科技的初创企业是音乐领域的重点，他们正致力于为传统音乐领域的工作人员的收入问题寻找解决办法。

Spotify

前几年全球最大的音乐流媒体平台 Spotify 成功收购了区块链领域的新兴企业 Mediachain。Mediachain 能利用开放源代码对等数据库及相应的协议，帮助创作者把他们的个人资料与他们的作品紧密相连，从而保证每一首歌的创作者及版权持有者的资料得以追溯。Spotify 则会采取适当的手段支付版权费，这样就能减轻流媒体平台与版权持有者的冲突。

近一年的收购过程后，Spotify 在其桌面客户端上推出了全新的"Show Credits"功能。"Show Credits"只需右键点击曲目，就能清晰地看到该作品的演唱者、作曲家和制作人等相关信息。

尽管 Spotify 目前只能看到创作者的身份，并且承认这些来自唱片公司的元数据"可能不全面甚至有错误"，但它依然向音乐流媒体行业的未来发展传递了一个正面的信息：流媒体音乐平台能够利用基于区块链技术的数据库来处理长期存在的版权和版税问题。此外，Spotify 的优势信号也有望吸引更多的艺人加盟。

未来展望

去中心化的音乐流媒体平台 Audius 和 OPUS 就利用以太坊等区块链技术,为独立音乐人提供一个直接面向消费者的版权管理和收益分配平台。我国也出现了类似"音乐蜜蜂"等区块链音乐版权保护平台,通过区块链存证实现数字音乐的确权登记,同时为后续的版权交易和自动化报酬分配提供技术支持。表 5-8 是利用区块链技术的音乐应用案例一览。

表 5-8 区块链音乐应用

应用名称	特点	功能	优势
Audius	去中心化音乐流媒体平台,支持艺术家直接与粉丝互动	提供 320 kbps 流媒体服务,完全免费,支持开发者创建 DApp	艺术家拥有 100% 的音乐所有权,无需中间商
BitSong	通过区块链技术为音乐创作者提供更公平的财务交易	用户可以通过听音乐获得报酬,支持直接购买歌曲和向艺术家提供建议	75% 的广告费分配给表演者和听众,25% 用于平台开发和验证者
Choon	功能齐全的区块链流媒体平台,专注于独立艺术家	提供流派分类、热门曲目和播放列表	艺术家收入是 Spotify 的 13 倍
Ujo Music	基于区块链的音乐平台,支持艺术家直接向粉丝出售音乐	通过智能合约自动分发收益,提供版权保护和交易功能	艺术家完全控制许可协议和定价
Musicoin	首个基于区块链的音乐流媒体应用,使用 $MUSIC 加密货币支付艺术家	无广告,支持按播放付费(Pay-Per-Play)	艺术家获得 100% 的流媒体收入,透明、去中心化
Resonate	付费区块链流媒体平台,采用"按需付费"模式	用户充值后按播放时间计费	性价比高,适合轻度用户
eMusic	区块链音乐分发平台,支持艺术家获得更公平的报酬	提供音乐购买和订阅服务,支持即时版税支付	吸引了许多知名艺术家,如 Nina Simone 和 Miles Davis
Royal	通过 NFT 销售歌曲版权,粉丝可以与艺术家共同拥有音乐并获得版税	艺术家决定版税分配比例,粉丝购买"代币"获得收益	支持粉丝直接参与艺术家的成功

（续表）

应用名称	特点	功能	优势
Opulous	结合音乐和DeFi的平台，支持购买音乐NFT和版权	用户获得月度版税收入，艺术家可以申请贷款	解决流媒体平台版税分配不公的问题
Melody	构建Web3音乐生态系统，支持流媒体、Play-to-Earn和音乐元宇宙	提供NFT市场和虚拟体验，吸引艺术家、粉丝和投资者	推动音乐产业的去中心化和创新

区块链和音乐版权相结合，产生全新的商业模式。音乐人无需依赖传统唱片公司和流媒体平台，粉丝可以直接投资和参与创作决策，AI生成音乐并通过NFT进行唯一确权和交易。区块链有望彻底颠覆现有音乐产业格局。

区块链政府

2016年美国总统竞选期间，民主党和共和党的人士都对于投票制度的稳定性表达了怀疑。据计算机专业人士透露，通过控制电脑设备，能够操控投票权，而分布式账本可防止这种情况发生。私人可以确认自己的选票已被计算，并确认他们为谁投票。区块链系统也为政府节省了费用。

分布式账本也为人们所谓的"响应式开放数据"提供了一个平台。根据麦肯锡公司2013年的报告，开放数据可以使全世界的财富增加2.6万亿美元。

创业公司可以利用这些信息来寻找反欺诈策略，农民可以利用它来进行精确的农作物种植，父母可以研究药物对生病孩子的副作用。现在，这个数据每年只会公布一次，并且在很大程度上对公众的输入没有反应。区块链作为一种公共分类账，能够在任何时间和地点向公众公开这些数据。

表5-9是利用区块链技术的政府应用案例一览。

表 5-9　区块链政府应用

应用领域	案例名称	描述
政务服务	北京市政务服务领域区块链应用创新实践	通过区块链技术实现高频电子证照"上链"，精简办事材料 10 万份，减少跑动 10 万人次，提升政务服务效率
政务服务	迪拜区块链战略	迪拜计划到 2020 年将所有政府交易转为区块链模式，已推出 88 项区块链应用，涵盖身份管理、健康医疗、金融科技等领域，目标是实现无纸化办公
	爱沙尼亚数字国家计划	爱沙尼亚通过区块链技术实现 99% 的公共服务在线化，包括电子身份、数字签名、税收等，成为全球数字政府的典范
社会治理	人民法院统一司法区块链平台	实现司法数据的存证与共享，提升司法透明度和效率
	美国 CDC 国家电子疾病监测系统	美国疾病控制与预防中心利用区块链技术优化公共卫生监测体系，实时记录和共享疾病数据，提升疾病预防和响应能力
	格鲁吉亚土地登记系统	格鲁吉亚政府利用区块链技术记录土地所有权和交易信息，提升透明度并减少腐败
民生服务	"数字黄河链"—公积金跨域无证明通办支撑平台	通过区块链技术实现公积金跨域无证明办理，提升民生服务便利性
	荷兰养老金管理系统	荷兰政府利用区块链技术管理养老金系统，减少管理成本并提升数据安全性
	南非 Amply 学校补贴项目	通过区块链技术记录学校出勤数据，自动发放政府补贴，减少文书工作和错误
数据共享与安全	基于区块链的政务数据共享应用	实现跨部门、跨层级的数据共享与安全传递，解决"数据孤岛"问题
	爱沙尼亚 X-Road 系统	爱沙尼亚通过区块链技术实现政府部门间的数据互联互通，支持电子身份和公共服务的高效运行
市场监管	全国网络交易监测平台	利用区块链技术实现电商平台交易数据的实时监管与电子证据保全，提升市场监管效率
	瑞典土地所有权区块链系统	瑞典政府利用区块链技术管理土地所有权，减少交易时间和中介成本

（续表）

应用领域	案例名称	描述
精准扶贫	中国建设银行精准扶贫区块链平台	利用区块链技术实现扶贫资金的透明化管理，确保资金精准到户、精准到人
	世界粮食计划署"Building Blocks"项目	通过区块链技术向约旦难民营的难民发放食品现金援助，提升资金流转的透明度和效率

公司和社区

区块链可以通过为公司、非政府组织、基金会、政府机构、学者和个人提供自我管理平台来促进自我组织。比如基于以太坊的去中心化自治组织——The DAO，或者基于超级账本的国际货运虚拟组织——TradeLens。

去中心化自律型公司

以公司为例，人们可以使用智能合约管理公司的薪酬、分工、融资、市场、协同等公司内外部流程，这会形成新的去中心化自律型公司。

原来的有一定程度办公自动化的中心化公司和去中心化自律型公司，它们的本质不一样。或许你会问，这两种公司不都是在计算机系统上实现了基于网络的流程吗？其实，从作为技术支撑的基础设施看，前者是基于局域网或者互联网，后者是基于联盟链或者公链；从组织形式看前者是中心化的，后者是去中心化的。

老板和员工之间的关系发生了微妙却最根本的变化，老板的作用被弱化了，员工的作用得到了提升，二者之间的关系不再是管理与被管理，雇佣与被雇佣的关系，而是真真正正地变成了基于契约的关系，或者从技术上来讲变成了基于智能合约的关系。有了底层技术的支撑，劳动者和资本（或者资本的代理人）之间的生产关系得到了本质的改变，劳动者的腰板变得更硬了。

劳资关系的分与合

天下大势，分久必合合久必分。在农耕时代，自耕农拥有自己的一亩三分地，构成了自给自足的小农经济，彼时的自耕农之间是"分"

的状态。

到第一次工业革命的时候,蒸汽机逐渐取代人力,自耕农从农村来到城市被工厂主雇佣,劳动者和工厂主之间是一种"合"的关系。第二次工业革命,电力出现了,雇佣关系并没有改变,劳动者和资本家的代理人仍然是合作的关系。

经过了第三次工业革命,伴随着互联网技术的发展和"信息时代"的到来,社会上出现了去中心化的萌芽,比如当下盛行的网红经济和所谓的共享经济(尽管其本质上还是聚合经济,如滴滴、美团等),这些为去中心化时代做了很好的铺垫和准备,小企业和大平台之间是"合"中有"分",但劳动者和资本的代理人之间仍然是"合"的关系。

到了现在,第四次工业革命正在萌芽阶段,以区块链技术为支撑的去中心化的"价值时代"悄然而至,工厂和企业变成社区和社群,劳动者和资本的代理人之间的关系变成非雇佣关系,彼此之间不再是从属关系,可以说,劳资分开了。

区块链自组织基础设施的规模

此外,基于区块链的各种自组织中的各方可以在全球范围内透明地交换信息,这种基于区块链的自组织的基础设施会比现在的阿里云、亚马逊云规模更大、更安全。

选举

区块链技术不可能完全解决选举中的种种弊端,但科学技术的进步一定会使人们更接近选举的公平公正的目标。未来的所有选举可能都将使用区块链投票系统,因为区块链技术是当前唯一可以为选举提供全透明验证平台的技术。

选举智能合约

智能合约可以确保选民成为人民选民,从而实现政府的本意。智能合约规定了选民的期望,选民只有按照选民的要求而不是出资者的要求得到报酬。事实上,在实施的过程中,政府的本意有可能被歪曲甚至篡改。

选举是个老大难问题,多少先行者都曾指出真正的公平公开很难实现,在各国,钻选举法空子的情况很多,尤其是基层选举。在世界上的许多国家中,操纵选举,甚至谋杀候选人的事件也曾出现过。马克·吐温的小说《竞选州长》讲的就是一个为人正直、德高望重的候选人被政敌污蔑的故事。

在网络世界里,根据代码即法律的原则,人们可以制定符合法律要求的智能合约,用计算机代码实现"选民"逻辑,当然其他的一些更为细节的逻辑也完全可以通过计算机代码实现。有人会说中心化的系统也可以实现这种逻辑。但如果利用中心化系统,人们通常看不到计票的过程,就会怀疑计票结果的真实性。另外在无记名投票的情况下,人们也会怀疑中心化系统的管理员会把自己投票的结果记录下来,秋后算账。显然,能够兼顾透明性、匿名性、不可篡改性的去中心化的系统可以更好地解决这一问题。与传统的纸质投票形式相比,采用区块链投票系统可以减少开支、避免人为失误,同时也可以提高选举结果的数据处理效率。

流动民主

非营利组织"民主地球"提出了一种投票系统,该投票系统可以利用区块链的特征更灵活地捕捉人民的意愿,旨在解决当前民主的问题。这是一种新颖的投票系统,它选择政策而不是候选人。以他们自己的虚拟货币的形式向每个选民分配固定数量的选票。

它是一种机制,用于对要提出的多个政治问题中的每个问题进行投票的候选人进行投票。这种表达人们意愿的灵活方式被称为"流动民主"。在欧洲,各政党一直在倡导实行流动民主,甚至派遣成员参加欧洲议会。尽管将其应用于全国选举可能需要花费大量时间和考虑,但地方或公司内部的决策机制可能立即可用。

区块链数字身份

无论我们是否喜欢,互联网公司都了解我们。我们使用的一些电商平台将我们的身份详细信息出售给广告商,然后这些广告商向我们发送广告。区块链通过创建受保护的数据点来阻止此情况,在该数据点上,你仅加密你希望相关人员在特定时间知道的信息。假设你打算去一家酒馆，你只需向酒店的工作人员透露你已经至少 18 岁。

利用区块链技术，我们可以将你的个人信息加以保护，同时也能避开垃圾信息的传递者以及市场策略的干扰，这样就能确保你的个人信息得到有效的防护。表 5-10 是利用区块链技术的数字身份案例一览。

表 5-10 区块链数字身份案例

应用领域	案例名称	描述
政务服务	北京市政务服务区块链应用	通过区块链技术实现高频电子证照"上链"，精简办事材料 10 万份，减少跑动 10 万人次，提升政务服务效率
	迪拜区块链战略	迪拜计划将所有政府交易转为区块链模式，已推出 88 项区块链应用，涵盖身份管理、健康医疗等领域，目标是实现无纸化办公
	爱沙尼亚数字国家计划	通过区块链技术实现 99% 的公共服务在线化，包括电子身份、数字签名、税收等，成为全球数字政府的典范
医疗健康	PATIENTORY	基于区块链的医疗记录系统，确保患者和医生之间的数据安全共享，支持智能设备（如健康监测设备）的数据上传与管理
	MedicalChain	通过区块链平台实现医疗数据的透明共享，支持智能设备（如可穿戴设备）的数据整合与隐私保护
	Nebula Genomics	利用区块链技术保护基因组数据隐私，确保用户数据完全匿名且不可识别
教育	学习证书平台	通过区块链技术创建可验证的学习证书，确保学历和成绩记录的真实性和不可篡改性
	IBM 数字证书平台	提供基于区块链的学历和职业资格证书验证服务，简化雇主和教育机构的认证流程
金融	Civic	基于区块链的去中心化身份验证协议，帮助用户创建和管理数字身份，防止身份盗窃和欺诈
	uPort	提供自托管身份管理服务，用户可以通过私钥控制自己的数字身份，实现跨平台的身份验证

（续表）

应用领域	案例名称	描述
物联网与设备管理	Filament	通过区块链技术实现农业设备的互联互通，支持数据共享和设备管理，提升农业生产效率
	HYPR	通过去中心化身份认证解决方案，保护物联网设备的数据安全，防止黑客攻击
跨境身份验证	粤澳跨境数据验证平台	解决跨境数据可信验证问题，支持个人和企业资产证明验证，减少业务办理时间
	Sovrin	全球首个基于区块链的自托管身份管理系统，支持跨境的数字身份验证和数据共享
隐私保护与数据控制	井证科技	基于区块链的去中心化身份验证平台，支持用户自主管理数字身份，防止数据滥用和隐私泄露
	Evernym	提供自托管身份管理服务，用户可以通过私钥控制自己的数字身份，实现跨平台的身份验证
娱乐与媒体	ENT	韩国首个基于区块链的娱乐产业平台，支持明星与粉丝之间的数字身份验证和互动
	JAAK 音乐区块链	通过区块链技术实现音乐版权的透明管理和实时支付，支持智能设备（如音响）的内容分发
供应链与物流	DHL 区块链物流平台	利用区块链技术追踪货物的运输过程，确保数据的透明性和不可篡改性
	ShipChain	通过区块链实现端到端的物流追踪，提升供应链的透明度和效率
未来趋势	Web3 数字身份	随着区块链技术的发展，Web3 时代的数字身份将更加智能和安全，用户可以通过私钥管理自己的数字身份，实现跨平台、跨国界的身份验证

护照

旅游的主要价值就是帮助我们释放压力，感受并理解各式各样的人类文明，分享各类风俗与习惯的差异。大部分乘客都会觉得这是一件令他们愉悦的体验。然而一旦涉及护照、旅行证等各种问题，就会感到非常无奈。例如，当我们通过海关的时候，我们必须使用能够证实我们身份的护照以及其他出境证件，但由于一些无法预见的原因，这些证件都丢失了。

　　由于护照价格昂贵且数量受限，若不慎丢失将引发诸多问题。这类文档通常比较麻烦。鉴于上述理由，区块链有能力显著提升出游与身份认证的体验感受。区块链具有无法改变且可以追踪的特性。这也让我们有了查询历史的便利，无论是在实体书籍上还是电子文件上。反之，这些资料能够被保存在分散的区块链系统里，一旦有需求，所有相关的参与者都能够轻易地访问这个系统。

　　然而数据仍有可能根据保护隐私的需求进行加密。仅当获得许可访问信息的人才有资格查看个人资料以及其他敏感信息。终究，安全性是区块链的一个优点。该应用的另外一个优点就是，能够防止任何形式的贿赂和滥用职权，因为各个组织会在每一环节上追踪并记载下所有的相关信息。利用智能合约也有可能在区块链技术中制作护照。当进行合规性的测试时，必要的资料可以保留在智能合约里，且可根据合规进行操作。这个流程也会显著提高速度，缩短目前与此流程有关的等待时间。

出生、结婚和死亡证明

　　几乎没有什么比证明你的出生、结婚、死亡的文件更重要的了，因为这些文件可以使你享有各种权利（例如投票、婚嫁、就业、公民身份），但管理不善的现象非常普遍。联合国儿童基金会在2013年报告称，多达五分之三的五岁以下儿童没有获得出生证明。利用区块链技术，我们能够对出生与去世的数据进行加密，同时也给予了公众获取这些关键数据的特权，这样就能让数据的储存变得更为稳定。

个人身份证明

　　我们有一系列个人身份证明——驾照、计算机密码、身份证、社保卡、钥匙等。区块链个人身份证明是数字形式的，旨在取代所有这些物理形式的个人身份证明。未来你将可以使用一个数字个人身份证明在任何注册商处进行注册。这个系统是公开的，并且得到了区块链的保护。

许多人在开具各类证明时,会遭遇"证明我是我"的困扰,但是一旦有了区块链,这些问题就不再需要担忧了。以前,我们的出生证、房产证、结婚证等,都必须有一个核心的标识,这样所有人都会接受。如果发生跨境交易,协议或许会失去有效性,原因在于缺乏全党的核心枢纽。

由于区块链技术的无法修复的属性,彻底地转变了现状。我们的身份证、房产证和结婚证等,能够通过区块链进行公证,转化为全世界所接受的物品,同时它还能够方便地证实"我是"。

区块链应用的五种解决方案

许多行业巨头或许会把区块链与加密货币划上等号。事实上,区块链的价值远不止于此。观察其根本性质,这个系统能够让两个或更多的个体、公司或电脑在数字世界里进行信息交流,不必担心他们之间的媒介,比如银行或者其他的第三方平台。也就是说区块链对数字经济的交易环境进行了重新设定。

比如探讨汽车保险的区块链技术如何存储保单的详细信息和合同条款,并能够自动应对第三方的索赔,以此来提高工作效率并降低欺诈行为。或者医疗机构的区块链技术能够抓取病历,并根据需求与授权的供应商进行共享。区块链技术有能力追踪法国葡萄酒的储存过程,并能够持续追溯至葡萄园。或者通过区块链技术,我们可以将钻石的生产过程追溯至矿山,从而降低假冒的可能性。

所有的问题都已经找到了,并且还有许多未被提出的可能性。虽然已经进行了大量的试验,但区块链仍然在初级阶段并且持续进步。在当前的试验中,我们一般只选择了一些构建区块链的关键要素,而排除了其他一些。尤其是现今的区块链极少融入代币(通证),而且其技术框架也极少能达到原始区块链设计的分散程度。

事实上,许多现今被使用的区块链技术都是由一个企业或团队所掌控和运营的,只有得到许可的参与者才能参与其中。比较而言比特币的区块链并不存在唯一的拥有者,只要愿意参与,就能够获得相应的权益。

中心化管理让商业领袖有机会尝试这项技术，并且能够规避关于安全、共识、身份认证和匿名性等争议性议题。虽然如此，中心化模型依旧对如何处理区块链技术、经济以及治理问题提出了新的疑问，特别是因为它涉及四种在数字化背景下产生的商业"分支"。这四种分支包括：

1. 对于解决方案的查询，收集并创建相关业务参与主体的数据以及交易信息。
2. 定义商业参与条款和条件的合同。
3. 进入特定市场。
4. 构建区块链的技术。

在一个企业或其联盟建立中心化的区块链系统的过程中，这个领导者理论上能够掌握这项技术，收集并整合数据，管理谁能够访问（或者不能访问）这个解决方案，并且规定相关的合约条款。

毫无疑问每一个区块链项目的拥有者都各具特色，而且这些拥有者并未打算持续地对其进行管理。一些策略过于分散，一个或一组的拥有者掌握着货币，而其他的策略则没有完全的掌控权。

为了帮助业务领导者识别差异，人们根据其集中程度定义了以下五种区块链应用的解决方案。

害怕错过解决方案

这种解决方案是高度集成的，这主要归功于一家企业的领导，他们可以独立运行，也可以与极少数的合作伙伴共同参与。由于企业期待自身的创新能力，往往忽略了区块链在提升商业效益方面的重要性，也未能确定其是否真正符合此类任务的需求。

因此，这类项目很可能已经被区块链嵌入到了当前的科技规划之内。由于指令通常由董事会或首席执行官发布，即便是最高级别的领导者也可能会感到无路可走，只能继续前行。

虽然这类区块链应用可能没有产生大量的效益，但这些也绝非一无所有。他们有能力向市场传递信息，显示出你的机构正在领先于当前的趋势。可能的潜在顾客还会再次观察一下。由于害怕错过的影响，竞争者可能需要投入更多时间和资源。

当一个计划不周的项目产生很少的价值时，领导者可能会错误地认为此项尝试失败了。这些解决方案还可能给现有系统和流程造成负担并增加成本，而效率却没有提高。

特洛伊木马解决方案

一个由权威人士（如网络巨头）领导的供应链合作团队，研制出一种区块链的处理策略，并向其他的生态系统成员推荐这个技术。我将这些解决方案命名为特洛伊木马，因为它们在外观上非常吸引人。他们的背后是一个受人尊崇的品牌。他们一般都拥有坚实的科技根基。他们一般会处理行业内已经知道的、成本高昂且影响深远的问题。然而它们也可能要求参与者分享他们公司的信息。

特洛伊木马的解决方案可能包括食物追踪区块链。在没有区块链的情况下，我们可能需要数周的时间去找出导致污染的具体农田或者加工设施，而在这个过程中，数十名人员可能会患病。利用区块链技术，商家能够更迅速地识别并阻止污染的源头。网络商业机构有能力优化对农产品的追踪，防止销售伪造的牛奶、葡萄酒和蜂蜜。

但参与者对特洛伊区块链的风险在于，主导者锁定了合同条款，参与者们变得依赖于主导者的技术。随着时间的推移，主导者会在评估其他企业提供的数据时对市场施加更多控制。对于参与者来说，特洛伊木马解决方案中的交易风险很高。

机会解决方案

方案的目标是应对当前的处理策略所不能处理的记录储备难题。比如澳大利亚证券交易所正在研发一种基于区块链的解决方案，以简化金融交易流程。在美国，存托信托与结算公司（DTCC）作为交易后清算和结算的中介机构，也已经建立了一个区块链，以便对信用违约掉期的记录进行管理。

尽管他们并未构建一个实时的操作系统，但机会解决方案仍能给予参与者一定的利益。一家中小银行已经启动了一个区块链项目，但是在未来六个月内，该项目将被取消。这种经验帮助银行对区块链建立了信心，而员工则掌握了新的技术技能。

银行职员和客户都有很好的使用体验，而且银行只花了很少的钱。

对于银行而言这是一个很好的公关策略。可能会因为机会解决方案而丧失对数据和合同的掌控，但此解决方案可以带来回报。

进化解决方案

进化解决方案旨在随着时间的推移，方案日渐成熟，以使用具有分布式治理的代币（通证）。一个实例出自一个罕见的来源：欧洲足联，这是欧洲足球的核心管理部门。欧洲足球联合会正在与瑞士IT公司 ELCA Group 的技术分支 SecuTix 和 TIXnGO 进行合作，共同研发一种创新的解决方案，以推动更加安全和公正的足球门票二级市场。

这个平台是通过引导购票者下载 SecuTix 和 TIXnGO 的应用程序来进行操作的。这个应用已经与区块链相连，并且为门票进行了标识，这样就能让这个平台能够追踪和记录门票的购买情况，并且能够提供关于它的具体所有者的详尽数据。假设拥有者打算把门票赠予亲戚或亲属，那么他们或她能够利用这个应用程序进行这个动作，这个应用程序会把这个转移的记录传递到区块链上。

SecuTix 平台规定，如果持票人希望在公开市场上售票，可以允许转售商提高价格。此举能够避免价格欺诈，并对非法经纪人必须参与的刺激方案进行限制。

随着岁月的推移，二级门票市场或许将转化为散落的销售网络，进一步联通了这个生态体系内的所有二级门票供应商。

区块链原生解决方案

第五个也是最后一种区块链解决方案是由初创公司或现有公司的创新部门开发的，以创建新市场或破坏现有业务模型。它们可能不是从代币或分布式治理开始的，而是随着市场的成熟而朝着这个方向发展。

高等教育是区块链的原始活动区域之一。伍尔夫大学（Woolf University）是一个由牛津大学和剑桥大学的学者们共同建立的大学，其目标是打造一个非盈利的"无边界数字教育社区"，以及一个去中心化的学位课程 Airbnb。伍尔夫大学利用智能合约把老师和学生连接在一起，同时也会保存学习互动的信息，这样学生就可以拿到学位，而老师也会给予他们相应的回馈。

游戏还拥有一个新兴的区块链社区，其中包括诸如 Enjin 之类的解决方案，这是一个游戏平台，允许用户创建自己的代币以支持其游戏。

原始的区块链技术可能会融合到传统领域的新型商业策略中。虽然未经过验证的科技可能会成为主要的金融危机，但它们也可能会吸引那些想要掌握自身信息并试图实现去中心化的人。

虽然区块链的解决方案为公司提供了一种应对数据共享和工作流程等难题的替代手段，但企业仍需警惕不能过度依赖数据、技术、访问权限以及合同等商业资源。在权衡你的选择和风险承受能力后，请不要让担忧导致你脱离市场。现在数字世界中的竞争规则和标准正在形成，区块链技术的核心价值和应用场景为企业提供了在竞争中脱颖而出的机会。

我国的区块链基础设施

截至 2025 年初，我国的区块链基础设施已形成从国家级枢纽到地方性平台的多层次布局，覆盖了政务、金融、医疗、能源、跨境贸易等多个领域。基础设施在整体上融合了隐私计算、人工智能和物联网等技术，涉及从政务数据共享到医疗数据确权等多种场景。

基础设施

北京目录链是政务数据共享与协同治理的联盟链平台，以北京微芯公司的"长安链"为底层，成功提高了北京市的政务效率。

商业银行在获得企业授权后，向目录链提交数据查询请求（如社保缴纳、专利信息），链上自动匹配数据源部门并反馈脱敏结果，替代传统线下盖章证明流程，放贷周期缩短 70%。市民办理房产过户时，目录链自动串联公安局（身份验证）、规自委（产权档案）、税务局（契税记录）数据，实现"零纸质材料"线上确权，办理时长从 5 天压缩至 2 小时。

表 5-11 是我国已落地的区块链基础设施（平台）的一览，所有平台均基于合法的联盟链架构，或以联盟链形态服务需求。

表 5-11 我国已落地的区块链基础设施（截至 2025 年初）

基础设施名称	主要功能	应用场景
国家级区块链网络上海枢纽	面向长三角区域提供"区块链+隐私计算"服务	供应链、金融、绿色低碳、航运贸易等
上海市徐汇区"数链空间"（上海市区块链技术创新生态集聚空间）	支持 Web3.0 底层技术研发和算力基础设施	区块链底层技术研发、产业生态支持
深圳数据交易所区块链平台（依托腾讯云区块链服务平台）	支持供应链金融、电子票据、电子存证、身份管理等	深圳数据交易所、深圳市统一区块链平台
国家海洋科学数据中心数据汇交区块链平台	实现海洋数据的可信共享与追溯	海洋科学数据共享
北京市"目录链"	促进政务和社会数据的安全有序流通	政务服务、数据共享与业务协同
国家外汇管理局跨境贸易区块链平台	支持跨境商品溯源、出口退税链等	跨境贸易数据网络、"一带一路"咖啡产业链
碳金融管理系统（中信证券等）	基于区块链的碳资产管理与交易	碳资产回购交易规模超 1 亿元
医疗数据共享平台 CareVault（东软集团）	基于区块链的医疗数据共享与确权	医疗数据安全流转与追溯
工业互联网区块链平台（阿里云等）	支持分布式认知工业互联网与智慧城市基础设施	资产数字化、供应链金融等
区块链+能源交易系统（华融能源等）	实现近零碳排放园区的能源交易与碳减排管理	园区区域链与能源供应区块链的跨链交互

公链

Conflux 和 Nervos 在技术上具备典型的公链特征，二者都具备原生代币，但是在国内仅提供联盟链服务（见表 5-12）。长安链采取了以行政考核替代代币投机、以数据权益置换金融化激励的合规设计。

表 5-12　中国目前的公链对比（2025 年）

项目	代币（或替代机制）	境内合规策略	用途场景
Conflux	CFX（原生代币）	境外交易所流通，境内生态剥离代币环节	政务存证、NFT分发（积分结算）
Nervos	CKB	链上功能仅对境外IP开放	央行数字货币（CBDC）跨链试验
长安链	无代币，采用PoC积分	积分仅限链内权限管理，不可交易	政务数据共享、跨境贸易溯源
BSN	无原生代币	境内节点强制使用无币联盟链	企业级区块链服务（跨境支付、存证）

案例研究：药品全生命周期的追溯

我们都希望生病时能用上安全有效的药。但药品从实验室到我们手里，要经过研发、生产、运输、销售等好多环节，这中间要是哪个环节出了问题，后果都可能很严重。

如果信息不透明，不仅监管难，消费者也无法产生信任。

面对这些难题，中国开出了一剂"智慧药方"——工业和信息化部等七部门于 2025 年 4 月 24 日联合印发了《医药工业数智化转型实施方案（2025—2030 年）》。国家要用上人工智能（AI）、大数据、物联网（IoT）还有区块链等"科技武器"，给整个医药行业来一次"智慧升级"。目标很明确——让中国的医药工业更智能、更高效，也更值得信赖。

区块链技术在药品数据共享中的应用

在这场升级大作战中，虽然 AI、大数据、物联网等各有神通，但区块链技术扮演的角色尤其关键，它就像是信任的"定海神针"。为什么这么说呢？想象一下，区块链就像一本全网共享、盖了章就再也改不了的"公共日记本"。用它来管理药品信息，简直再合适不过了。

给药品办个"身份证"，全程追踪防假货。每一盒药从原料开始，到生产、出厂、运输、最后到药店或医院，每一步信息都被清清楚楚地记录在这本"数字日记"上，谁也无法偷偷修改。我们消费者扫个码，就能看到这盒药的"前世今生"，是不是正品、有没有过期、路上有没有出问题，一目了然。假药很难混进来。

打通信息"高速路"，合作更顺畅。以前药厂、物流公司、医院之间信息不通，效率很低。区块链就像建了一条透明的"信息高速路"，大家在保证商业秘密的前提下，可以安全、快速地共享必要信息。甚至可以用智能合约来自动完成采购付款、物流确认等，省时省力还减少"扯皮"。

守护数据"保险箱"，隐私安全有保障。像新药研发的临床数据、我们的电子病历这些敏感信息，区块链用它强大的加密技术守护起来，确保不被泄露和滥用，让我们看病吃药更安心。

让老祖宗的智慧"亮"起来。连传统中药也用上了区块链。比如，哪块地种的药材、什么时候采收的、怎么加工的，都记录在链上，让中药的质量更有保证，也更容易被大家信任。

这些改变已经悄悄发生。比如在安徽亳州，中药企业用上了智能检测和可追溯系统；国家层面也在建设药品追溯平台。虽然整个医药行业的"智慧升级"是个大工程，不可能一蹴而就，但方向已经明确。

中国的医药工业数智化转型，不仅仅是让药厂变得更"聪明"，更重要的是，它正在利用区块链这项技术，从根本上重建整个行业的信任体系。当每一粒药都有了可信的"数字身份"，当供应链的每一个环节都沐浴在透明的阳光下，我们距离一个更安全、更高效、更值得信赖的医药未来就更近了一步。这正是区块链"重塑世界信任基石"力量的真实写照。

第六章

区块链重塑金融 DNA：信任、效率与普惠的底层革命

就像互联网重塑传统媒体那样，区块链将重塑传统金融。

——《哈佛商业评论》

本章导读：

1 DeFi 重塑传统银行，RWA 代币化国债与房地产重塑流动性。

2 SWIFT 霸权松动，智能合约让"机器会计"取代人工中介，金融民主化浪潮不可逆。

深夜手机一触即达的贷款审批、跨境转账秒到账的魔法体验——在这些看得见的便利背后，一场由区块链驱动的金融底层革命正在静默上演。

这项曾被视为"比特币底层"的技术，如今正用数学代码重建金融世界的信用标尺：它让肯尼亚小商贩的手机账户直接取代银行网点，使深圳警方能像追踪快递包裹般实时拦截问题资金。当蚂蚁链将跨境验资流程压缩80%时，我们见证的不仅是效率飞跃，更是一套打破垄断、直连大众的新金融语言正在编译成形。

第五章，我们初步了解了区块链在资产管理和保险等金融领域的应用，本章我们继续探索。

区块链如何从效率提升到赋能个体权利

金融科技是指利用包括区块链在内的各种技术去改变金融业，降本增效。在以往相当长的一段时期内，金融行业的运作方式并未发生显著的改动。但是近年来数字化手段被用于金融业的核心流程和管理方法。人力被算法代替，比如工商银行AI客服"工小智"年处理20亿次咨询，准确率为97%。

技术升维

重复劳动被自动化代替，阿里巴巴的财务系统 RPA 机器人使人力成本下降 70%，准确率提升至 99.99%。更具颠覆性的是风险定价的进化，经验被数据代替，美国 Upstart 公司用机器学习模型评估 10 000+ 数据点（包括教育背景、专业证书），批准率比传统银行上升 27%，利率下降 16%。

金融业数字化转型的结果就是"一增一减"："增"是指贷款效率和风险控制效率的提高；"减"是指费用降低，大部分任务都由机器自动化快速完成。因此用户体验得到优化，用户人数增加，金融业务范围扩大、服务时间延长。

表 6-1 揭示了区块链重塑金融业的三大突破：算法共识替代银行信用（蚂蚁链验资提速 80%），点对点直连消除中介（Stellar 区块链覆盖 200 万用户），链上溯源实时拦截风险（深圳追回 2.4 亿网贷）。

表 6-1 当技术开始重塑金融 DNA，"一增一减"正在发生变革性变异

变革维度	传统模式	区块链重塑	现实案例
信任成本	依赖银行信用背书	数学算法共识	蚂蚁链跨境贸易节省 80% 验资时间
价值传递	3～5 个中介层级	点对点直连	Stellar 区块链与非洲移动货币网络 Flutterwave 合作，为跨境汇款降低 70% 成本，覆盖 200 万用户
风险控制	事后人工排查	实时链上追踪	深圳 2023 年通过链上溯源追回 2.4 亿元问题网贷资金（深圳市金融监管局 2024 年统计）

注：数据来自蚂蚁链 2023 跨境贸易白皮书、肯尼亚央行 2022 年报、深圳市金融监管局统计。

普惠与公平

技术虽带来效率跃升，但更深层的挑战在于如何实现真正的金融公平。从社会公平的视角审视，让普通民众财富保值增值才是普惠金融的核心意义。证券市场数据显示，据沪深交易所 2022 年统计，个人投资者年化收益超 5% 者仅占 9.7%，而中介机构佣金收入持续增长。

金融天平失衡之困

人们进行金融活动的初衷是将资金汇集起来，完成个人无法完成的事情，或者像保险那样，将资金汇集起来以应对不测，实现"人人为我，我为人人"的理念，然而现实往往事与愿违。

请问你周围的人有多少人通过股市赚到了钱？A 股市场数据显示，散户贡献 86% 的交易量，却只获得 9% 的利润（上交所 2022 年报），这种"用真金白银投票，用亏损结果买单"的悖论，正是传统金融权力结构的缩影。

但是作为中介的证券公司和基金公司却往往获得超额收益。当普通投资者承担着市场波动的风险，为何中介机构却能通过佣金、管理费等方式，持续收割超过行业利润 70%（据麦肯锡 2023 全球资管报告）的收益？人们一直渴望找到一种方法，将权力关进笼子里。

代码重构金融方程式

传统金融如同需要人工上弦的机械钟表，依赖中心化机构维持运转；区块链则像精准自洽的原子钟，通过分布式节点自动校准，实现全天候无休的金融脉搏。

以太坊上的去中心化金融应用 Uniswap 通过数学公式（如 $x \cdot y = k$）自动调节代币价格，取代传统做市商的人工报价，Uniswap V1 用 500 行代码重构了做市商逻辑，相较传统交易所数百万行的黑箱系统，审计成本降低三个数量级，但流动性不足时的滑点风险显著增加。

Chainlink 节点（数据桥梁）采用门限签名技术，将数据源从单一中心化 API 扩展至 80+ 个独立节点，使价格操纵成本从传统市场的百万美元级提升至十亿美元级。或许区块链就是人们一直在寻找的那种办法。

除了防范恶意行为和中间商，人们还要帮助那些因为出身、环境等不幸而遭遇不公的人。如果人体的细胞离开血液滋润，得不到养分和氧气，就会奄奄一息。

同样，人类社会中的那些金融资源匮乏的群体，往往不能得到更好的发展。比如经常有些区块链项目的口号就是要帮助非洲、亚洲、拉丁美洲等偏远地区的人们得到金融支持，给他们小额贷款，让他们的孩子完成教育，让他们的小本生意有最原始的资金。其实这种需要输送血液的人在中国也有很多。

肯尼亚农业区块链平台 Agoric 为小农户提供智能合约贷款，坏账率仅为 1.8%，远低于传统银行的 12%。印度尼西亚渔民 Rudi 通过区块链供应链金融，将海产品抵押融资利率从 45% 降至 8%。

技术平权的风险峡谷

但技术普惠也需警惕新陷阱：2023 年 Curve Finance 因智能合约漏洞遭攻击，1 小时内损失超 7 000 万美元，暴露了 DeFi 协议代码审计的致命短板。更严峻的是，跨链桥已成为黑客重灾区——2022 年 Axie Infinity 的 Ronin 桥漏洞导致 6.25 亿美元被盗，相当于肯尼亚 M-Pesa 当年交易总量的 17%。

金融部门采用区块链技术是大势所趋。尽管确实有一些障碍需要克服，但事实是区块链带给银行业的巨大效用确实令人兴奋。就像移动支付让街头小贩用二维码替代收银机，DeFi 协议使阿根廷农民能用加密货币对冲 110% 的通胀率。

央行数字货币与 e-CNY 的区块链基础

稳定币和加密货币的崛起威胁央行对货币发行权的垄断，尽管脸书 Libra（后更名 Diem）项目于 2022 年终止，但它的确刺激了世界各国政府，引起各国政府争相研发央行数字货币（CBDC）。

批发型数字货币是指金融机构之间的大额交易和结算。零售型数字货币是指面向普通消费者和企业的数字货币。以尼日利亚为代表的新兴市场偏向使用零售型数字货币。两者对比可见表 6-2。

央行数字货币

与传统纸币不同，央行数字货币具备可追溯性，能够记录下何时、何人、何地使用了数字货币等详细信息。央行可以通过数字货币的技术特性，全面掌握其流通过程中的交易数据。这种追踪能力有助于防范洗钱、逃税等非法活动，并提升金融监管的精度和效率。同时央行数字货币在提升交易便捷性的同时也确保了交易的安全性与透明度。

表 6-2 批发型和零售型 CBDC 对比

维度	批发型 CBDC	零售型 CBDC
适用对象	金融机构间大额结算	公众日常消费
技术重心	高吞吐量、抗攻击性	高并发、低延迟
代表项目	欧洲央行数字欧元（批发试验阶段）	中国 e-CNY（日均交易额超 250 亿元）
政策目标	优化金融基础设施，降低系统性风险	替代现金，增强货币政策传导机制

中国人民银行已经发行了自己的数字货币 e-CNY，截至 2024 年年中，e-CNY 试点地区的交易额已达到数万亿元人民币。2024 年国际清算银行的调查显示，94% 的国家在研发央行数字货币。世界各国数字货币进展情况的对比见表 6-3。

表 6-3 世界各地数字货币进展情况

国家/地区	数字货币名称	类型	目标或特点	最新进展
中国	数字人民币	零售型和批发型 CBDC	提高支付效率和安全性，增强金融包容性，推动金融数字化转型	2024 年内，数字人民币创新应用不断落地，试点范围扩大至 17 个省（市）的 26 个地区，交易金额近 7 万亿元人民币
瑞典	e-Krona	零售型 CBDC	提高支付效率，降低现金使用率	2018 年开始试点，计划 2024 年 12 月发布
巴哈马	Sand Dollar	零售型 CBDC	增强无银行账户居民的金融服务访问	2020 年全面推出并开始推广
东加勒比联盟	DCash	零售型 CBDC	提升支付效率，降低现金使用率	2020 年完成第一项零售交易，2024 年处于儿童使用和实时货币化测试阶段
牙买加	JAM-DEX	批发型 CBDC	降低跨境汇款成本，促进金融系统现代化	2020 年启动初期试点，2024 年试点进行中

（续表）

国家/地区	数字货币名称	类型	目标或特点	最新进展
津巴布韦	eMoney	零售型CBDC	应对现金短缺和降低现金使用率	2021年完成可行性研究，2024年试点进行中
尼日利亚	eNaira	零售型CBDC	提高支付效率和金融包容性	2021年推出，目前在进行进一步的推广和应用探索
巴西	数字巴西雷亚尔	零售型CBDC	助力数字技术转型及建立可信赖的数字武器系统	2022年试点，2024年预计推出
阿根廷	数字比索	零售型CBDC	利用技术降低通胀，提高金融包容性	2024年试点，推迟至2026年发布
中国香港	数字港元	零售型CBDC	提高港元的数字化支付能力，促进金融创新和经济发展	2024年3月推出"数字港元"先导计划第二阶段
印度尼西亚	数字印尼盾	批发型CBDC	探索批发型CBDC在金融市场基础设施中的应用	2024年1月公布发展蓝图并进行相关试验
韩国	韩国金融监管局	批发型CBDC	提高金融交易的安全性、降低支付摩擦	2024年展开试点项目，计划2025年完成试点
美国	数字美元	零售型和批发型CBDC	提高美元的数字化支付能力，提高金融体系的效率和安全性	2023年11月完成首笔CBDC商业票据交易
丹麦	e-Krone	零售型CBDC	提高支付效率和安全性，促进金融包容性	2024年进行试点，使用电子ID验证进行试点

数字人民币

中国人民银行的数字人民币项目近年来取得了显著进展，尤其在全国多地的应用场景试点中表现出色。目前数字人民币已被广泛用于公共交通、政务服务、消费支付和企业贷款等场景。北京和苏州等地推动了包括税费缴纳、工资发放等领域的数字人民币应用，旨在提升支付效率和透明度，同时为企业提供灵活、低成本的金融服务。

中国 e-CNY 采用"可控匿名"，前台隐私、后台实名，协助公安部门破获了多起电信诈骗案件。另外，数字人民币的跨国支付试验正在提速，比如在苏州已经完成了"多边央行数字货币桥"的测试，这包括了与中国香港、泰国等地的多元化跨国支付。数字人民币在国际支付领域的潜力通过这些跨境项目得到了进一步的体现。

未来中国人民银行将继续扩展数字人民币的功能，推进智能合约技术和"一带一路"相关的跨境合作，以加强国际金融中心的建设与服务创新。

双层运营体系

中国人民银行的数字货币实行双层管理模式，即央行先将数字货币兑换给商业银行等运营机构，再由这些机构兑换给公众。

这种方法并未破坏数字货币在流动过程中的债权与债务的联系，也没有更新当前的货币发行机制以及双重账户架构，因此不会引发商业银行存款货币的冲突，也不会提升商业银行对同业拆借市场的依赖度，更不会削弱其发放贷款的实力，从而避免了"金融脱媒"的出现。

e-CNY 的兑换由中国人民银行、阿里、腾讯、工行、中行、建行、农行、银联进行，然后这些机构会直接向公众发行。在 e-CNY 发行之后，人们可以通过微信、支付宝和银行 App 进行兑换。

作用

央行数字货币在设计上不干扰现有的货币政策传导机制，并具有以下多重优势。

1. 减少顺周期效应：CBDC 在压力环境下不会强化顺周期效应，因此能稳定金融环境，避免信贷紧缩对经济带来的过度影响。

2. 提升支付便捷性和安全性：CBDC 将数字化支付融入日常交易中，不仅提升了支付效率和安全性，还通过央行背书增强了其信用，增强了公众的信任。

3. 央行货币职责的改进：通过数字货币，央行在支付体系内的角色得以增强，为其货币政策的执行带来了更高效的途径。另外，CBDC

也可以转化为一种利率资产,满足持有人对保险资产的需求,甚至可以作为银行存款利率的最低点。

4.提升货币政策手段：央行能够通过调整 CBDC 的利率来影响市场的存贷款利率,从而进一步达成货币政策的目标。这也为打破"零利率下限"提供了可能的工具,有助于应对通缩压力。随着 CBDC 的发展,央行的政策工具和执行手段将更加灵活,为现代金融体系提供稳定支持。

关联的投资可能性包括,中央银行与商业银行的 IT 系统升级、支付流程以及 DC/EP 硬币储蓄。通信公司更愿意实施他们的 SIM 卡集成的支付方案。一些金融机构更偏爱单独进行实验,并采用了钱包 App 的模式。

目前尚不清楚任何这样的替代支付方式是否会比银行已经用来转移资金的支付结构更好。例如美国使用自动票据交换所等,并且运作良好。共享的分布式账本已经存在了数十年。在这方面,区块链技术并不新鲜。尽管业务中区块链的潜在场景比实际场景更多,但这种场景可能会迅速改变。由于目前还在早期阶段,人们很难预测在 2025 年或 2030 年能够实现的具体成果。

智能合约：三重记账与金融透明度的未来

传统的金融系统使用中心化数据库进行操作,通常只有机构才有权限管理数据,用户只有通过机构才能查询和交易。另一方面,区块链技术允许拥有越来越多记录的分布式数据库。账本不是在一个地方存在,而是在网络中的多台计算机之间不断更新和同步。因此网络中任何获得适当授权的参与者都可以查看整个分类账,而无需依赖中介机构或任何一个授权机构。

智能合约作为区块链技术的重要组成部分,具有自我执行的能力,能够自动执行先前达成的协议。比如智能合约在特定情况下可以触发自动退款,或者在销售完成后自动支付预定的佣金。

通过使用这些智能化的契约,我们有望在传统的财务操作过程中避免延误,同时也将增加信息的公开性,降低我们对于中介机构执行承诺的需求。另外就像区块链的其他组成部分一样，智能合约是不可更改的，因此它们能够提升财务报告的精确度。

基于参与者来划分，区块链分为公链、私有链（联盟链）和混合链。公链提供广泛的开放访问，任何人都可以成为节点并参与区块链。比特币是公链的一个典型例子。另一方面，私有链允许通过基于权限的私有网络来限制特定用户（例如特定银行）的访问。

在私有链中，私有链之外的任何人都无法看到链上交易或参与到区块链交易中去。新兴的混合链与侧链（就像一个分支道路，可以快速处理交易，再回到主路，是与主链平行的区块链，用于处理特定任务）的理念密切相关，侧链能够让各种公链和私有链彼此通信，进而促成位于不同区块链的交易者进行跨链交易。

为区块链世界做准备

截至 2024 年底，欧盟 22 个成员国已经签署了关于建立欧洲区块链合作伙伴关系的宣言，这象征着区块链在欧洲已经被优先考虑。以欧洲的数据举例，与 2017 年相比，2018 年上半年对区块链相关公司的投资已经翻了一番。2025 年区块链带来的经济效益预计会达到 1 760 亿美元，而在 2030 年这个数字可能会突破 3.1 万亿美元。

以欧洲的经验为依据，区块链的潜在利益有：

1. 由于消除了不同步的分类账和对账，错误最多减少了 95%。
2. 因为直接处理和只依赖单一的事实来源，效率增加了 40%。
3. 由于更快地处理和使用数字渠道，客户体验提高了 25%。
4. 由于更快地完成交易，直接进行加工并释放了资本流动，资本消耗最多减少了 75%。

区块链将如何影响核心流程

为了预测影响并确定最适合区块链的流程，毕马威会计师事务所开发了一个框架，该框架根据四个关键因素评估每个核心流程：

1. 它是基于规则的吗？流程越标准化，就越适合于区块链中的智能合约。

2. 数据是否碎片化，是否具有多个事实版本？"碎片化"是指信息和数据源于多个不同的途径，但这些途径并未有效地融合，它们各自采用了自己的方法和表达模式，随心所欲地为信息的海洋做出贡献。

这并非错误，因为信息社会的基本形态就是这样。然而当我们想要全面了解事件或者一个相对完整的片段时，原始状态的信息就很难直接满足这个需求。区块链为零碎的数据带来明显的好处：它为利益相关者们提供唯一的真实信息来源。

3. 流程是否需要人工对账？在结算过程中，我们通常需要利用系统接口来实现各个阶段数据的共享和流动，但是这种传统方式只能让信息流互相连通，却无法解决双方的信任问题。

在大多数场合，信誉仍然基于书面证明，每一方都拥有自己的计算数据，这就导致了大范围的手动审查，从而使得整个记账步骤的花费高涨、效益降低，以及结算时间延长。对账的需求越大，区块链消除对账的机会就越大。

4. 有多少利益相关者参与？当流程涉及多方时，区块链可以通过分布式账本和透明记录带来价值，使所有利益相关者可以同时访问相同数据。

这四个标准可以应用于所有核心业务流程，帮助财务部门考虑区块链对其服务交付的影响。如果你的企业希望利用区块链实现业务效率提升和成本缩减，不妨试试用这四个标准匹配其核心流程。

区块链用于金融

利用区块链技术，我们能够降低人力成本，从而增强金融运营的效益。在企业间的交易过程中，区块链将构建一个新的分类账，并且允许企业间的透明度和结算。这将使财务部门将更多的精力放在价值创造活动上。

智能合约的使用将增强公司间交易的治理和合规性。通过区块链实现的统一数据库的优点是它可以保存所有事务，从而可以跟踪事务，支持文档编制和核对会计科目。部门和子公司之间的对账几乎同时进行，同时确保所有相关方之间的透明度。

三重记账

令人感到惊讶的是，自20世纪80年代开启的三重记账（triple-entry accounting），只有在2005年三重记账之父Ian Grigg把它和区块链技术相结合之后,这一财务理论才得以被公众所重视。Ian Grigg 倡导用非对称加密代替印章和签字,用 **Merkle 树** 替代纸质凭证装订,并倡导除了交易双方记账外,用区块链作为全网公证的第三方记账。

> **知识窗**
>
> Merkle 树:默克尔树,指一种将数据逐层哈希,最终汇总成一个根哈希的数据结构。它能快速验证海量数据中某一部分的完整性,而无须比对所有数据,非常高效。

三重记账法作为一种财务手段,对传统的复式记账系统进行了优化(见表 6-4)。中国数字人民币(e-CNY)在设计上采用了与三重记账架构逻辑相契合的机制来管理准备金,实现了"一币、两库、三中心"的架构。其中,"两库"是央行发行库(管理准备金)和商业银行库(用户兑换流通),"三中心"是登记中心、认证中心和大数据中心,而智能合约被用于自动化执行准备金管理规则。

三重记账=复式记账+区块链"云监工"。就像你向小明借钱,原本各自记一本账,现在加一个微信群当公证人,群里所有人一起盯着你们的账,谁都改不了!比如苹果付钱给富士康造手机,双方账本+区块链账本三方锁定,富士康不能虚报成本,苹果也不能拖欠货款。

表 6-4 复式记账和三重记账对比

对比维度	复式记账	区块链三重记账
数据真实性	依赖人工审计,易被单方篡改	三方加密验证,不可篡改
审计效率	耗时耗力(如年度审计)	实时自动化审计
透明度	信息孤岛,仅限内部可见	授权方实时共享加密数据
成本	高(审计、对账、纠错成本)	低(自动化减少人工干预)

鉴于区块链科技为数字分类账提供了稳定性,因此在基于区块链的三重账务系统里,所有与外部相关的财务报告都被赋予了加密功能,并且这些信息被智能合约连接至第三个账簿。

区块链技术的三重记账方式与传统的记账方式的区别就在于无法

被任何人轻易地侵犯或损坏账本。由于区块链具有透明性、审查性和稳定性,所以只要把交易记录输入到第三方智能合约的分类账户,那么依赖于区块链的财务体系就不会遭受损害。

减少对审计流程依赖

公司对会计师的信任度不足,这就是审计师存在的原因。会计师的行为可能存在失误,因为每个人都有可能犯错。财务报告也可能遭到损毁。所以公司才需要请外部审计师来进行评估。

由区块链构成的财务体系具有公开、可监控和稳定的特征,因此这些交易不会遭受任何破坏。这意味着,只要把账目记录保存在区块链中,就无需请外部的审计人员来核查。因此,区块链可能减少对传统审计流程的依赖,但职业判断(如舞弊调查)仍需人工介入。

银行领域的区块链

许多公司对区块链的态度已经从简单的试验转变为概念验证(PoC)和场景开发。数量很少但迅速增长的公司甚至已经开始将区块链解决方案投入生产。例如,澳大利亚证券交易所正朝着基于区块链的解决方案迈进,以取代其当前的后期结算流程,而中国的微众银行正在实施生产性区块链系统以提供银团贷款能力;该解决方案目前被三家中型银行使用。

毫无疑问,区块链带来了令人兴奋的价值主张。区块链拥有对银行业产生影响的能力,假设现在需要对银行体系进行修改,那么这些都会以区块链为基础。

区块链在银行业中应用场景

区块链可以真正改善的领域之一是银行业。具有讽刺意味的是,加密货币最初是为了绕过银行而创建的。那么这种协同作用有多强?《哈佛商业评论》说:"正如互联网颠覆了传统媒体,区块链也将颠覆传统金融。"令人欣慰的是,银行业似乎已经意识到了区块链技术的巨大潜力。

因此，这就引出了问题。区块链到底可以在哪些方面帮助金融业？我认为应集中关注以下三个方面：贸易融资、便宜的 KYC 和更快的跨境付款。具体应用请见表 6-5。

表 6-5 区块链的银行应用

应用领域	案例名称	描述	国家/地区
跨境支付	招商银行区块链跨境直联清算系统	招商银行通过区块链技术改造跨境直联清算系统，实现分行间直接清算，报文传递时间从 6 分钟缩短至秒级，提升效率并降低成本	中国
	蚂蚁金服区块链跨境汇款服务	蚂蚁金服与渣打银行合作，通过区块链技术实现香港与菲律宾之间的跨境汇款，支持 7×24 小时实时到账，降低汇款成本	中国/菲律宾
	RippleNet 全球支付网络	RippleNet 通过区块链技术连接全球银行，实现实时跨境支付和端到端追溯，减少中间环节和成本	全球
贸易融资	中国银行区块链供应链金融服务	中国银行推出基于区块链的供应链金融平台，支持应收账款融资、信用凭证拆分与转让，提升中小微企业融资效率	中国
	巴克莱银行区块链贸易文件转移平台	巴克莱银行与 Wave 合作，通过区块链平台实现贸易文件的快速转移，解决国际贸易中的纸质文件难题	英国
数字票据	中国人民银行区块链数字票据交易平台	中国人民银行测试基于区块链的数字票据交易平台，提升票据交易的透明度和安全性，降低操作风险	中国
资产托管	中国邮政储蓄银行区块链资产托管系统	中国邮政储蓄银行与 IBM 合作，利用区块链技术实现资产托管业务的自动化，减少中间环节和交易成本	中国
客户身份认证	微众银行区块链联合贷款结算系统	微众银行与上海华瑞银行合作，开发基于区块链的联合贷款结算系统，提升贷款结算效率和透明度	中国

(续表)

应用领域	案例名称	描述	国家/地区
积分管理	中国银联区块链跨行积分兑换系统	中国银联与IBM合作，通过区块链技术实现跨行积分兑换，提升积分使用效率并降低成本	中国
反欺诈与风险管理	中国银行区块链反欺诈系统	中国银行利用区块链技术构建联盟链，实时排查问题账户，提升反欺诈能力和风险管理水平	中国
数字资产	纽约梅隆银行区块链交易备份系统	纽约梅隆银行开发区块链系统作为交易记录的备份，提升系统恢复能力和数据安全性	美国
智能合约	韩国KEB Hana银行区块链智能合约应用	KEB Hana银行利用区块链智能合约自动化处理外汇交易和客户身份认证，提升效率并降低成本	韩国

更快地跨境付款

银行业目前面临的最大问题之一是跨境支付，在业务繁忙时银行间转账平均需要2～5个工作日。

如果你曾经做过自由职业，那么你或许知道在国外进行银行间转账，SWIFT需要花费多长时间。更糟糕的是如果你通过PayPal获得付款，而且你的公司在星期五发送付款，那么你可能必须等到星期二才可以收到付款，因为这些金融机构总是在周末关门。

之所以结算时间较长，是因为有许多中间人分批处理交易。借助区块链解决方案一切变得更加便利，这将为参与双方节省大量时间和金钱。区块链完全消除了对中间商的需求，因为交易几乎可以立即结算（如果使用联盟链或联盟链）。这不仅仅是猜测，实际上已经存在一个有效的概念验证（PoC），展示了区块链技术如何以指数级减少这些领域的交易时间。

SAP 2024年与ATB Financial和金融科技初创公司瑞波合作，将加拿大艾伯塔省的第一笔国际区块链付款发送到德国的ReiseBank。该银行使用SAP HANA云平台和SAP Payment Engine应用程序来利用瑞波开拓性的区块链网络。

价值1 000加元（667欧元）的区块链付款从通常需要2~6个工作日才能完成，变成大约需要20秒就可以完成。此后，概念验证得到了增强，人们能够在10秒内完成交易。从2~6个工作日到10秒，这就是变革！

便宜的KYC

来看看KYC（了解客户）法规，这是欧美银行耗费资金最大的地方之一，有一些令人震惊的统计数据。一家普通银行每年在KYC合规上的支出约为4亿元人民币。一些银行可能花费高达30亿元人民币。而KYC涉及审查客户身份，又和合规相关。

据报道，摩根大通在其合规部门上花费了惊人的160亿元人民币，并雇用了13 000多名员工来跟踪法规变更。尽管监管政策在不断变化，一些银行仍然使用书面文件进行合规审查。区块链技术将如何改变这些情况？

首先，区块链上存在自我主权身份的概念。自我主权是指对自己的身体和生活拥有所有权，是个人的权利。如今自我主权身份（SSI）比以往任何时候都更为重要，因为每个在线平台都具有线上用户，每个人都可能有在多家平台多个用户身份。

具有如此多的孤立身份极大地增加了在线欺诈或身份管理不善的风险。通过将你的身份上传到区块链，你可以完全控制自己的身份认知。那么，这对KYC有什么帮助？假设你必须去银行开户，银行将简单地要求你授权你的身份访问权限，而不是由第三方来问你。

其次，银行可以成为他们自己的私有链和联盟链中的一部分。现在假设你已经与A银行完成了KYC审查，那么它们就可以简单地将详细信息上传到区块链上。由于区块链不属于中央数据库，因此，网络中的任何人都可以上载信息并与其他人共享。你想在B银行开户，B银行可以直接访问区块链并获取所需的KYC数据，而不必从头开始整个审查过程。

区块链的KYC协议可以支撑银行内和银行间的需要。在银行内部，由一家银行执行的KYC可以由同一银行的另一个分支机构使用，从而实现服务的无缝转移，比如KYC协议可以帮助银行在内部整合客户信息并确保数据一致性和准确性。

在银行间由一家银行执行的 KYC 可以被另一家银行轻松调用，比如区块链上的 KYC 数据可在银行间安全共享，减少重复验证。根据西班牙桑坦德银行（Santander）的一份报告，区块链技术仅此一项应用每年就可以减少银行的基础设施成本多达 200 亿美元。

贸易融资

贸易融资是银行为进出口企业提供的短期融资方式，主要用于进出口贸易结算。企业在商业活动中利用各类商业策略和金融工具来提升现金流，从而满足资金需求。过去我国的商业交易主要依赖于不规范的滞留应付款，但随着商业票据的逐渐成熟，利用商业票据进行融资的方式也得到了广泛应用。在全球贸易环境下，标准化的金融工具对企业融资起到了关键的作用。

贸易融资是区块链应用的理想领域，该领域历史悠久，早期用传真机完成，相关方需要在纸上盖章。截至目前有很多参与贸易融资的机构。不幸的是过去的参与方使整个过程非常缓慢和烦琐。机构之间不能真正互信，而唯一途径就是采用更多的中介机构，例如银行和票据交易所。

区块链可以通过智能合约赋能贸易金融的流程改进。一旦有人希望在以太坊或超级账本 Fabric 上执行特定任务，他将与一个或多个参与者签订智能合约。IfTTT 逻辑（也称 if this then that 逻辑）是智能合约指令的工作基础。它是指一旦第一组命令被实现，就开始执行下一项任务，接着进行再下一项任务，并且不断地进行这样的操作，直到合约期满。理解此事的最佳途径就是设想一台自助购物器。你所做的每个决定就如同触发器。这个现象有点像多米诺骨牌效应。让我们看一下自动售货机的工作过程。

首先，我向自动售货机支付费用。其次是按下和预订任务匹配的按键。接下来是产生的物品被我获得。现在检查一下所有的步骤，然后思考一下，若未进行上一个环节，能否继续进行其他环节呢？所有步骤都与前一步有着直接的联系。

另一个需要思考的点就是，在我和自动售货机的全部互动环节里，我仅仅是和自动售货机（供应商）进行协同工作。并没有第三方介入。自动执行的区块链上的智能合约将所有权转移到商品和金钱上，从而消除了银行提供信用证等文件的需要。这完全消除了所有不必要的中间商及其费用。它还有助于创建不需要任何特定方信任的生态系统。

IBM 联合瑞士联合银行、蒙特利尔银行（BMO）、Caixa 银行以及 Erste Group 等多家银行，共同创建了一个被命名为 Batavia 的全球性商业融资平台。这个联盟的目标是通过构建 Batavia 这个开放的生态系统，来协助各方，包括全球的大型和中型组织，创建一个跨国贸易网络。

一个全面的区块链交易融资系统能够对交易的所有环节（如贷前研究、贷中审批和贷后管理）进行实时在线监督，从而显著提升效率和便捷性。因此一方面可以显著降低银行的人力成本，另一方面解决了投入产出比的效益问题。

通过线下转线上银行可以避免多渠道信息收集的高昂成本，能够用更少的人力投入去处理更多客户和业务，从而实现大规模的效益。另一方面各相关方的信息接入使得原本散落的信息变得集中且全面，这有助于银行迅速且精确地进行信息的核实和比较，提升对贸易背景真实性的理解，大幅度降低了相关方人为造假的道德风险，使银行更有信心和决心去推动贸易融资业务的进步。

目前大部分银行都配备了内部的单据和贸易融资处理系统，但区块链在交易前端的处理方面并不擅长。优化的策略是，区块链平台通过与现有银行交易系统的接口对接来实现集成。在行内现有交易系统完成数据输入和交易处理后，将相关信息上传至区块链平台。同时，区块链平台通过生成区块、发布记账、智能合约等方式，驱动相关参与方的行内交易系统接收信息并生成交易。

障碍

为了获得金融机构的采用，区块链技术必须克服许多障碍。首先它遭受可扩展性问题的困扰。金融机构需要每秒处理数百万笔交易，而当前的区块链体系结构还没有准备好应对这种需求。区块链技术取决于公钥加密技术，且只能使用私钥来解锁发送给它们的资产。这些钥匙有可能会丢失和放错位置。这允许其所有者更改记录在区块链上的资产的所有权。但在金融机构广泛采用区块链之前，人们仍然需要解决一些操作性问题。

去中心化金融（DeFi）的兴起与挑战

去中心化金融（decentralized finance，DeFi）是一种崭新的点对点金融系统，它允许个人、企业或其他经济实体彼此之间交易加密货币。DeFi 背后的关键原则是将银行等第三方中介个人或组织从金融系统中移除出去，从而降低成本并减少交易时间。

无需银行的万亿生意

2024 年的美国证监会（SEC）主席加里·盖斯勒（Gary Gensler）曾在美国麻省理工学院讲授"区块链和货币"课程，他在该学校的网上公开课堂上曾指出全世界 0.5%~1% 的 GDP 用来支付金融费用，美国 7.5% 的 GDP 被金融业所占据。DeFi 若仅部分取代而非完全移除金融中介，其潜在市场规模或可达数千亿美元，但需面对多重现实制约。

如果监管和利益分配得当，由 DeFi 获得的利润应该归功于技术进步，从而带来整个社会降本增效的收益，改善全体人类的福祉，促进人类社会的进步和文明的发展。美联储和美国证券交易委员会制定了银行等中心化金融机构的规则，消费者通过这些机构获取存款和贷款等金融服务。DeFi 通过授予个人点对点交易的权利，挑战了美国的中心化金融体系。

假设你打算使用 DeFi 应用程序，DeFi 应用程序会通过与区块链通信，让你用钱购买、贷款、赠予或交易，而无需第三方的参与。这些 DeFi 应用程序安装在个人电脑、平板电脑或智能手机等设备上。如果没有这些应用程序，DeFi 依旧在那里，但你需要使用终端和命令行操作。

DeFi 应用程序一般都有用户界面（前端），在用户界面上可以看到各种财务功能。如果你想放贷赚取利息，你可以在用户界面上选择该选项并输入利息或抵押品等条款（见表 6-6）。如果你需要贷款，你需要搜索贷款的提供商，提供商可能是组织或个人，在你同意条款后，他们会借给你一些加密货币。有的应用程序会根据你输入的利息等信息自动帮你匹配别的用户。前端直接通信的就是链上的智能合约（链上协议）。由于区块链是一个全球网络，因此你可以在世界任何地方提供或接收金融服务。

表 6-6 DeFi 案例

用例	描述	典型案例
借贷与借款	用户可以通过智能合约直接借贷或借款,无需传统银行中介。借贷利率由供需算法自动调整,借款人需提供超额抵押品	Aave、Compound、Liquity V2
去中心化交易所（DEX）	用户可以直接在链上进行点对点交易,无需中心化交易所。DEX 通过流动性池和自动做市商（AMM）机制实现交易	Uniswap、Sushiswap、PancakeSwap
资产管理与代币化	用户可以通过 DeFi 平台管理数字资产,包括买卖、借贷和赚取利息。代币化允许将现实世界资产（如房地产、艺术品）转化为区块链上的数字资产	MakerDAO、Polymath、Aave
流动性挖矿与质押	用户通过提供流动性或质押资产获得奖励。流动性挖矿涉及将资产存入流动性池以赚取交易费用和代币奖励,而质押则通过锁定资产支持网络安全并赚取收益	Lido Finance、Yearn Finance、Curve
预测市场	用户可以通过预测未来事件的结果（如选举、市场价格）进行投注。预测市场通过智能合约自动结算,提供透明和去中心化的投注环境	Augur、Polymarket
稳定币	稳定币是与法币或其他资产挂钩的加密货币,旨在减少价格波动。它们在 DeFi 中用于交易、借贷和支付	USDT、DAI、USDC
去中心化自治组织（DAO）	DAO 是基于智能合约的自治组织,决策由社区投票决定。它们用于管理资金、协议升级和其他治理活动	MakerDAO、Uniswap DAO
保险	DeFi 保险通过智能合约提供去中心化的保险服务,用户可以获得针对智能合约漏洞或市场风险的保障	Nexus Mutual、Opyn
跨链互操作性	通过跨链协议,不同区块链之间的资产和数据可以无缝转移,增强 DeFi 生态系统的流动性和效率	Polkadot、Cosmos、Chainlink
AI 与 DeFi 结合（DeFAI）	AI 技术被用于简化 DeFi 操作,如自动化交易、优化投资策略和提供用户友好的交互界面	Heyanon.ai、Mode AIFi

DeFi 离不开两项关键技术：自动做市商（AMM）和零知识证明（ZKP）。Uniswap 等 DeFi 应用的核心逻辑就是自动做市商，而零知识证明能够解决 DeFi 的隐私和信任问题。

自动做市商（AMM）

什么是 AMM

想象有一个自动售货机，里面装着两种饮料：可乐和雪碧。这个售货机有一个特殊规则——可乐数量 × 雪碧数量＝固定值。比如，现在里面有 10 瓶可乐和 100 瓶雪碧，那么它们的乘积是 10 × 100 = 1 000。

当你用可乐换雪碧时，如果你投入 1 瓶可乐，售货机里的可乐会变成 11 瓶。为了保持乘积不变（1 000），雪碧的数量必须变成 1 000 ÷ 11 ≈ 90.9 瓶。于是，你投入 1 瓶可乐，机器会给你 100-90.9 ≈ 9.1 瓶雪碧。这就是 AMM 的定价原理：用数学公式自动计算兑换比例，不需要人工报价！

为什么价格会变？如果很多人用可乐换雪碧，售货机里的可乐变多、雪碧变少，下次兑换时，1 瓶可乐能换的雪碧就更少了。这就是滑点——交易量越大，价格波动越明显。

AMM 在区块链中的应用

在 Uniswap 这样的去中心化交易所中，流动性池就像装满两种代币的"售货机"（比如 ETH 和 PYUSD）。任何人可以当"供货商"，往池子里存钱（按当前比例存两种代币），赚取手续费。它完全透明，所有规则由代码自动执行，没人能偷偷改价格。

零知识证明（ZKP）

假设你有一个带密码的保险箱，你想向朋友证明你知道密码，但又不想告诉他密码是什么。零知识证明就是：在不透露密码的情况下，让对方 100% 相信你真的知道密码。

举个实际例子，小明声称自己能分辨可乐和雪碧（蒙眼盲测），但小红不信。小明让小红随便递一杯饮料，他喝一口后正确说出是可乐还是雪碧。重复 10 次后，小明全对，小红不得不信——但小明全程没透露他是通过味道还是颜色判断的。这就是零知识证明：用结果证明能力，不暴露方法。

零知识证明如同在不透露密码的情况下向网站证明你是合法用户：服务器通过加密挑战验证身份，全程无需传输密码本身。

零知识证明在区块链中的应用

在隐私保护场景中应用，如 Zcash 加密货币，可用零知识证明隐藏交易金额和双方地址，但全网仍能验证交易合法。在简化验证场景中应用，如以太坊用零知识证明（如 zk-Rollups）打包上千笔交易，快速验证结果而不检查每笔交易的细节，省时又省力。

AMM 和零知识证明改变了什么

AMM 用数学公式代替中间商，让交易更透明、更抗操控。但代价是存在滑点风险、需要自己承担交易成本。而零知识证明既能保护隐私，又能让系统信任你，但代价是，技术复杂、算力资源消耗大。尽管如此，就像自动售货机让买饮料更方便，零知识证明让秘密交易更安全——区块链技术正在用代码重塑信任！

DeFi 的监管

2025 年新一届美国政府对美国证监会 SEC 主席和国会数字货币委员会主席的任命，都体现出美国政府对包括 DeFi 在内的加密行业释放了非常友好的信号。美国税务机关的法规规定 DeFi 前端应用（如 Uniswap、MetaMask）的运营商有义务和传统运营商一样，提交税务报告，而链上协议则并没有受到约束。

欧盟的银保监会（EBA）和证监会（ESMA）为防止 DeFi 智能合约漏洞、流动性风险和杠杆失控，细化了监管措施。欧盟的《加密资产市场法规》认可合规的稳定币包括 USDC 和 EURC 等，传统支付系统 Paypal 发行了受美国《稳定币法案》监管的 PYUSD，这几种稳定币逐渐得到了市场的认可。

即便剔除机器人交易等"噪声"，2024 年稳定币仍然达到年化 3.18 万亿美元的交易量，覆盖近 2 亿账户。稳定币是 DeFi 的"血液"，各国政府对稳定币的监管直接影响到 DeFi 的合法性。

Compound 协议

你来到传统金融借贷市场的目的,一般来说是为了获取流动性(流动资金),比如你创业或者买房,都可能去银行借钱。

但是,你来到 DeFi 市场后,发现这个市场的逻辑有所不同,大多数人是为了满足套利、杠杆、做市等交易活动的资金需求。比如,你手里有 ETH(以太币),而且看好 ETH 价格还会上涨,你就会抵押 ETH,借出 USDT(和美元挂钩的稳定币),用来购买更多的 ETH,接着又继续抵押 ETH,反复循环,原来的一份 ETH 可以反复抵押,实现了类似杠杆的作用。

下面我们介绍加密货币借贷市场中的龙头 Compound 协议(一组智能合约代码)。2023 年 4 月 Compound 第三版协议发布,其部署的链包括以太坊、Polygon、Avalanche 和 Base 等。Compound 面向机构推出了 Compound Treasury 产品,鼓励机构存入 USDC,机构可以获得固定年化收益。Compound 还积极配合监管机构的 AML/KYC,力求合规。

在海外,你可以在 Compound 上抵押代币化的美国国债,或者进行跨链操作。MetaMask 是人们最常用的数字钱包,通常是 Chrome 浏览器的插件,也有手机 App,MetaMask 的图标是个小狐狸。你通过 MetaMask 登录进入 Compound 的前端页面,往 Compound 智能合约里面存入 10 个 ETH,智能合约就会按照时间和利率计算利息。

如果你需要借钱,你就必须事先存入 ETH、USDC 或其他代币,Compound 智能合约会抵押你的"存款"再把"钱"借给你。不管你存钱还是借钱,Compound 智能合约都会给你 COMP 代币,这种代币往往比你应付的利息高,所以很多人愿意参与 Compound 的借贷活动。

Compound 协议中的 COMP 代币的价值并非凭空而来,而是由其在协议中的治理价值、流动性激励作用、协议收入以及市场预期和投机等多种因素共同决定的。

Compound 平台上的借款和贷款利率是由市场供需决定,按照事先写好的智能合约代码随时自动变化的。如果 ETH 的需求增加,ETH 的利率就会上升,你就会更倾向于投资 ETH,反之就会下降。其他种类代币如 USD 或 DAI 的需求变化时情况也类似。这样资源得到了自动分配,资金流向市场最需求的加密货币种类。

区块链会取代 SWIFT 吗

凭借极低的转账费用和去中心化特征，区块链对跨境资金转移系统构成了明显的威胁。受到威胁最大的系统就是 SWIFT（国际资金清算系统，Society for Worldwide Interbank Financial Telecommunication），SWIFT 是一个管理大量全球交易的银行联盟，就像是全球金融机构之间的一个超级"邮政系统"。

SWIFT 有一套标准化的"语言"（金融报文格式），SWIFT 通过其消息传递系统实现了全球银行间转账。此类跨境支付转账是当今银行系统的重要组成部分，尽管包含很多重复的交易，2015 年 SWIFT 系统报文量达到 150 万亿美元。区块链技术还实现了跨境转账，但以分布式进行。这意味着银行在同一网络上直接相互连接，交易被直接批准。

近年来，黑客的攻击行为进一步损害了 SWIFT 网络的安全性。根据投资银行瑞士信贷（Credit Suisse）的说法，传统的跨境支付行业已经显得有点过时，可以被区块链颠覆。SWIFT 这种银行间支付系统老旧，不灵活，速度慢，而且越来越容易不时遭到网络攻击，银行都承受着巨大的压力，以降低成本，免受黑客攻击，相反区块链却能保护客户数据。

瑞波区块链的业务范围已覆盖超过 100 家金融机构。瑞波的竞争对手摩根大通（JPMorgan Chase & Co.）等大型银行之间也已形成网络，以开发基于区块链技术的跨境支付系统，但这也无法撼动瑞波蓬勃发展的势头。

SWIFT 和区块链

鉴于 SWIFT 和区块链对两种支付系统技术的相似性，做二者对比的研究是有意义的。实际上 SWIFT 的消息传递系统已经发起了自己的区块链项目。SWIFT 在 2018 年 1 月宣布了一项概念验证（POC），以实时测试跨境支付的数据库对账；到八月该项目已达到其目标。

SWIFT 研发部负责人在接受 Coindesk 采访时表示，其解决方案将需要对已经投资于中心化解决方案的银行进行重大的基础设施改造。他表示："商业价值的大小取决于参与者的自动化水平。"

2019年两次竞争性会议上,SWIFT与区块链之间的差异形成了鲜明的对比。其中一个会议由瑞波组织,另一个由SWIFT组织。

根据新闻报道,SWIFT的首席执行官把人们当前对比特币和区块链的关注与17世纪的"郁金香泡沫"进行了比较,但他不提自家开展的区块链项目。微软公司首席执行官萨蒂亚·纳德拉则要求公司建立"有用"的区块链应用。

这是否意味着SWIFT的终结

即便SWIFT仍保有其在大额资金交易中的份额,SWIFT生态系统中基于支付的消息的份额也在下降。但SWIFT的SWIFT for Corporates解决方案(银行用于交换有关财务信息的安全消息)已经从2009年签署该解决方案的579家公司实体迅速增长到2014年的1 405家。备用流收入的增加意味着SWIFT可能正在重塑自己,而不是在未来区块链世界中成为明日黄花。

区块链如何重塑传统银行业务模式

当前,技术变革是银行业面临的主要挑战之一,无论是来自大型科技企业(如谷歌、苹果、eBay或亚马逊)的挑战,还是新兴的金融科技(FinTech)的挑战,传统银行在经历了波动和起伏后,开始关注这些变化。

目前一个可能对金融业产生威胁的因素是那些使用了区块链技术的应用程序——比如以加密货币为基础的分布式账本的防篡改系统。包括投行、股票市场和中央银行等大规模金融组织,已经开始专注于提供他们独特的、依赖区块链的解决方案,目的是维护其在技术创新中的优势。

银行正在关注

在研究区块链技术如何破坏传统银行业务之前,值得一提的是已经公开宣布对它感兴趣的一些关键机构(与此同时许多其他银行在没有通知公众的情况下这样做)。

法国投资银行已经公告了他们将启动对区块链技术在货币资金和订单处理方面的研究。专注于技术的证券交易所 NASDAQ OMX Group Inc. 正在运用区块链技术降低整个资本市场的时间、成本和摩擦点。

尽管高盛集团公司并未公开宣布其正在进行的所有内部活动，但是当它涉及对 Circle Internet Group, Inc. 这家比特币钱包及其子公司的 5 000 万美元的投资之时，却激发出一些不同的观点。

2018 年总部设在西班牙的桑坦德银行积极研究并开发一种基于区块链的解决方案。当时预计未来十年这个策略将每年降低 200 亿美元的费用。他们认定区块链技术具有"革新性"，因此在公司内部和与新兴公司的协同工作中尝试使用这项技术，目的是把它应用到金融领域。

至今瑞士投资银行瑞银已设立了其自身的独立区块链实验室，并提供专门的研究服务给企业。花旗集团已经开展了至少三个基于区块链的业务，这些业务中包含了他们自己的 CitiCoin 加密货币。

另外，法国兴业银行、渣打银行、英格兰银行、德意志银行、星展银行、BBVA、LHV 银行、BNY Mellon、CBW 银行、Westpac 以及澳大利亚联邦银行也在积极探索并实施区块链技术。

德国央行对区块链态度的转变

德国央行在 2016 年曾启动了 BLOCKBASTER 区块链试点的研究项目。但是德国央行发现转账速度慢、成本高，所以当时对区块链在银行的应用表示了相对谨慎的态度。但是德国央行后来逐渐采取了拥抱区块链技术的态度，2024 年底德国央行积极参与了新加坡的"Project Guardian"计划，探索 RWA（真实世界资产代币化）的各种可行性。

德国央行也积极拥抱基于 Layer2 的转账解决方案 Project Dama 2，因为 Layer2 是在以太坊主链之外的区块链通过跨链等技术，极大提高了交易速度和交易成本。德国央行巨大的转变耐人寻味，很可能受到了美国对区块链政策变化的影响。

付款和汇款

区块链技术的最主要和基础应用就是作为支付系统的底层技术。比特币与其他的加密货币不仅是一种数字货币，也是一种能够在世界各地通过这种货币进行支付的手段。只要有线上的链接，就能马上完成这些交易。实际上完全确认交易可能需要几分钟,但交易本质上只是瞬间完成。

这些活动不受限制,保障了其安全性,而且大多数情况下都是匿名的。另外交易费用极其低廉,每次交易只需几美元,因此相较于Western Union等电子汇款公司或Visa、Mastercard等信用卡处理商,这是一种比全球汇款更为经济的方式或发现金融服务(DFS)。

如果有人不愿意支付初始和持续费用以获得信用卡,他们可以选择使用加密货币进行电子支付,而不仅仅是成本的一小部分。

汇款到海外是一项艰难的工作。高额的费用和缓慢的处理速度,可能导致资金被截留或盗窃,同时还需要考虑法律和税务问题。利用区块链技术的体系能够解决所有的难题。已有众多企业采用此类策略推动汇款。

账户余额和存款

一般来说,消费者会选择在银行的支票和储蓄账户里进行存款。然而一旦你把钱存入银行账户,银行将会通过部分准备金的方式大规模地借出。当你检查账户剩余金额时,发现绝大多数资金并未被银行所拥有。事实上如果大量的顾客都想要同时支付,银行的挤兑可能会使得银行破产,这样的话资金就无法流动。因此,银行账户余额只是一个会计分录。

最后,区块链成为代表会计记录的分类账。所以区块链技术允许银行账户进行代码化,这样不仅使得它们更加安全,访问更为便捷,而且维护费用也相对较低。另外,银行储户可以随时确认银行的资金状况,增强信任,有助于降低银行的挤兑压力。

二级市场交易和清算

如果想要以最简单的方式通过场外货币交换购买公司股票,就必须进行清算和结算交易。对于交易的财物或协议的拥有者,都需要进行审查,并做好相关的记载。现在交易所的费用和清算费已经被纳入每一笔交易的成本中,并且随着时间的流逝和大量订单的增加,这个数字变得越来越明显。

假如股票的所有权能在区块链上保持,且所有权的任何转移都能立即得到确认,那么它将显著减少交易和清算的成本,这包括从股票到债券,从衍生工具到商品到房地产的各种资产类型。

纽约证券交易所或芝加哥交易所等组织,未来几年可能会先和基于区块链的系统逐步融合,从资产代币化试点到形成"链上清算+传统交易"的新的混合系统,新系统比以往的系统更加稳定高效,并且其运营与交易的费用也相对较少。随着区块链3.0的可扩展性和互操作性的完善以及人工智能技术的融入和监管法规的完善,传统系统逐步退役以至于最后完全区块链化。

区块链应用于证券二级市场交易和清算系统的改造能够实现效率提升(实时结算、去中介化)、风险控制(透明审计、智能合规)和跨市场协同(跨链互操作性)。我国的区块链区域性股权试点结果表明,我们需要用混合架构和分片技术进一步提升联盟链性能(表6-7)。

表 6-7 证券交易与清算系统区块链改造的典型案例

案例名称	时间	技术应用	主要成效
中国证监会"区块链+股权市场"国家试点	2023—2024	区块链整合股权登记、交易、清算全流程,对接新三板与沪深交易所	北京股交中心实现"无纸化"操作与实时结算,降低操作风险,提升跨机构协同效率
上海股交中心DID系统与双层链架构	2023	基于区块链的分布式数字身份(DID)系统,构建"中央监管链—地方业务链"双层链基础设施	解决跨机构身份认证难题,支持可信数据共享,累计查询4万余次,提升市场规范水平
江苏区域性股权市场区块链试点	2023	区块链整合中小微企业"企业画像"功能,青岛试点"政府+法院+股交"链上司法查控系统	精准匹配融资服务,实现股权司法查控全线上办理,提升中小微企业服务效率
中信证券自动化交易平台(CSET Plus)	2023—2024	集成智能合约与区块链技术,支持算法交易、智能风控等功能	优化交易执行效率,降低操作风险,通过"信e投"App提升移动端交易便捷性
中央结算公司区块链数字债券平台	2023—2024	国内首个区块链数字债券公用平台,支持多币种债券发行与跨链对接	2023年扩展至离岸金融,发布两项行业标准,获评国家区块链创新应用优秀案例

（续表）

案例名称	时间	技术应用	主要成效
平安证券多维度数字金融平台	2024	覆盖PC端、移动端及专业投资者终端的区块链综合服务平台（如慧赢金融终端、量盈QMT策略平台）	满足不同客户群体需求，提升个性化服务能力，增强机构投资者与高净值客户的黏性
Layer One X（L1X）区块链清算方案	2023	X-Talk跨链协议、Pentagon框架、高吞吐量（10万笔/秒）、PoX共识机制	衍生品市场测试中效率提升30%，支持跨资产、跨境结算，降低风险
中国移动与联通"结算链"	2023	基于联盟链的跨运营商结算网络，覆盖5省业务	智能合约自动化对账，结算耗时减少60%，年节约成本超千万元
印度股市区块链T+0结算试点	2024	许可区块链架构实现实时结算，加密技术确保透明性	缩短零售投资者资金占用周期，降低传统T+2结算风险
中国香港数字绿色债券发行	2024	分布式账本技术（DLT）支持多币种（港元、人民币、美元、欧元）发行与结算	提升跨币种交易效率，强化ESG数据透明度，发行规模达60亿港元

2024年美国、欧洲等国家和中国香港等地区的主权债务和基金实现了大约100多亿美元规模的代币化，技术路线以以太坊为主。其中，中国香港特区政府发行了60亿港元支持四种货币的香港数字绿色债券。而在结算领域，2023年中国移动与中国联通的"结算链"减少了约数千万元的成本，结算速度提升了约60%。

一级市场发行和首次公开发行

我们可以把一级市场比作新车市场，把二级市场比作二手车市场。如果二级市场可以在区块链中进行交易，那么一级市场是否也可以运作呢？答案是肯定的。你的企业可能会寻求通过IPO（首次发行，就像新车第一次进入市场）向大众募集到更多的资本，但是如今IPO成本相当高，必须由投资银行（或者类似的银行联盟）来负责发布并转让你的股份。这有可能需要超过 9% 的投资资源。

现在设想一下你能够把公司的股份直接转让给区块链,然后在这个平台上销售它们来获得资金。接着我们可以利用区块链技术在二级市场中交易这些虚拟股票。若此状况得到公众认可,那么它将对资产交易所以及投资银行业带来深远的影响。

RWA 就像给房产或债券办了数字化护照(表 6-8)。预计 2030 年 RWA 的规模将增长 50 倍,达到 2 万亿 ~ 30 万亿美元的规模。Circle 收购了代币化真实世界资产发行商价值 13 亿美元的 Hashnote 公司,而 Hashnote 发行了货币市场基金代币 USYC。

表 6-8 RWA 发行流程

步骤	内容	作用	需要的资源和条件	产出
资产选择	选择适合代币化的真实世界资产,如房地产、债券、股票等	确定代币化的资产种类,为后续流程奠定基础	专业知识、市场调研、评估目标资产的可代币化性	选定的目标资产清单
资产评估	对选定的资产进行评估,确定其市场价值	确保资产价值的准确性,为代币定价提供依据	专业的资产评估团队,市场数据,历史交易记录	资产评估报告
法律框架	建立法律框架,确保代币化过程符合相关法律法规	保证代币化过程的合法性和合规性	法律顾问,了解相关法律法规的专业知识	完整的法律文件,如招股说明书等
资产上链	将资产信息记录在区块链上,生成相应的代币	实现资产的数字化,使其能够在区块链上进行交易	区块链技术平台,智能合约开发能力	代币化的资产,可在区块链上交易的数字资产
代币发行	在合规的金融市场上发行代币,投资者可以通过购买代币获得对底层资产的所有权或收益权	将代币推向市场,吸引投资者	合规的金融市场平台,投资者关系管理能力	代币发行记录,投资者购买记录
资产交易	代币在二级市场上进行交易,提高资产的流动性和可访问性	增加资产的流动性,扩大投资者群体	二级市场交易平台,交易规则和监管机制	交易记录,市场反馈

（续表）

步骤	内容	作用	需要的资源和条件	产出
资产管理	对底层资产进行管理和监控，确保投资者的权益	维护投资者的利益，确保资产的稳定性和收益性	专业的资产管理团队，监控和管理系统	管理报告，资产监控数据
收益分配	根据代币持有比例，向投资者分配底层资产的收益	保障投资者的收益，增强投资者信心	收益分配机制，投资者信息管理系统	收益分配记录，投资者满意度调查

2024年8月中国香港金融管理局推出Ensemble项目沙盒，项目主题包括固定收益和投资基金、流动性管理、绿色和可持续金融、贸易和供应链融资。与ICO不一样，RWA注重将现实世界的资产引入区块链。

冲击与变革

区块链技术正受到金融业的重视，因为它可能对传统银行业构成重大威胁。区块链具有防篡改、去中心化和稳定的特点，被视为减少开销、简化支付、财务交易、股票发行、零售银行以及清算与结算等任务的最佳解决方案。当然区块链技术的应用范围还不止于此。虽然在支付和货币系统中的应用已经带来了显著变革，但区块链技术很可能对现有金融业体系产生替代性的应用，它的影响还会更加深远。

银行业区块链采用的真相与误解

人们可以将公链辩论的情景与开放互联网和20世纪90年代围墙的局域网之间的紧张程度进行比较。大公司拼命地希望存在没有比特币的区块链，就像1994年时的疑问："人们不能在没有互联网的情况下上网吗？"也有人希望开放平台将再次击败封闭的替代品，尽管这些人没有特指比特币。他们认为唯一可以看到的真正创新将来自诸如比特币、以太坊等公链的创新。

有人还希望历史重演，并指出思科是管理企业局域网的公司。换句话说，当前正在开发联盟链 BaaS 平台的公司，例如亚马逊、蚂蚁金服、京东、百度等，最终都可能会转向公链。由于仍然存在使公链成为让银行感到棘手的法规，因此进行这种过渡可能具有挑战性。

驯服区块链

比特币是人们在地球上拥有的第一个数字网络平台，该网络不是由大型企业在基础设施上进行投资而创建的。

它允许个人在没有中央可信任的授权的情况下在世界各地转移资金，这对固有的银行系统构成了威胁。但至少从暂时来看，这还远不是致命的问题：比特币交易缓慢；货币的价值非常不稳定，以至于你有可能损失想要转移的大部分资金；市场规模小，流动性差；社区容易分裂；而且你必须依靠交易所来获得任何商家或国家实际接受的货币。

即便如此，银行系统还是首次有了高科技替代方案。它们可能会选择使用区块链的概念，而非真正运用区块链，这被视为一种对抗野蛮技术的策略，尽管这种技术并未造成伤害。杰米·戴蒙公然宣布比特币是"欺骗性"的，同时他还预见到全球的政权会采取相应的措施来打击这种现象。同时，他的公司正在开发名为 Quorum 的以太坊区块链的许可版本。

不提区块链

并不是所有自称为区块链的东西都是真的。2016 年 11 月金融科技公司 R3 在其产品 Corda 的主持下领导了由 75 家金融机构组成的联盟。当时该公司的 CTO 表示其使命是"了解、应用和开发区块链技术"。

到 2017 年 2 月情况已不再如此：公司的演讲引起了轰动，幻灯片上说："没有所谓区块链，因为人们不需要它。"如今 R3 将 Corda 形容为"分布式账本平台"，几乎忽略了所有区块链的叫法，并坚持认为 Corda "从未被设计成一个区块链"。其他公司也应效仿这种做法。但到了 2025 年，R3 的战略已转向积极拥抱区块链并与公有区块链进行集成。

案例：世界银行的基于区块链的债券

全世界一些最重要和最具影响力的金融机构正在寻求将区块链技术进一步整合到其产品中。世界银行下令创建基于区块链的债券，新债券通过澳大利亚联邦银行（CBA）发行。人们将研究这些债券可能是什么以及它们如何影响主流投资领域。

bond-i

世界银行曾在推特发布声明，将全球首个采用分布式账本技术的新型债券命名为 bond-i。bond-i 是"区块链技术带来的新型债务工具"的缩写，这种债券由世界银行在华盛顿进行发行。依照一份研究报告，CBA 创新实验室的卓越区块链中心负责设计并开发了这种独特的债券。

尽管目前尚不清楚世界银行为何选择 CBA 作为新的基于区块链的债券的开发商，但这可能与以下事实有关：CBA 创新实验室曾作为与该组织合作的一部分，对原型区块链债券进行了测试。

关键在于 bond-i 有可能成为利用区块链进行首次债权融资的方式，然而并非首次使用的负债筹集方式。在此之前西班牙银行集团 BBVA 已经获得了 1.17 亿美元的以区块链为主的借款。

以太坊区块链将不可或缺

bond-i 采用的是私有以太坊区块链技术。该平台已经过微软的审核，以确保具备良好的架构、安全性和功能。CBA 开发团队与一家未具名的律师事务所合作，计划了债券的发行并开发了智能合约来管理 bond-i 产品。

这是将区块链融入债券领域的第一个优秀实例，像债券这样的金融产品很容易被应用到区块链和智能合约中。唯有当众多的组织和领域都采纳了跨链合作，其实际效果才能被揭示。

虽然作为该项目的一部分发行的债券可能是相当标准的，但该项目的含义却不是标准的。首先存在权力下放的问题。对于大多数加密货币和区块链行业而言，去中心化是至关重要的核心原则。必然地与世界银行共同管理的私有区块链不像许多区块链项目那样分散。

此外，尽管这个新的债券项目正在利用区块链技术进行管理、创建和监督，但到目前为止，它基本上与加密货币完全无关。这明确了主流金融机构乐于将加密货币与区块链技术区分开来，主流金融机构宁愿只使用区块链技术而不使用加密货币。bond-i 计划的成败将影响其他金融机构探索这一领域的决定。

区块链在金融服务生态系统中的部署前景

Gartner 曾评论，如果没有跨链互操作的规范，那么两年内区块链在跨金融服务生态系统中的广泛应用将会受到阻碍。目前金融服务企业的区块链规范仍有待提升和完善。人们需要两年的时间才能制定出成熟的标准。

这里的跨链互操作性指的是不同种类的区块链之间的互通，比如比特币网络和以太坊网络之间的互通互联交换数据甚至转账。这就像互联网最初产生的时候，一个个局域网之间如果没有跨局域网互操作性，各个局域网之间不能互相传递信息，互联网不可能有之后的发展。说白了，各玩各的老死不相往来的世界就会停留在一个个小部落的时代。

对于提供金融服务的组织来说，规范的存在是非常关键的，这是由于这些组织正在持续地从客户、合作伙伴以及其他组织中流动资本。

当前 CIO 们有能力在各种不同的区块链技术中做出决定，他们不仅能够采用如 Corda、超级账本和 Digital Asset 这样的企业级技术，还能够在诸多的公共区块链规范（例如比特币、以太坊、EOS 和 Tezos）之间做出权衡。他们都在努力成为价值交换、数字资产链接、智能合约以及去中心化应用的真实准则。

银行 CIO 必须注意这种新兴的零散状态的区块链标准。在所有级别上都不可能有像开放系统互连（OSI）模型那样的单一事实标准。鉴于区块链标准的现状是多么零碎，Gartner 预计在未来两年内将有不超过四个标准引领市场。

在执行区块链项目时，除了遵循标准金融服务 CIO 还需要关注三个额外的挑战：治理、集成和跨链互操作。

治理

区块链的治理至关重要,因为它负责监控所有在生态系统内进行的行为,同时也提供了法律的保障,避免了因权力滥用导致的对其他参与者的随意决策。管理制度明确了价值的转移方式,并且指出了如何辨认和记录这些数据的转移,同时也明确了哪些人有权利查看这些数据,以及哪些人有权利与他们进行价值的交换。

2025年初大多数私有链和联盟链的管理与运营都会维持集中与分层的状态。"集中"指的是私有链和联盟链的治理权集中在少数人手里,这样的好处是决策迅速,但缺点是权力失衡和决策不透明。而"分层"是指分离核心节点和边缘节点,这样做的好处是更好的性能和安全性,但缺点是边缘节点参与度不足。

集成

要充分利用区块链的巨大潜力,就必须把它和已经安装的软件解决方案进行无缝融合。然而主要的软件和SaaS供应商并未把区块链解决方案作为其企业解决方案的额外功能提供。最终金融机构在不断维护并更新区块链技术至他们的新型及既存的公司软件解决方案上,投入了大量的资源。

Gartner的分析师曾经预测所有主要的ERP和CRM参与者都将加入区块链功能,作为他们软件和SaaS产品的额外功能。此外,各个软件提供者会整合并优化他们所挑选的区块链版本,以确保其能够适配他们最新的软件版本。2025年初的今天回顾这个预测,它已经成为现实。

这些付出将显著减少在金融机构和其供应链中实施区块链项目的费用。同样一套完整的区块链解决方案的全程运行需要数百万美元的咨询费用,包括重新规划、研究以及提升。由于这些昂贵的开销,使得区块链项目的全面融合受到了显著的影响。

跨链互操作

比特币、R3、以太坊、超级账本等通常使用不同的实现方式、数据格式和数据交换方式,这使得跨组织的不同区块链之间很难实现跨链互操作。由于金融服务提供商持续地把金融设备和财富交给了其他的金融提供商以及协同商，因此跨链的协同性规范已经并且即将成为一个非常重要的因素。

几年来，他们已在尝试利用基于区块链的系统取而代之的是西联汇款和 SWIFT 国际汇款这些现有的金融手段，而且越来越接近目标。

跨链技术通过原子交换、中继链等方式实现部分互通，但跨链桥安全漏洞（如 2022 年 Axie Infinity 事件）仍是重大隐患。原子交换是基于哈希时间锁的跨链交易方式，价值交易的速度快，但只能做跨链交易。

例如，Komodo 等去中心化交易所（DEX）可以实现比特币和以太坊的跨链原子交换。波卡（Polkadot）等公链使用中继链技术，以自己的链为中心链，把各个子链链接在一起形成统一区块链网络。比特币的 Liquid 网络利用的是侧链技术，Liquid 网络作为独立的侧链，可以减轻主链的交易负担并降低成本。

Polkadot 和 Avalanche 等链的集成利用的就是标准协议。而超级账本为了和以太坊等进行跨链互操作，按具体业务场景的需求灵活地组合运用了上述原子交换等技术以及定制桥接等技术。目前跨链生态呈现多样化的趋势，也面临安全性、扩展性和去中心化等挑战（图 6-1）。

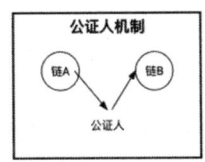
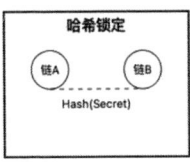
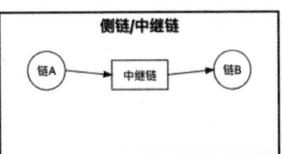

图 6-1　主流跨链技术

第七章
区块链如何推动物联网发展

> 物联网和区块链的结合将创造一个更加智能和安全的世界,它不仅改变了设备如何互联,也重塑了我们对数据和信任的认知。
>
> ——加文·伍德(Gavin Wood,以太坊共同创始人)

本章导读:

1. 万物互联需信任锚点,区块链赋予设备"数字身份证"。
2. 传感器数据上链保障透明,能源共享、智慧城市与自动驾驶因去中心化协作焕发新生。

清晨，家用咖啡机在你起床前三分钟自动启动研磨程序；午间，仓库机器人上传库存数据，触发货车提前调整配送路线；深夜，城市的每一盏路灯都能根据行人动向自主调控亮度——这不是科幻电影中的场景，而是物联网（IoT）技术日益渗透日常的真实图景。

　　但当我们把数以百亿计的设备连入同一张网络，一个问题浮现：如果每个设备都成了数据的发送者和接收者，谁来确保这场全球对话的可信度与安全性？

　　答案藏身于另一项正重塑世界的技术——区块链。这串常被与比特币捆绑提及的"分布式账本"，实质是构建信任的机械语法：它让数据可追溯但不可篡改，让陌生人无需中介即可协约共事。而当区块链遇见物联网，一场静默的革命悄然启幕——机器首次具备数字契约精神。

　　试想：你的电动汽车能在充电完成后，基于实时电价与电网自动结算费用；药厂疫苗冷柜向全球物流链广播温控异常时，全链路责任人即时被锁定；甚至一个集装箱能独立租赁货船仓位，费用通过智能合约扣除。区块链不再只是数字货币的幕后推手，而是千亿智能设备搭建信任网络的骨架。

　　这一章中，我们将揭秘机器间如何用区块链达成"君子协议"，重塑从工业流水线到家庭设备间的合作范式。当物联网赋予万物感知与行动力，区块链则为它们植入一整套诚实基因——这才是万物互联时代真正的进化密码。

物链融合

物联网是用数字神经激活物质世界：通过嵌入式传感器、通信模块与数据处理系统，让物理对象获得感知环境、传输数据甚至自主决策的能力，并在无需人类干预时与其他设备"对话"。

物联网带来的竞争优势

物联网生态系统包括设备制造商、解决方案供应商、云服务商、系统集成商或服务供应商。不管你的公司在物联网生态系统里的地位如何，你都应该懂得如何从物联网技术中获取最大的收益，因为这个创新技术为我们提供了极其丰富和迅速的变革可能。

物联网将人、地方和物体连接在一起，从而为价值创造和获取提供了机会。物体内部包含了各种复杂的元件、检测设备以及操作设备，这些设备均能把信息传递至物联网。

截至2025年全世界物联网的终端数量已达约250亿个，物联网设备已经成为人们生产、生活中必不可少的一部分。从家居环境自适应系统到智能仓储机器人，从手术机器人集群到交通感知网络，智能家居、工业互联网、智慧医疗、智慧城市等社会各个环节都被物联网技术所渗透。

物联网为企业带来了竞争优势。不只是数据，还包括了获取数据的途径、时间、地点以及产生的原因等因素都给现有及新兴市场的公司带来了竞争优势。比如公司可以通过物联网从偏远地区或者设备内部获取实时信息，公司可以实时地分析数据，就能更全面地了解运营情况，提升产品质量或提高客户满意度。

鉴于物联网的数据产生与分析极为关键，我们必须在其全过程中确保数据的安全。对于每个层次的信息处理，其过程都相当烦琐，这是由于数据会根据各种策略与目标穿越许多管理的范围。

区块链驱动物联网去中心化革命

物联网使得经济活动的效率和生产率得到了极大的提高。企业界已经瞄准实用和高端的物联网。但其中大多数是特定企业或工厂内的优化和生产率提高，仅在有限的应用范围内使用。

建立物联网的技术并不只是对互联网的改造，而且可以启动操作网络边缘的设备，而无需人为介入。利用物联网的数据分析功能，我们可以将想法转化为实际行动，进而改变业务流程并创新工作模式。然而仍有许多技术和安全难题尚未解决。

由于各种数据的整合和利用有潜力，通过数据将供应链上下游的公司联系在一起，物联网将整个行业和行业中的社会万物连接在一起，物联网在没有人工参与的情况下自动且自律地运行。社会上的所有物品都将通过跨行业的物联网连接起来，连接物品的数量将大大增加。

为了实现各种业务需求，人们要建立易扩张、高安全的基于服务器／客户端架构的中心化的物联网系统，往往需要复杂的计算机架构的配合、高昂的人工管理费用、繁杂的流程和谨慎的操作。

鉴于构建物联网生态体系的多样化，应该把物联网看作一个整体。对公司所需的各种系统进行架构规划一般都相当繁琐，原因在于公司的架构师们致力于创建一个综合的解决方案，该方案涵盖了组建全面的物联网系统的边缘设备、应用软件、信息传递、协议以及数据处理等各项功能。

区块链可以把中心化的物联网系统变成去中心化的物联网系统，把运行在各自服务器上的业务规则变成统一在区块链上运行的智能合约。这能够使物联网系统的搭建和维护变得可行、容易且低成本。

物链融合的益处

物联网和区块链是两种截然不同的技术，各自单独运作都可能彻底改变商业模式，但如果将它们结合起来可能会产生更大的影响。

Gartner 的一项调查结果表明，预计到 2030 年区块链的市场规模将攀升至 3.1 万亿美元。物联网市场的规模预计将从 2023 年的 4 056.9 亿美元增长至 2033 年的 3.15 万亿美元，年复合增长率约为 23%（图 7-1）。结合物联网和区块链的重要性不言而喻，因为物联网中的设备能收集大量数据，而区块链可以防篡改。

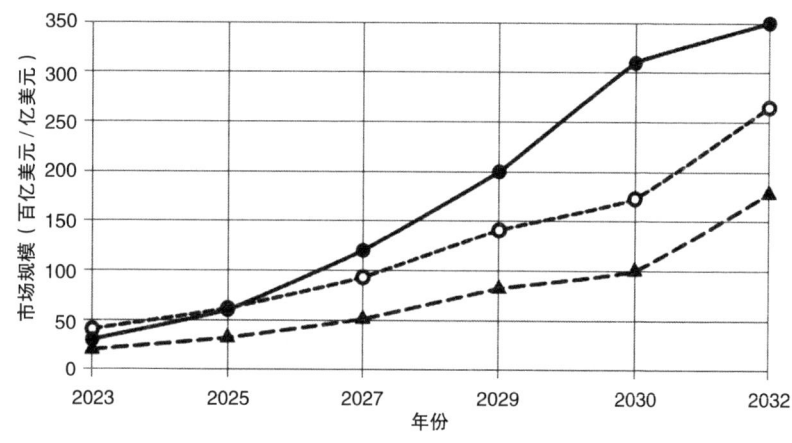

图 7-1　全球区块链、物联网及物联网安全市场增长预测

区块链有利于物联网支付

利用各类自动化设备和智能系统，我们有可能达到更优的工作效率。比如稳定的自动驾驶汽车正在兴起，然而为了最大化它的潜力，还需要像自动加油站、道路旁的自动设备站、自动化的货物处理和存储系统等。所以尽管物联网已经在广泛的层面上解决了各种设备之间的交流与配合的难题，人们往往会忽略其中一个原则，那就是它们必须能够实现交易和支付。

例如为了达到最佳的系统性能，自动驾驶的卡车必须自行承担燃料消耗、交通流量的费用支付，还包括货物的搬运成本估算。将自动驾驶卡车的运营情况交出人类进行跟踪，同时使用人类的信用卡来支付燃料费和通行费，这显然与其初衷相悖。

区块链技术应用在物联网结算中具有两大优势。首先相较于传统支付方式，基于区块链的加密货币更具可编程性，因其基于智能合约技术能够实现自动化支付和复杂交易逻辑。

其次，区块链技术支持微支付，使得处理大量小额交易成为可能，这对物联网设备间的频繁小额支付尤为重要。比如在美国，信用卡的最低支付成本大概是 1.5% ~ 3.5% + 0.3 美元，导致小额支付不划算，但比特币的闪电网络支付的最低价格可能是 1 Satoshi（约 0.000 4 美分），与物联网设备高频小额支付需求高度契合，这就为各类新型商业模式的推进提供了可能。

想象一下，一个树莓派（Raspberry Pi）级别的设备要运行一个区块链节点，这需要节点的资源开销足够轻量。此外还要求跨链技术比较成熟，才能实现不同物联网网络间的正常通信和支付，比如 IOTA 区块链和以太坊 Layer2 区块链之间设备的通信和支付。别忘了量子计算威胁在这一领域同样存在，也就是说还需要抗量子算法的支持。

对于这类系统开发所遭遇的技术难题，我坚信它们都会立即屈服于推动这一领域创新带来的巨大收益。Gartner 2023 年报告显示 28% 的制造业企业试点区块链支付。然而真正的挑战在于社会如何应对自动化程度提高可能导致的失业问题。

比如支付清算人员可能因此失业，而智能合约审计师等职位却应运而生。根据 IMF 的数据（2023 年），42% 的金融机构开展区块链人才再培训。2024 年，国内某省级数字基建项目中，为通信行业与公共服务领域设计的技术转型认知课程里，有组织管理、客户服务、系统开发等多元岗位背景的学习者，人们共同探索区块链对现代工作流程的重塑可能。

物联网应用的碎片化

物联网和区块链都具备分布式的特性，适用于全球各地的各类联网设备。物联网应用的本质是分布式的，这就意味着每一台设备都有一个独立于网络的应用副本。这种模式极其适合区块链，因为它们是专门为执行任务和进行数据交互的应用程序而设计的。

物联网的主要问题之一便是安全问题，这一点我们后面还会讲到。至今，物联网设备的安全性仍然相当不稳定，只要你与某个 Wi-Fi 网络建立连接，大部分 Wi-Fi 网络中的设备通常会拥有完全公开的访问权限。虽然有些人利用蓝牙进行连接，这些蓝牙具备一定的安全性，但仍然存在安全风险。

由于网络上有许多设备，这为黑客提供了更多的入侵路线，从而使他们能够获取众多的设备信息。利用区块链与智能合约，我们有可能对每一个项目或群体的审查追溯，从而减轻此处存在的一些难题。

物联网网络的信任结构及成本收益都能够受益于区块链的作用，特别是在设备之间的交流上。数字版权（DRM）被认为是区块链领域中最可能的应用场景，其中包含了许多可能的应用。对于生态系统的互动，一个联盟的存在将会带来巨大的挑战。在众多的设备之间，我们必须制定出相应的协议和 API，从而实现它们之间的信息交换。

机器小额支付

物联网可能对所有的商业过程（包括运输、零售等）产生影响。物联网这个概念本质上与互联网没有任何区别，其真正的价值在于支持传感器的数据交换和商业流程，它能帮助你做出以往无法实现的决策。

通过使用区块链，我们能够实现一台设备直接为另一台设备支付 1 分钱的服务，这样就无需再购买一台中间设备。也只有利用区块链的支付系统，才能达成此目标。许多领域都认识到利用机械设备实现"设备支付"的优势，这在工业制造、石油与天然气、医疗保健、商场销售等领域尤为明显。

经济高效的数据管理

区块链和其他种类的分布式体系拥有巨大的发展空间，能够在未来几年里对物联网设备的增长起到助推作用。鉴于区块链拥有存储永久性数据的特性，许多物联网创新者期待其能够提供一种经济且高效的方式来处理设备网络中产生的海量数据。毫无疑问我们还在实地检验分布式系统，目的是保障其结构的稳定性。

物联网系统的扩展应该在满足终端用户需求的基础上，尽可能地获取和信赖数据。对于那些致力于开发物联网设备系统的专业人士来说，区块链提供了极其关键的环境——它们在理论层面上能够无尽地拓展，并且能够保障信任。

区块链技术还在逐步完善，可以为那些想探索物联网可能性的人们给予支持，但是"工作量证明"共识机制需要依赖电力，这常常会让消费者承受巨大的财务压力，例如高额的交易费用。这对于那些想要研究设备集群的人们而言，会是一笔巨大的花销。

IOTA 的有向无环图（DAG）和 Helium 的覆盖证明（PoC）等共识机制，以及 Layer2 的分层架构，已经可以有效地解决能源消耗问题。高频微交易可以选择 DAG（IOTA）+ 边缘计算。企业级应用选择 PoA/PBFT 联盟链 + 隐私保护。去中心化覆盖网络则选择 PoC（Helium）+ 激励机制。

物链融合面临的挑战

物联网的海量设备和庞大的数据规模让人心生恐惧并感觉无从下手。尽管现有的安全技术能够降低物联网风险，但这还远远不够。我们的目标是在合适的时机，按照当时的态势，把数据妥善地存储到合适的地方。这看似简单实则困难。

物联网的典型架构是"中心化用户 - 服务器"的架构，而且通常，数据处理、设备控制等核心功能由单一机构负责管理。这导致了它更容易受到单一故障的干扰。区块链把决定权交给基于共识的设备分发网络，能够处理这个难题。然而在区块链与物联网融合的过程中，我们还面临以下挑战。

物理层挑战

如果物联网的数据交换节点受到干扰，且干扰程度超过能够精确测定的阈值时，那么物联网传感器的数值就会出现过大的偏差，其稳定性会受到影响。我们需要制定策略保障物联网设备的完好无损，避免受到外界影响，这是保障数据和交易记录安全的核心议题。

风力发电场每秒产生 2000+ 数据点，而智慧城市和工业物联网通常可以产生每秒百万级的传感器并发大数据。最常见的公链是比特币和以太坊。比特币网络的 7 TPS 与以太坊的 15 TPS 的处理速度，无法处理百万级甚至数千个传感器并发的情况。现有解决方案如 IOTA 2.0 的分片协议，虽然可将吞吐量提升至 10 000 TPS，但跨片交易验证延迟仍达 800 ms。

80% 的物联网设备采用 ARM Cortex-M 系列低功耗芯片（如 ESP32），其 128 KB 的 RAM 无法承载完整区块链节点。轻量级方案如

IoTeX 的 Roll-DPoS 共识，允许设备通过可信执行环境（TEE）参与验证，内存占用控制在 32 KB 以内。综合来看，Layer2 可能是目前某些场景可采取的解决方案。长远来看，Layer2 的性能提升空间还很大，且已存在千万级 TPS 的区块链规划。各方案的 TPS 和设备兼容性对比见表 7-1。

表 7-1　各方案的 TPS 和设备兼容性

方案	TPS	跨片延迟	设备兼容性	备注
比特币	7	无分片	不支持低功耗设备	存储需求高，RAM 需 16 GB+
以太坊	12～15	无分片	不支持低功耗设备	智能合约支持，但 TPS 有限
IOTA 2.0	10 000（可能）	800 ms（未证实）	需进一步验证兼容性	分片技术潜力大，但延迟需关注
IoTeX（Roll-DPoS）	1 000～3 000	低延迟（推测）	支持，TEE 内存 32 KB	适合物联网，低功耗设计，其依赖可信执行环境（TEE，如 ARM TrustZone 芯片）
Layer 2 解决方案	2 000～65 000	较高（批量处理）	通过网关可支持低功耗设备	适合高 TPS 场景，设置复杂

安全性挑战

物联网的一个核心挑战是安全性，这一点就阻碍了其广泛应用。物联网设备频繁面临安全漏洞的威胁，极易成为分布式拒绝服务（DDoS）攻击的目标。在 DDoS 攻击中，多个受感染的计算机系统以大量同时发生的数据请求轰击目标，目标可以是物联网设备或服务器，从而导致目标系统用户的服务遭到拒绝。

物联网设施的不稳定性给网络犯罪者创造了一个便捷的攻击对象，他们有能力通过其脆弱的防御机制去识别并实施 DDoS 攻击。2024 年底以来，Matrix DDoS 攻击显著增加，其攻击目标多为路由器、摄像头等物联网设备。DDoS 攻击通过 Telegram 执行，规模可达 5.6 Tbps（根据 Cloudflare 2024 Q4 报告的类似攻击规模推测），可能造成严重的业务中断。

此外，物联网整体架构的复杂性，也对物联网的鲁棒性构成了威胁。2025 年初超半数的设备仍存在基础安全缺陷，70% 的物联网设备未加密通信，80% 的设备存在隐私泄露风险。

在物联网设备的网络共享账本中，交易历史记录的隐私难以轻易地被公链所保护。由于交易模式分析能够帮助我们确定隐藏在公共密钥之下的个体或设备的真实性。比如，智能电表的用电数据交易可能暴露用户作息规律，工业传感器的交互可能泄露生产线状态。机构需对自身的隐私需求进行研究，从而确定混合或私有链是否更符合他们的需求。

可扩展性挑战

物联网面临的另一主要挑战是规模问题——如何处理由大规模传感器网络收集的大量数据。庞大的物联网规模可能导致交易处理速度减慢或延迟。通过提前设定明确的数据模型，我们能够减少时间消耗，同时也能在实施解决方案时避免面临挑战。

拥有物联网基础设施的企业通常配备核心系统，针对网络内的各个节点，核心系统的基本功能有确保、许可及连接三种。当物联网网络上的设备数量逐渐增大时，这些核心系统可能会招架不住。这意味着我们必须为能够处理大规模数据交流的服务器投入大量的资金，否则一旦服务器出现故障，整个网络就有可能陷入停滞。因此企业必须进行投资，以应对安全和扩展性的挑战。区块链技术使数据不可篡改、透明且安全，成为物联网安全与可扩展性问题的理想解决方案。

区块链保障物联网的安全和可扩展性

目前近一半的公司会采用安全策略来维护其物联网设备与服务。这些设备与服务从原来的离线状态变成现在的在线状态，从而扩大了公司遭受网络攻击的风险范围。

公司有责任扩展其安全防护方案，以适应这些最新的网络设备的需求。公司需要依据设备的特殊功能和与其相连网络的风险，为每一个 IoT 的部署提供专属的安全保障。2023 年，物联网安全市场规模约为 20 亿美元，预计到 2032 年，全球物联网安全市场规模将达到约 178 亿美元，年复合增长率约为 27%。

区块链如何解决物联网安全性和可扩展性挑战

物联网系统用于各种组织所掌控的各种设备之间的信息交换，因此当遭受网络恶意攻击时，找出所有信息的泄露点变得困难。另外物联网可能产生众多的数据，这些数据可能有许多利益相关方，因此数据的所有权并非总是明确的。区块链有能力通过以下途径来缓解与 IoT 相关的安全性和可扩展性问题。

在区块链体系里，分布式记录被设计为防止篡改，从而减少了各参与者之间的信任需求。所有的机构都无法操控整个物联网。利用区块链来存储物联网数据将提升另一层的安全性，这样黑客就得绕过这一层的安全性才能访问网络。区块链依赖哈希链式结构确保了数据不可篡改，攻击者需控制超过 51% 的节点算力才能修改历史记录。

区块链利用让所有拥有网络访问权的个体追溯以往的交易行为以实现信息的公开。这项技术能够为我们找出信息遗失的具体原因，并迅速实行修复。利用区块链技术，人们有望实现数十亿台网络设备交易的高效管理。伴随着网络设备的不断扩充，区块链技术为众多的商业活动提供了有效的应对策略。

借助一种能够建立在各个利益参与者之间的信赖手段，区块链能够减少物联网网关所需的处理费用（比如传统协议、硬件或通信费用），从而帮助 IoT 公司节省费用。智能合约作为两方在区块链环境下的共识，有助于更好地实施各方的合作计划，这些计划都需要遵循某种具体的规则。比如只要提供满足需求的服务，智能合约就能自动进行付款，无需人工介入。

供应链传感器安全性

区块链可以存储、管理、保护和传输从传感器上获得的信息。以车辆传感器为例，车辆传感器和区块链技术结合带来的好处可以使得汽车制造商、汽车服务商和保险公司能够共享该数据，但任意一方又不能对该数据进行"改造"，避免了项目判责的中心化问题。借助区块链技术的分布式存储和匿名性，能够在不获取汽车拥有者身份的前提下就能查看到某辆汽车的状况。

最佳平台

为了构建物联网的安全策略，我们必须在系统的各个环节与全面系统之间实现空前的合作、配合与连接。每一个设备都需要配合运行，并与其他的设备进行整合，而且每一个设备都需要采用安全的手段，与相关的系统及基本框架进行无缝的沟通和互动。

这是可以实现的，但可能会很昂贵、耗时且困难，除非从当前的集中化模型中演化出新的思路和新方法来解决物联网安全问题。

当前中心化体系的问题

目前的物联网生态体系主要依靠一个集成的代理传输方式，这个方式被人们叫作服务器/客户端模式。云服务器的强大处理与存储功能使得每一台设备都得以被识别、验证并建立联系。即使设备间的距离只有几英尺，也必须通过互联网来实现它们的连接。

虽然通用计算设备已经应用服务器/客户端模式长达数十年，并且还将持续支持我们当前的小型物联网，但它无法满足未来庞大的物联网生态系统不断增长的需求。

目前物联网应用的费用较高，主要原因在于其涉及的核心云、庞大的服务器以及网络设施的复杂基础架构及其维护费用。随着物联网设备数量扩展至数百亿，所需要应对的数据传输量也会显著提高相关花费。

尽管已经成功应对了空前的财务和项目难题，但云服务器依然可能成为阻碍和问题的源头，甚至可能对整个网络产生重大影响。此项工作的重要性不言而喻。

另外由于设备和它们所依赖的云基础架构的所有权差异，机器与机器（M2M）的交流变得更加复杂。并非每个独立的系统都能够与全部的设备相连，而且无法确定各个生产厂家提供的云服务是否具有相互协调与兼容的特点。

分布式物联网网络

分布式物联网技术将有效地解决之前提到的许多问题。利用规范的点对点传输方式进行设备间的亿万级别的交互，能够显著减少与建立和保养大规模的核心数据中心的开销，同时也能够为构建 IoT 网络的亿万台设备提供计算和存储的需要。此举能够避免在网络内部的每一个节点出现问题，从而引起全体网络的瘫痪。

然而构建平等的通信系统会遭遇一连串的难题，尤其是关于安全性的问题。显然物联网的安全性不只是保护敏感信息。我们计划的应对策略需要保障大规模的物联网系统的隐私与安全，同时也需要对交易进行特定的 ACK 并达成一致，从而避免被诈骗或者被偷窃。

为了实现传统物联网解决方案的功能，即使缺乏集中管理，所有的分布式技术都需要具备三个核心特性：对等的信息交流、分布式的文档共享以及独立的设备配合。

区块链解决物联网的问题

物联网中的可扩展性、隐私性和可靠性问题，都可以用区块链技术解决。利用区块链技术，我们能够追踪数十亿个相互联系的设备，并且能够进行交易管理以及设备间的配合。

物链融合的核心特性

这能够帮助物联网产品的生产者减少许多开支。此类集成的策略能够解决单一的问题，进一步构建出一个更具弹性的生态环境以支持设备的正常操作。利用区块链技术的密码策略，可以让消费者的信息变得更为隐秘。

分类账是防篡改的，并且由于它不在任何单个位置而不能被恶意行为者操纵，同时由于没有单一的通信线程可以拦截，因此无法进行中间人攻击。利用区块链技术，我们得以实现不依赖于第三方中介的点对点通信。

由于区块链的广泛性、独立性以及无需信任的特性，它已经转变为物联网解决方案的核心元素。物联网企业的快速发展使其成为早期使用区块链技术的公司，这一点也不令人吃惊（表 7-2）。

表 7-2　区块链在物联网中的核心应用与实例

核心价值	技术优势	实际应用场景	典型企业/案例
降低成本	智能合约自动化、去中介化	供应链自动维护与支付、设备间直接数据交易	Deloitte（智能合约）、Filament（工业数据交易）
增强系统弹性	去中心化网络、分布式存储	物流冷链数据容灾恢复、电网故障接管	IBM Watson IoT、爱立信（能源网络）
隐私保护	非对称加密、零知识证明、匿名身份	医疗数据加密共享、车辆匿名定位数据	Guardtime Health（医疗）、MOBI（汽车 DID）
防篡改与安全通信	分布式账本、点对点加密通信	生鲜运输数据存证、智能家居设备直连控制	沃尔玛（无人机配送）、Slock（智能门锁）
去中心化协作	无需信任的跨组织数据共享	飞机引擎全球监测、农业供应链透明化管理	通用电气（IIoT）、AgriDigital（农业仓储）

智能设备的自主运行与安全交互机制

在物联网环境下，区块链保存智能设备的历史记录是永恒的。区块链使智能设备能够自主运行，而无需集中授权。最终区块链为一系列物联网应用提供了入口，尽管这些应用极其复杂，甚至连其本身都不可能为自己提供应用入口。

借助区块链技术，物联网的解决方案能够在物联网网络内的设备之间进行安全且无需信任的数据交流。这个框架里区块链会负责其中各种金融交易工具之间的信息传递。为达成信息传递的目标，设备会采取智能合约，构建两者的协定。

当面临此类状态时，我们能够从遥远的地方获取数据，并且能够直接和灌溉设备交互，以此依照我们对农作物的观察结果，对水流进行管理。同样在石油平台上的智能装置有能力进行信息互通，从而依照气候状态来优化其性能。利用区块链技术，真实的自动化智能设备有可能进行数据交流，甚至进行金融交易，而不必依赖于中间设备。

工业物链融合

在此背景下,我们有可能构想在生产工厂里采用智能化设备,无需人力或者集体介入,便可以接受订单并修复部分零部件(见表7-3)。同样卡车车队中的智能汽车在到达车间后将能够提供需要更换的最重要零件的完整报告。

区块链与物联网、人工智能的结合可以构建高度自动化、去中心化的生产与物流系统。西门子已在部分工厂试点了"区块链+IoT"的自主维护系统,设备通过预测性分析提前订购零件,减少停机时间。比如,智能合约自主向供应商发送订单,采购新轴承。供应商货到后,智能合约自动支付其稳定币。此外,特斯拉部分车型已支持远程诊断,未来可结合区块链实现维修自动化。

表 7-3 工业物联网与区块链技术融合的典型案例

企业/项目	应用领域	技术融合点	效果与价值
Adept 系统	物联网设备管理	结合区块链、BitTorrent、以太坊和TeleHash,构建去中心化设备通信架构	降低维护成本,提升数据安全性与设备间通信效率,支持智能合约自动执行
Filament 工业物联网	工业制造(石油、天然气等)	区块链+加密硬件,实现设备身份认证、安全通信及小额交易	提高工业设备管理效率,支持远程大规模部署,增强数据隐私保护
Slock.it 共享经济	资产共享与租赁	以太坊智能合约嵌入物联网设备,实现闲置资源自动化租赁与支付	去除中间商,提升资源共享效率,支持实时收益分配
IBM 与马士基	航运物流	区块链+物联网追踪货物位置与状态,实时记录运输数据	减少纸质流程,增强供应链透明度,降低欺诈风险
沃尔玛食品溯源	供应链管理	区块链记录食品来源,物联网监控运输环境(温湿度等)	提升食品安全性,缩短问题追溯时间,提高消费者信任
布鲁克林微电网	能源管理	区块链平台结合物联网设备,实现社区太阳能点对点交易	促进可再生能源共享,降低能源成本,推动去中心化能源网络
中信泰富特钢集团	钢铁产业数字化	区块链为钢资产赋予唯一数字身份,记录全生命周期流转数据	提升产业链协同效率,解决中小企业融资难题,交易规模同比增长136%

（续表）

企业/项目	应用领域	技术融合点	效果与价值
上海零数科技	跨境贸易金融	区块链整合供应链数据，支持跨境支付与融资	优化跨境贸易流程，降低融资成本，增强交易可信度
大连第一互感器公司	制造业供应链协同	工业互联网平台+区块链技术，整合上下游700余家供应商数据	降低供应链管理成本约1000万元，提升采购及时率5.2%，实现全流程数字化覆盖

区块链物联网市场参与者及其应用场景

传感器和智能芯片背后的技术发展迅速，使其变得越来越轻便，适用于与区块链账本的实时交互。区块链和物联网的结合为在设备之间创建服务市场创造了广阔的潜力，并使公司有机会从收集的数据中创造价值。越来越多的新兴区块链协议，合作伙伴关系和物联网设备供应商已经表明，物联网行业非常适合区块链。下面简要介绍了一些当前的区块链——物联网参与者及其场景。

CoT

CoT（Chain of Things）由技术精英与顶尖的区块链企业构建而成。该研究探索了潜在的最优情况，并发现将区块链与物联网相结合，将会对工业、环保和人道主义的实施产生重大的效益。至今CoT已经创建了Maru，这是一个融合了区块链与物联网硬件的解决方案，旨在应对身份认证、安全性以及交互性的挑战。三个现在正在研究的领域，它们是为安全链、太阳能链以及运输链。

IOTA

IOTA作为一种能够迅速执行交易结算并保证数据完备的协议，其特点在于拥有Tangle分类账，因此不必花费大量的时间去进行深度研究（例如交易验证）。

IOTA作为物联网设备的核心框架，其功能在于处理众多的微型数据。Tangle 分类账的特性是支持 IOTA 的分布式账本，它能够实现机器与机器之间的通信，提供免手续费的小额支付的功能。IOTA 已经创建了一个以传感器为主导的数据市场，现在它也正在步入一个以数据为基础的洞见性领域，同时包括微软和中国平安在内超过 20 家全球企业和 IOTA 进行了技术合作或生态共建。

2023 年 IOTA 基金会公布的路线图中提出了基于 Winternitz 分层签名的抗量子升级方案。鉴于有向无环图 DAG 的非完全去中心化特征等原因，IOTA 基金会计划 2025 年 4 月完成 Rebased 升级，以实现完全去中心化，支持 EVM 和 MoveVM、50 000 + TPS 和 IOTA 质押功能。2024 年 12 月 19 日，社区通过了升级提案。

此外，IOTA 的市场教育成本很高，还需要和 AWS 等中心化云平台争夺市场。IOTA 的商业模式并不非常清晰，但其应用案例值得了解（表 7-4）。

表 7-4 IOTA 最新应用案例

应用领域	案例名称/合作方	地区	应用描述	关键技术点
数字身份与政务	欧盟 EBSI 数字身份试点	欧盟	基于 IOTA Tangle 构建跨境学历认证和政务文件流转系统，提升数据可信度	数据不可篡改、零手续费、去中心化身份（DID）
工业供应链	富士通半导体溯源	日本/全球	追踪半导体生产流程，记录原材料来源、加工节点及物流信息，防止伪造	Tangle 数据存储、实时审计、防篡改
跨境贸易	TradeMark 非洲贸易平台	东非	简化肯尼亚、坦桑尼亚等国的海关文件流程，降低跨境贸易成本与时间	自动化结算、数据共享、零交易费用
能源交易	EDF P2P 能源交易试点	德国	微电网中太阳能用户直接交易剩余电力，支持实时计量与支付	微支付协议、Tangle 实时账本、低延迟
碳中和	ClimateCHECK 碳排放平台	全球	记录企业碳排放数据，提供可验证的碳中和认证报告	数据透明性、不可篡改审计、跨链兼容

（续表）

应用领域	案例名称/合作方	地区	应用描述	关键技术点
智能交通	慕尼黑智慧停车系统	德国	车辆与停车场自动通信完成停车费支付，减少人工管理成本	机器间支付（M2M）、无感交易、高并发处理
医疗数据	挪威HealthTangle平台	挪威	医院、患者和保险公司安全共享医疗记录，支持动态权限控制	端到端加密、数据主权、合规隐私保护
农业物联网	Sweatcoin农业传感器网络	肯尼亚	农民通过IOTA链上销售传感器采集的土壤和气象数据，换取微支付收入	数据确权、小额支付、去中心化市场
汽车产业	宝马供应链透明度项目	德国	追踪电动汽车电池组件的来源和碳足迹，确保供应链符合欧盟环保标准	Tangle溯源、多链交互、绿色认证

Helium

Helium是DePIN（去中心化物理基础设施）领域的代表性项目，其商业模式为通过代币激励用户建设热点。2023年，Helium整体迁移至Solana区块链，Solana的低成本和高稳定性为Helium提供了很好的性能保障。2024年三季度，Helium上达到了8.8万GB的运营商数据流量。

2024年三季度Helium的热点数量达到37万个。Helium不仅支持LoRaWAN（长距离低功耗物联网协议），也支持5G网络，比如在监控垃圾填充状态、防止库存货物损坏或盗窃等场景中，人们都可能用到Helium（表7-5）。

Riddle & Code

Riddle & Code是一种在智能化的物流与供应链管理领域的区块链技术，其主要使用密码来进行标识。Riddle & Code一直在努力实现IoT设备与分布式账本网络的融合，并且已经推出一种取得专利的软

表 7-5　Helium 应用场景

应用领域	具体场景	技术实现	优势	案例/合作伙伴
智能城市	环境监测（空气质量、噪声）	LoRaWAN 传感器 + Helium 网络	低成本、广覆盖、实时数据传输	Salesforce 集成数据分析工具
	智慧垃圾桶管理	填充度传感器 + 云端平台	优化垃圾收集路线，降低运营成本	欧洲城市试点项目
	智能路灯控制	远程控制模块 + 5G 回传	按需调节亮度，节能降耗	DISH Network 5G 热点合作
物流与供应链	货物追踪（GPS/蓝牙）	LoRaWAN 标签 + 移动网络	全球覆盖，低功耗长续航	冷链物流追踪（如医药运输）
	仓储温湿度监控	环境传感器 + 边缘计算	防止货物损坏，实时报警	Semtech 硬件支持
农业与环境	精准灌溉系统	土壤湿度传感器 + Helium 网络	减少水资源浪费，提升作物产量	美国农场试点项目
	野生动物追踪	GPS 追踪器 + 卫星回传	适用于偏远地区，低功耗	非洲自然保护区监测项目
工业物联网	设备健康监测（振动、温度）	工业传感器 + 预测性维护平台	减少停机时间，延长设备寿命	思科（Cisco）工业解决方案集成
	能源管理（太阳能/风电）	能源监测模块 + 数据分析	实时监控发电效率，优化运维	欧洲可再生能源公司合作
消费级应用	宠物/物品追踪	小型 GPS 标签 + 移动网络	轻量化、长电池寿命	宠物追踪公司（如 Tailos）合作
	智能水表/燃气表	LoRaWAN 表计 + 自动抄表系统	减少人工成本，数据精准	北美公用事业公司试点

硬件结构化解决方案。

　　这种策略能够给予机器以及所有的实体设备"可信的数字身份"，使其能够在 IoT 的环境中实现安全且稳定的互动。这项技术打破了实体和数字的隔阂，在纸质文件的需求和区块链技术所能带来的优点之间达到了均衡。

Modum.io

Modum.io 通过融入物联网传感器和区块链技术,以确保所有涉及实体商品的交易都能获得全面的信息。TI Sensor Tag 公司的传感器负责追踪货物在运输途中的温度和湿度等环境状况(精度 ±0.5℃)。

Modum.io 利用超级账本私有链记录运输数据,也通过以太坊公链记录关键时间戳。

在货物抵达下一个转运站或者最后的消费者手中后,Modum.io 会依照区块链技术中设定的条款来核实传感器的数据。当传感器数据安全满足了发送方、其顾客或监督机构等多方约定的标准,就会启动一系列的动作,比如告知发送方和接收方,支付费用,以及将商品交给顾客。

最新进展

目前世界物联网和区块链的整合已经从早期的理论探索逐步走向实际应用,其应用领域包括智慧城市、工业物联网、物流与供应链等。

最近几年我国落地了不少智慧城市项目,比如北京构建了"全域感知、全数融通、全网协同、全景智能"的智慧城市体系,通过部署大量物联网设备(如传感器、摄像头等)构建了覆盖全市的感知网络,利用区块链技术确保了数据的安全性和可信性。此外,上海和深圳等城市也有类似的智慧城市项目落地。

在物流与贸易领域,区块链+物联网推动跨境贸易效率提升 30% 以上(如上海零数科技);在民生服务领域,能源共享和医疗数据互通显著提升了资源利用效率与服务质量;在共享经济中,区块链+物联网激活闲置资产价值,降低信任成本(如 Slock.it 年交易量增长超 200%)(见表 7-6)。

表 7-6　工业以外的物联网与区块链技术融合典型案例

企业/项目	应用领域	技术融合点	效果与价值
上海零数科技	跨境贸易金融	区块链整合供应链数据，支持跨境支付与融资	优化跨境贸易流程，降低融资成本，增强交易可信度
IBM与马士基	航运物流	区块链+物联网追踪货物位置与状态，实时记录运输数据	减少纸质流程，增强供应链透明度，降低欺诈风险
沃尔玛食品溯源	供应链管理	区块链记录食品来源，物联网监控运输环境（温湿度等）	提升食品安全性，缩短问题追溯时间，提高消费者信任
布鲁克林微电网	能源管理	区块链平台结合物联网设备，实现社区太阳能点对点交易	促进可再生能源共享，降低能源成本，推动去中心化能源网络
Slock.it共享经济	资产共享与租赁	以太坊智能合约嵌入物联网设备，实现闲置资源自动化租赁与支付	去除中间商，提升资源共享效率，支持实时收益分配（如智能门锁、共享车位等）
VISA与DocuSign汽车租赁	汽车租赁	区块链记录租车数据，物联网传感器实时监控车辆状态	简化租车流程至几分钟内完成，提升数据安全性，减少纸质文件依赖
医疗数据共享平台	医疗健康	区块链+物联网确保患者数据隐私与安全，支持跨机构数据互通	降低数据泄露风险，提升医疗协作效率，推动精准诊疗
数通链谷"区块链+医疗"	智慧医疗	区块链技术保障医疗数据真实性，物联网设备监测患者健康指标	实现医疗数据可信共享，优化远程诊疗服务
精准农业系统	农业	物联网传感器采集农田数据，区块链记录种植与流通信息	提高农产品质量追溯效率，支持数据驱动的农业决策
上海镝锑链科技	跨境支付	区块链技术优化跨境支付流程，结合物联网验证交易真实性	提升支付效率，降低汇率和手续费成本

第八章

区块链如何优化供应链管理

> 区块链的最大潜力在于它能够重新定义信任,在供应链中消除不必要的中介,让每一笔交易都更透明、更高效。
>
> ——唐·塔斯考特(《区块链变革》作者)

本章导读:

1. 从钻石溯源到生鲜冷链,区块链终结信息孤岛。
2. 供应链金融依托智能合约实现秒级结算,EDI系统被链上协作取代,全球贸易效率飞升。

关税大战中大豆产地造假

你有没有想过,我们餐桌上那些普普通通的大豆制品,比如豆腐、豆浆,它们的原料——大豆,在来到我们面前之前,经历了一场怎样的从生产到消费的流通过程?更复杂的是,有些大豆可能篡改了原产地信息,伪造了来源地。

这听起来有点特殊,但这确实是国际贸易中一个真实存在的难题,比如 2025 年中美两国互相加收关税的时候,一船美国大豆若伪装成产自巴西,可省下大约 1.5 亿元的巨额关税。一些商人因此就会通过混装或篡改运输记录的方式:把美国产的大豆,伪装成来自关税更低的巴西或阿根廷的同类产品,偷偷运进国门。这就是所谓的"洗产地"(篡改原产地信息)。

以前,海关人员想查清楚此类问题往往颇费周折。大量的货轮,堆成山的集装箱,怎么才能精准识别那些"伪装者"呢?

区块链数字溯源系统

就在大家一筹莫展的时候,区块链闪亮登场。中国海关联合大豆出口国,利用区块链,给进口大豆建立了全球首个"数字溯源系统"。想象一下,从大豆在异国他乡的田里发芽开始,它的关键生产信息就被实时记录下来了。种在哪块地(GPS 坐标)、哪天收割、坐上哪条船漂洋过海……共 12 项数据都永久地存储在区块链这种特殊的网络上。

此外,海关的科学家们还利用高科技手段分析大豆的"化学指纹"——比如"蛋白质光谱"和"土壤同位素"。原来,一方水土养一方豆，不同产地的大豆，其蛋白质含量和吸收的土壤微量元素是有细微但稳定差别的。比如，美国中西部的大豆蛋白质含量常常偏高（高于35.1%），南美的大豆蛋白质含量就低一些（低于34%）。

据网易新闻报道，2025年4月，一批30万吨自称来自阿根廷的大豆因蛋白质含量异常触发预警。更有甚者，开箱检查时，海关检查人员竟然还发现了没来得及处理掉的美国原装麻袋，可谓铁证如山。

即使换个包装袋也逃不过高科技加持的海关监察。海关还动用了"时空拓扑分析"技术，结合全球船舶的AIS（全球船舶自动识别系统）定位信号，就像给每艘货轮装上了全天候的"电子脚镣"，追踪货轮的实际航行轨迹。如果一艘明明报备的是"巴西 – 中国"航线的货轮，却被发现偷偷在美国密西西比河停留了72小时，则该运输货物的真实性需重新验证。

监管升级：基于大数据的全流程验证

有了这么厉害的技术武器，监管方式自然也要升级。以前可能是抽查几艘船看看运气，现在？对不起，船船过关，批批检验！而且怎么查、谁来查，都由系统说了算（"双随机"），杜绝了人为操作的空间，让监管更加公平、更具威慑力。

技术应用的双重影响

这套组合拳打下来，效果很明显。不少想钻空子的贸易商都栽了跟头，例如某批"巴西"大豆就因为杂质成分太像美国货而被退运，连累公司蒙受损失。难怪有业内人开玩笑说："现在码头摄像头都联网上链了，还想动手脚？太难了！"

不过，任何事情都有两面性。如此严谨细致的检查，自然也意味着通关需要更多时间。以前可能5天就能搞定的流程，现在延长到20多天也很正常。

未来已来：用代码构筑信任长城

这个关于大豆的"侦探故事"告诉我们，区块链可不是只能用来"炒币"的玩具。当它和物联网、大数据、AI甚至生物化学这些"小伙伴"们手拉手时，就能爆发出惊人的力量，为复杂的全球供应链建立起一道坚实的"信任长城"。它能让信息更透明，让追溯更容易，让欺诈无处遁形。这不仅仅是中国海关的一次成功探索，更为全球贸易的未来指明了一个方向：用技术的力量，重塑信任，链接世界。当然，如何在这条路上走得又快又稳，还需要我们继续探索和平衡。

区块链的出现，悄然缔造着一个无需中间商担保的信任体系，供应链每个环节如原材料流转、合同签署、资金划转等，首次拥有了不可篡改的"数字基因"。

商业区块链始于供应链

供应链中不同的行业已经形成了不同的联合体，试图在区块链上进行协作，但进展并非迅速。如此耗时的原因不一定是技术问题。这是文化和制度上的挑战，需要不同的非信任方共同努力。区块链是一种"我们的"技术，而不是"我的"技术。它的最大好处是对多家公司而言，而不是一家公司。

想象你桌上的咖啡杯是个"时光胶囊"——一种在云南山头的咖啡豆，坐着蒸汽火车驶向港口，跌落进远洋货轮的铁肚子里，在太平洋上漂了 15 天，被吊车抓进德国烘焙厂的滚筒，裹上保鲜膜的咖啡粉钻进集装箱卡车，趁着夜色冲进高速公路服务区，最后被仓库机器人扔进快递盒，贴上"限时送达"的标签出现在你家门口。

这趟跨越山川海洋的接力，中间无数双手、轮胎、船锚和机械臂的神配合，稍微掉链子（比如港口罢工两天，货车司机迷路三天），货架上的咖啡罐就会神秘失踪——这就是供应链，像隐形的传送带，默默把地球各个角落的碎片"变"成你触手可及的商品。

它最了不起的魔术是让你毫不费力地享受这一切，仿佛墨西哥的牛油果、芬兰的玻璃杯、深圳组装的手机天然就该躺在家门口的超市一样。

为了实现上述魔法，企业进行市场调研并研究历史销售数据，预测需求。比如某大型空调制造企业（A 公司）需要整合过去 5 年的销售数据，研究气象数据，建立神经网络预测模型。企业还要制订生产计划和库存策略。生产计划可能包括长期计划和短期调整。关于库存策略，比如 A 公司在苏州、东莞和成都设立区域中心仓，利用智能补货系统提升库存周转率。

然后企业选择合格供应商，确保原材料及时供应并控制成本。有些跨国企业需要制定供应商资源池，其中的供应商包含核心供应商和备份供应商。比如苹果公司的核心供应商包括台积电和三星等，而其电池等关键部件则需要多家备份供应商，苹果公司电池的备份供应商包括宁德时代和比亚迪。苹果公司签署采购数亿屏幕的订单，有效降低成本。

此外，企业还要优化制造流程，管理运输、仓储和分销，确保数据共享，应对各种风险。而这一切就是供应链管理（Supply Chain Management，SCM）。

区块链大规模应用首先在供应链

尽管区块链的最初热情是关于金融的，但供应链却成为区块链第一个大规模应用的领域，全球前 50 大零售企业已有 32 家布局区块链溯源。供应链应用程序可以更简单，并且其潜在价值更明显。人们可以在一分钟内解释供应链应用。如果你要开发复杂的东西，简单地描述它是非常重要的。这就是为什么供应链是区块链的"去中心化"杀手级应用程序的主要原因。

金融系统是你所能想到的最不可思议的复杂系统。这使像区块链这样的复杂技术的大规模应用更加困难。你会说，稳定币不是大规模应用了吗？但这恰恰揭示了区块链金融应用中的一个关键矛盾：稳定币的成功依赖于与传统金融的高度绑定（如美元储备托管），并未完全体现区块链"去中心化"的核心价值，且面临独特的系统性风险。

作为创建不可篡改交易记录的共享数字分类账，区块链非常适合跟踪商品来源。它使彼此不互信的供应商之间具有可信赖的共享信息。用区块链的最佳方法之一是在供应链中。它使一组具有自己的利益和信息要保护的独立实体共享拥有共同利益信息的共同平台。它有助于拥有一家主导公司来推动区块链的应用，就像几个可能即将投产的供应链应用程序一样。

美国的沃尔玛一直在利用 IBM 的 Food Trust Solution（一个基于区块链的食品系统数据分布式账本）运行一个试点项目，以追踪从供应商到沃尔玛货架的生鲜食品。

荷兰船运公司马士基正在区块链试验中使用 IBM 技术，该技术将跟踪海运集装箱。据《华尔街日报》报道，全球五家最大的承运商已签署了协议，这些承运商控制着大部分集装箱货物的吞吐量。为此，IBM 和马士基建立了基于区块链的 TradeLens 平台，TradeLens 减少了 80% 的海关延误。

如何建立区块链

当公司领导者关注区块链技术的发展时，他们可以提出有关区块链可以为组织做什么或不能为组织做什么的实际问题。要提出战略性问题。这些重大战略问题并不难问，但它们可能很难回答，而这正是它们的价值所在。

比如区块链的价值主张是什么？区块链的这种价值主张将解决什么问题？区块链将如何比其他解决方案更好？更具体地说，区块链在设计上是不可变的，意味着一旦添加，区块链中的数据就无法更改。你的应用程序需要吗？让人们看看以下战术问题：

1. 哪些数据要被写入分类账？
2. 谁（公司内部）可以写账本？
3. 谁（公司内部）可以看到分类账？
4. 各方将如何保护数据的机密性并遵守隐私法？

区块链应用面临的最大挑战是多家企业彼此协同的程度。在一个平等的联盟中，当没有主导者驱动所有负责人并让它们彼此协同时，公司参与的驱动力从哪里来呢？为各方创造价值的项目更有可能成功。如果你决定探索区块链，请从小处着手，然后随着对技术的了解逐步增长，并说服其他公司与你合作。

区块链如何彻底改变供应链行业

随着全球供应链的进步，原先的基础供应商、生产者和销售者网络已演变为一个更加复杂的系统。在这个系统中，所有的物资和原材料都经历了来自不同管理者的管理和多个地域的流转。供应链管理包括把采购、生产、分发以及物流融入一个密切相关的体系。所有的利益相关方都应该进行协同工作，因为它对于公司的成功具有极其重大的影响。

但与影响全球业务的新技术和创新相比，当今的供应链效率低下、成本高昂且缺乏灵活性。尽管全球经济和商业发生了巨大变化，供应链中使用的技术却依然保持不变。特别是全球范围内电子商务和手持设备的普及已经极大地改变了人们的购物方式。

随着对个性化产品、方便的购物感受和商品来源的透明度的需求持续上升，当前的供应链面临着诸多挑战，如供应链的复杂性和低效率的挑战，同时也难以保证在整个过程中的数据透明度，这包括追踪从原材料到最终消费者的商品。

区块链带来优势透明度与信任，所有参与方都可访问一致的记录，增强信任并减少信息不对称。区块链上数据不可篡改，记录的安全性和防篡改特性确保数据完整性，防止单点故障或数据丢失。区块链简化流程，通过自动化和去中心化机制，实现更快、更高效的交易及合规审核流程。区块链提升效率，覆盖仓储、物流、交付到付款的流程优化，加速供应链运营速度。

商品溯源

数字签名是确认数据源头的关键，因为数字签名之后的链上数据是不可更改的。多个企业联手，能够利用区块链技术来追踪他们的原材料和商品的地点及所有权的信息。这些数据被存储在区块链系统中，该系统为供应链中的所有项目提供了全面的历史记录。任何参与供应链的人员都能观察到物料在公司间流动时所产生的状况。

这些信息是不能修改的，同时也具有很强的可追溯性。若产品存在瑕疵，我们能够迅速地识别问题的源头，进一步提升产品召回的效率，并采取措施解决对链条上各个利益相关者的影响。公开且全面的商品列表能够帮助公司做出优秀的选择。这让所有利益相关方和顾客对产品的品质更加自信。提升透明度同样是对抗欺诈和假冒活动的手段。

食品溯源和安全

IBM 的 Food Trust 与沃尔玛合作，通过区块链技术记录农产品的来源，涵盖种植、加工、运输的每个环节。当爆发食品安全问题时，沃尔玛可迅速查明源头，精准召回受污染的批次，极大缩短了传统溯源所需的时间。这不仅保障了消费者安全，还提升了食品供应链的透明度和效率。

药品溯源与防伪

制药巨头辉瑞使用区块链技术创建了一套药品追溯系统，帮助制药商、供应商和零售商验证药品的来源及质量。此系统能有效防止假药流入市场，提高了药品的安全性和消费者信任。通过不可篡改的链上记录，辉瑞能够在整个供应链中追踪药物，确保每一批次的药品都符合质量标准。

奢侈品的防伪与溯源

LVMH等高端品牌通过区块链技术保护产品的真实性，防止假冒伪劣商品进入市场。奢侈品的每个生产步骤和转移环节都记录在区块链上，消费者可以通过简单的扫码查看产品的来源和流转信息，验证产品真伪。这不仅保障了品牌声誉，还增强了客户信任。

航运文件管理

马士基与IBM合作推出的TradeLens平台，利用区块链简化航运流程。传统的航运操作中存在大量的纸质文件，造成效率低下、容易出错。TradeLens通过区块链实现实时数据共享，船运公司可以随时查看货物位置、海关流程、到达时间等信息。此系统显著减少了因文件延误导致的货物滞留时间，提升了跨国运输的速度和效率。

节约成本

因为供应链的效率不高，导致了大量的浪费。在如食品等容易变质的领域，此情况更是常见。通过区块链技术的优化追踪功能与数据的公开化，公司能够辨认出低效能区域，因此能够执行具体的成本削减策略。

使用区块链技术还能够减少与资金流入和流出的各类银行账户以及支付处理流程相关的花费。由于这种成本降低了盈利可能性，所以把它剔除出去显得尤为关键。

互操作性

目前供应链技术的挑战之一就是如何将各个协同工作的伙伴的数据整合到整个过程。与此相对，区块链被设计成一个保持独特且公开的数据存储库的分布式系统。在网络环境中，所有参与者都在努力增加新的数据并确保其完整性。这表明，所有存储在区块链上的数据都能被网络中的所有相关方查看，因此一个公司能够轻松地核实另一个公司正在发布的信息。

蚂蚁链的信任变革

以下故事中溯源、疫苗冷链监控和奢侈品防伪已经成为现实。量子纠缠防伪码技术尚处实验室阶段。碳排放的"绿色货币"跨国流通仍需解决 MRV（监测-报告-核查）标准统一问题。我国教育部的教育证书防伪跨链验证涉及 2 000 余所高校数据打通，2023 年覆盖率约 58%。技术、社会、法律等诸多因素需要我们一一克服。

大米溯源

凌晨四点，黑龙江五常市的稻田还笼罩在薄雾中。农民老李的手机突然震动，一条蚂蚁链的溯源信息自动生成：他的水稻刚刚完成抽穗期，田间温度 18℃，湿度 72%。三个月后，这袋大米出现在杭州白领小王的餐桌上。她扫了扫包装上的二维码，屏幕上跳出老李布满皱纹的笑容、稻田的卫星定位图，甚至每一道加工工序的影像记录。这不是魔法，这是区块链的力量。

溯源技术是指通过追溯产品的生产、加工、运输等各个环节，确保其来源的真实性和过程的可追溯性。借助区块链，这些信息不仅可以被公开查询，而且由于区块链的不可篡改性，任何篡改数据的行为都可以被追踪和识别。全球知名市场研究机构 Markets & Markets 预测 2025 年世界溯源市场规模达 349 亿美元。

当区块链遇见民生

在浙江某市场监管局的指挥中心，大屏上跳动着数万条商品数据流。曾让监管人员彻夜难眠的奶粉造假案、疫苗调包案，如今被一串串无法篡改的"数字指纹"终结。蚂蚁链就像给商品世界装上了"上帝视角"。

云南普洱茶饼藏着 1 900 米海拔的云雾密码，每一块普洱茶的背后，都有区块链记录的原产地、生产环境等详细信息，确保消费者知道自己购买的产品的来源。海南免税店的奢侈包上刻着横跨三大洲的旅行日记。每个奢侈品牌的商品都有唯一的数字身份，它在区块链上留下无法篡改的标签，消费者可以验证真伪。

新生儿疫苗自带 24 小时直播的冷链保护罩。在疫苗运输过程中，通过物联网技术和温湿度监控传感器，监控数据通过物联网传输到云端，实时监控疫苗的存储条件。所有的温度、湿度等数据都被记录在区块链中。因此人们能确保疫苗在冷链过程中不会受到温度、湿度等条件的破坏，从而确保其效力和安全性。

杭州市市场监管局相关负责人说，"过去我们追着假货跑，现在假货根本跑不出这张链网。"传统社会存在信息不对称和信任缺失的问题，导致了社会内部摩擦不断。区块链通过奶粉溯源的透明性和疫苗数据的不可篡改性，充当了社会润滑剂的作用，很大程度上消除了传统社会内部摩擦。

谁在编织这张信任之网？

政府化身"规则设计师"，政府通过法律和政策制定区块链的应用框架，为数据流动和交易提供规则和标准。政府还打通海关、税务、质检的"数据柏林墙"，这些部门可以共享数据，摆脱"数据孤岛"的历史。蚂蚁链变身"技术魔术师"，每秒处理 10 万笔交易的超级账本。

新疆枣农成为"链上艺术家"，每颗红枣都有数字身份证，产地、种植、加工、运输等信息透明、不可篡改地记录在链上，供消费者随时查询。"我们不是在卖商品，而是在拍卖信任。"这是接入溯源系统后，某农产品企业销售额激增的秘密。区块链技术的应用，使农产品企业成功提升了品牌的信誉度，消费者的信任度大大增加，从而导致了销售额的显著增长。

扫码时代的新消费模式

在上海陆家嘴的精品超市里，90 后消费者正在完成她的"信任三部曲"。手机扫码唤醒商品的"前世今生"，通过扫描商品的二维码，消费者能即时查看该商品的生产信息和来源等详细信息，获得对该产品的保障。

区块链存证自动生成"数字保单",每一项交易和交易过程都被记录在区块链上,确保交易的透明性和真实性。每一项通过区块链技术验证的产品或服务都可以自动生成一个"数字保单",这是一种智能合约,代表了消费者对产品的所有权和信任。

分享溯源图谱获取社交平台奖励,消费者还可以通过分享商品的溯源信息,获得社交平台的奖励,推动信任经济的发展。《新消费观察》年度报告,提到"以前看成分表,现在看区块链证书,这是中产消费的新标配。"现代中产阶级消费者对商品信息的高要求和高标准,使他们更愿意为保障产品来源透明、质量可靠而支付溢价。

黑暗中的较量

广州白云区的某个仓库里,造假团伙头目"老K"盯着手机发愣。他引以为傲的LV高仿包,第一次遭遇无法复制的障碍——蚂蚁链的"量子纠缠防伪码"。区块链的防伪技术借助"量子纠缠"技术来确保产品的真伪。在区块链中,每一件正品都会产生多个数字化的防伪标签,这些标签随着商品的流动而不断加密,一旦仿冒者复制商品,防伪标签就会变得更加复杂,难以伪造。

每件正品在诞生时会生成一个独特的数字身份,记录在区块链上,这些信息确保了商品的真实性和溯源性。仿冒者每复制一次,真品溯源信息就多一道加密铠甲。

技术只能解决信息不对称,无法消除人性贪婪。技术演进需要社会和文化的协同进化。打假志愿者说:"这不是技术的胜利,是人性之善的胜利。"

当万物皆可溯源

在雄安新区的智能城市实验室里,这样的场景正在发生。碳排放变成可交易的"绿色货币",推动环保产业的数字化转型。这一举措不仅提高了碳排放管理的透明度,还为环保项目提供了新的融资渠道。该模式可降低碳交易核查成本,大幅提升市场流动性。

毕业证书自带区块链防伪水印,区块链防伪水印的使用,确保学历证书无法伪造或篡改。每个学历证书生成时即被分解为包含时间戳、颁发机构数字签名等要素的哈希值,通过跨链技术同步至教育部门、用人单位等节点。这种架构使得学历验证响应时间从传统人工核实的

3~5天缩短至秒级,同时杜绝了学历工厂年产值数十亿的灰色产业链。

养老社区的每颗蔬菜都在链上"直播生长",养老社区的每颗蔬菜都在区块链上记录成长过程,确保食品安全。这种透明溯源机制将农产品抽检合格率提升至99.97%,同时降低供应链纠纷率。

蚂蚁链首席科学家说:"我们正在把整个世界装进一个透明的保险箱。"通过区块链+物联网+隐私计算的融合架构,既保证数据要素的自由流动,又确保敏感信息的"可用不可见"。

取代电子数据交换系统

联合国标准化组织把EDI(电子数据交换)定义为"一种按照一个公认的标准,将商业或行政事务处理转化为结构化的事务处理或报文数据格式,并从计算机到计算机的电子传输方式"。

EDI技术让B2B公司(面向企业开展业务的企业)能够实现自动化的通信,这有助于交易伙伴和机构更高效、更准确地完成各项任务,同时也减少了由于手动操作产生的错误。

EDI技术的广泛使用,已经在许多涉及生产、运输、采购和销售商品,甚至是为其提供护理的机构中发挥了重要作用。这些机构包括零售业者、制造业者、物流企业、飞行服务提供者、医疗服务提供者和保险业者。

EDI的使用已经在商业领域持续进步并且日臻成熟,它已经成为当前网络购物的关键因素(见表8-1)。EDI的使用范围在互联网上扩大,例如在供应链金融领域的EDI使用。我们如何将区块链切入供应链金融EDI中呢?

实时性

许多企业通过EDI系统进行信息交流。然而这个数据是按照定时的批次进行的,而不是实时输出。所以一旦货物流通不畅或价格波动,那么仅当下一批EDI发布之后,供应链的其他成员才会接收到这个消息。然而通过区块链技术,信息能够实时更新并迅速分发给所有相关方。

表 8-1　企业用区块链取代传统 EDI 的落地案例

企业名称	区块链应用场景	传统 EDI 存在的问题	区块链解决方案的优势	实际成果/落地数据
联易融	供应链金融中的多级流转云	数据传输和共享依赖手动操作，容易出错，导致交易进程延迟	区块链技术可实现全自动化的数据传输、应付账款管理及资金分配，确保数据实时更新且不可篡改，提高交易效率和准确性	截至 2020 年 12 月 31 日，已帮助约 1 100 家供应商获得融资，融资成本低至 3.8%
银义链	银行与供应链金融平台的对接合作	银行和企业之间数据传输和共享的不连贯、不可信，需要频繁验证和核实	区块链技术在银行业务平台和联盟链之间建立微节点，实现高效可信的直连，确保数据的真实性，提升业务处理效率	2020 年 11 月 6 日，中国建设银行与中企云链在银义链技术支持下，完成供应链金融平台对接，开展再保理业务
中国银联	跨行积分兑换系统	不同银行和企业间信息共享困难，用户兑换积分流程繁琐，兑换效率低下	区块链技术允许跨行、跨平台兑换奖励积分，实现积分的互联互通，提高积分使用效率，增强用户满意度	2016 年 9 月 23 日，与 IBM 预演的系统可使消费者轻松兑换不同银行积分奖励、航空公司里程以及超市奖励，大幅提高积分使用效率
京东全球购	电商产品的防伪追溯	传统 EDI 难以实现产品全生命周期信息的追溯，信息易被篡改，消费者难以获取真实的产品来源和质量信息	区块链建立的防伪追溯解决方案，记录产品从生产到销售的每一个环节信息，确保信息的透明性和不可篡改性，增强消费者对产品质量的信任	2018 年 4 月 14 日，京东全球购公布战略规划，区块链防伪追溯解决方案逐步覆盖该业务，实现"全程溯源"

降低风险、提高透明度

区块链交易记录的不可篡改性保证了供应链事件的完整性。对于制造业公司来说，这是一个重要的益处。对产品质量问题进行故障排除时，准确记录制造过程中发生的情况可能会很有帮助。此外，你将拥有有效的工具来防止欺诈和盗窃。

有了区块链，买卖双方都可以轻松地可视化和管理从发货到收货的流程，最终降低了欺诈风险。区块链完整性保证在需要原材料来源知识的行业供应链中发挥着重要作用。消费者可以获得产品来源的透明性和可见性。消费者想知道他们想购买什么。

产品溯源、历史追踪在钻石开采和棕榈油生产等行业中发挥着关键作用。许多在产品中使用棕榈油的公司希望确保通过公平贸易而不是童工的劳动来可持续地生产棕榈油。

2016年，国际特赦组织发布了一份报告，报告中指出，通过对一系列知名品牌产品的追踪研究，棕榈油制造商丰益国际雇佣了一些儿童，他们在印度尼西亚的炼油厂工作。这份报告明确指出，全球知名品牌如奇巧、高露洁和多芬化妆品等所使用的棕榈油，都是由年幼的童工在危险的环境中制造出来的。

通过跟踪生产农场的棕榈油，区块链技术可以提供重要信息，以免高露洁等公司蒙受道德谴责。同样在钻石行业中，某些宝石是在违反环境法和雇佣法的矿山中生产的。合法矿山中生产的钻石用肉眼看不见的方式编号，记录在区块链上的去中心化分类账中，建立了从矿山到珠宝的宝石历史。

德国宝马汽车公司通过区块链平台 PartChain，其 2 000 家供应商的零部件数据同步效率提升 80%，同时纠纷处理成本下降。

区块链的底层完整性也可能使其他领域受益。通过改善数据质量，我们可以提升分析能力，并结合人工智能、机器学习和欺诈分析等技术。专注于分析的领域，例如公司欺诈管理，可能会在未来几年中采用区块链技术。

成本考虑

区块链的另一个优势是能够快速建立连接并传输信息。当前的 B2B 整合需要在实施 EDI 之前，双方首先建立联系，而区块链则无需这一步骤。将区块链用于 B2B 集成可以显著提高敏捷性。目前的 B2B 集成允许双方（至少在技术层面上）彼此认可，从而提供不可否认性和审批等解决方案。在构建动态生态系统时，可以使用区块链技术来提高敏捷性。

一些公司已经利用 EDI 建立了长达 20 年的跟踪记录，但这种传统技术的主要缺点是成本高昂。如果有理由选择替代技术，那就是区块链更具成本效益。但从 EDI 到区块链的过渡仍存在困难。

多年来许多竞争技术都试图取代 EDI，但均未成功。不过随着企业界利用区块链实现更安全、更快速的业务流程，每个人都将受益，EDI 最终可能被区块链取代。

SAP Ariba 通过与总部位于伦敦的金融技术公司 Everledger 的合作伙伴关系在 2016 年实施了区块链战略，将区块链的功能扩展到其 Ariba Network。但即使没有区块链技术，Ariba Network 也可以取代 EDI。Ariba Network 的优势在于只需一次注册，之后用户即可与数百万个业务合作伙伴建立联系。

这类似于 eBay 等 B2C 平台，用户只需注册一次，便可在平台上与任何人进行买卖。这种机制象征着贸易公司相互联系的新发展阶段，更重要的是它能够帮助用户与业务合作伙伴进行查找和合作，并在业务网络中共同创造新的机会。EDI 有可能在区块链普及之前逐渐消失。随着安全交易的实现，业务网络将发挥至关重要的作用。

区块链 + 供应链金融

想象你喜欢吃一种红富士苹果。果农的树苗从育苗商买来，化肥依赖农资公司运输；熟果被中间商采购，送到物流商的仓库里包装、入店。但每当中小果农急着买新品种、包装盒成本突涨时，这些人常拿不到银行贷款，"太小、信誉看不清"成了绊脚石。

这里，就要交给供应链金融破局了。本质上，它是一场围绕"带头大佬"的资金串烧游戏。比如像沃尔玛这样的全球连锁巨无霸超市，无数小批发商向它供货，这些小商家常因大品牌的周期性押款出现现金滞锁，周转难急。

这时，供应链服务机构来了："别慌，你们这批给沃尔玛的交货单我们查得准（物流单验证），货款抵押给银行吧。大伙合作久了，货物真实存在，借你这月的救命钱，风险降了呢！"

银行一想："过去一个个小散户，我们搞不清楚跑没跑来；但有核心企业和智能平台的全链数据作保障——货款流、货车轨迹一码归链——稳妥就投钱！"这就是金融玩出的链网智慧。

最常见的两板斧是应收融资和预付帮扶。应收融资是指"钱已确认在路上"，如电器经销商卖出货给格力工厂还未结款，拿应收账单立马变现发工资。预付帮扶是指"信任上游不翻车"，当连锁果汁厂要预订来年的夏橙怕橘苗中途毁光，引入融资定向托第三方垫定金，供货完稳妥结息退场。

就像给货物装上"透明快递单"，区块链将供应链的每一步交易、物流信息加密上链，不可篡改。银行一扫链上数据，就能10秒内确认这批货是否真实存在、流向何处——果农的苹果从田间到超市，每一站流转痕迹都变成数字信用铁证。

同时，AI化身"金融侦探"，从供应商的历史交易、行业景气度甚至天气数据中抓取蛛丝马迹。比如预测橙汁厂能否回款，既看橙子产量趋势，也分析饮料消费淡旺季，连巴西霜冻灾害的影响都提前建模——数据越碎，AI算出的偿债概率反而越准。

区块链破解中小微企业融资难题

一般而言，当中小微企业面临资金流动性问题，或者在生产过程中需要购买原材料时，除了应收账款外几乎没有其他能够作为抵押的财产，因此银行的服务往往难以提供。中小微企业面临抵押物匮乏和信息不对称的困境。中小微企业普遍缺乏房产和设备等传统抵押物，即便是对应收账款，银行也难以界定其风险程度。

因为金融机构对供应链中各个环节公司的业务状况和交易数据的准确度缺乏了解，所以在满足风险管理的需求的前提下，金融机构往往难以与这些公司形成信赖关系。

随着区块链科技的发展，"不信任感"程度有望减少。它不仅能增强供应链上下游交互的公开性，使得交易情况更加及时可信。而且它还能让金融机构利用区块链的应收账单为中小型企业筹集资金，从而形成一个稳健可信的供应链金融环境（表8-2）。

传统供应链金融机构只能为供应链中的少数核心企业提供贷款服务。然而在引入区块链技术之后，伴随信息验证成本的大幅降低，供

表 8-2　全球区块链供应链金融的典型案例

企业/平台	国家	应用场景	数据指标
蚂蚁链（蚂蚁数科）	中国	跨境贸易融资与资产代币化	客户数增长 35%；完成 20 亿人民币增资；首单跨境 RWA 资产代币化案例入选香港金管局试点
腾讯云 TBaaS	中国	供应链金融与数据共享	支持长安链和 Hyperledger Fabric；应用于深圳数据交易所、国家海洋数据共享等场景
平安科技（壹账链）	中国	多领域供应链金融	专利申请累计达到 5.1 万项；FiMAX S3C 框架实现高 TPS（每秒交易量）和国密算法支持
趣链科技	中国	智慧城市与金融供应链	落地 200 余项应用，服务超 300 家机构；区块链专利近 900 件，市场份额居行业前列
万向区块链（PlatONE）	中国	资产数字化与跨境融资	服务覆盖超 200 家金融机构；隐私计算技术应用于跨境贸易融资
国电集团	中国	应收账款融资	搭建 3 000 亿规模的区块链供应链金融系统，覆盖核心企业与多级供应商
东软集团（CareVault）	中国	医疗数据共享与供应链追溯	开发医疗数据共享平台；海南博鳌乐城药械追溯系统实现全链条监管
纸贵科技（信汇通）	中国	应收账款拆分与融资	支持核心企业信用链上流转，服务中小供应商融资效率提升 40%
IBM 供应链金融平台	美国	数字化融资与智能合约	实现交易数据实时共享；融资审核时间缩短 50%
易鑫金融	中国	订单融资与自动化结算	应用智能合约实现融资自动化，结算效率提升 60%

应链中包括中小企业的大部分企业都可以享受到贷款服务。

区块链+供应链金融的应用可以通过几个步骤实现。首先，我们需要建立一个由区块链和供应链金融共同组成的联盟，成员包括供应链金融平台、主要公司、金融媒体、资金提供者和保险代理公司等。

所有参与者都有责任履行他们的职责，例如平台需要提供像供应链信息和客户信息这样的基础服务，而主导企业需要了解行业情况，对供应链上的企业有控制权，并负责风险管理。

金融服务提供者有能力综合分析平台数据，并提供个性化的供应链金融服务，例如定制的区块链电子票据。在此过程中，银行和在线金融公司等资金提供者的主要职能是与具有特定风险倾向的顾客进行交流。

然后将供应链联盟的信息存储在区块链上，利用区块链的特性确保信息的完整性，提供信息授权和追溯等相关服务。接下来将实现资产数字化，包括仓单、合同以及能够反映融资需求的区块链票据，这些资产具有唯一性、不可篡改性和不可复制性。

进一步来说，供应链金融平台的数字资产交易将演变为一个金融资产交易中心，将非标准化的公司借款需求转化为标准化的金融产品，实现货币化，满足投资和融资需求，并促进价值交换。最后利用区块链技术可以显著提高供应链金融资源的流动性，通过创新的融资方式和风险管理机制，覆盖中小企业的融资末端市场，从而推动供应链金融的服务化发展。

技术实现

传统供应链金融平台存在数据孤岛问题，核心企业、上下游企业、金融机构使用不同区块链平台。还有隐私矛盾的痛点，既要共享贸易数据，又要保护商业机密。此外，跨机构协同也是痛点，需要连接ERP、物流、支付等多系统。

我们设计的供应链金融区块链平台由应用层、跨链交互层、智能合约层、隐私计算层和基础设施层等五层构成（图8-1）。

应用层的系统有ERP对接接口、融资申请门户、电子仓单系统等。电子仓单管理系统由物理仓单和数字仓单组成。物理仓单使用动态NFC芯片绑定量子随机数，由QR-Code和RFID双载体构成，而数字仓单使用基于ISO 20022标准的央行数字货币（CBDC）自动清算接口。该层技术实现包括RESTful API网关和Spring Cloud微服务架构。

智能合约层的核心合约包括应收账款质押合约、多级流转合约和自动清算合约。应收账款质押合约内置Oracle定价机制。智能合约层的执行环境是Docker容器化部署，由Fabric 2.4链码（智能合约）和

图 8-1 供应链金融区块链系统架构

Hyperledger Besu EVM 构成。

跨链交互层采用双协议栈架构，基于中继链（Relay Chain）的桥接框架实现异构链资产映射，结合改进型哈希时间锁定（HTLC-2.0）支持原子交换的跨链事务。该层核心组件包含跨链事务协调器和轻节点验证集群。

轻节点验证集群包含 SPV（简化支付验证）节点和 GPU 加速验证池。SPV（简化支付验证）节点执行默克尔路径验证，兼容比特币、以太坊等异构链格式。GPU 加速验证池基于 NVIDIA CUDA 优化的 SnarkPack 聚合证明算法。

隐私计算层的加密引擎有 zk-SNARKs 验证电路（Circom 语言）、Paillier 同态加密库，数据通道是 TEE 可信执行环境（Intel SGX）、联邦学习中间件。

基础设施层包括区块链网络和存储设施，其中区块链网络由 Hyperledger Fabric（企业端 B2B 交易）和 Quorum（金融机构隐私账本）构成。存储架构包括 IPFS 存证文件和 LevelDB 键值数据库。

跨链应收账款融资通过中继链将资产凭证映射到金融机构链（Corda），银行使用 zk-SNARKs 验证贸易真实性而不获知详细价格数据,智能合约自动触发 T+1 清算指令。多级供应商融资的隐私保护方案使用安全多方计算(MPC)实现联合风控。货物监管溯源的技术组合有 RFID+IoT 设备采集物理数据、基于 FISCO BCOS 的存证链、使用 Pedersen Commitment 实现库存数量隐私披露(表 8-3)。

表 8-3 技术验证指标

维度	优化后指标	实现路径
交易吞吐量	>5 000 TPS(混合负载)	分片共识 + DPOS 节点组
跨链延迟	<8 秒(95% 置信区间)	中继器预验证 + 零知识批处理
加密加速比	同态加密:23×(A100 GPU)	CUDA 核心的 SIMD 指令优化
监管响应	审计数据实时抽取(<2 秒)	区块链浏览器集成 RegML 查询引擎

展望未来

随着全球供应链的扩展以满足消费需求,它们面临着效率低下、透明度不足和安全威胁等挑战。传统供应链中的低效运作、数据孤岛和欺诈风险导致了收入损失和声誉损害。疫情进一步暴露了供应链的脆弱性,增加了对数字解决方案的需求,以实现实时可见性和安全性。

区块链通过不可篡改的账本记录和安全共享交易,增强了供应链的透明度和信任,从而释放了巨大的价值。全球企业的高管们逐渐意识到区块链带来的竞争优势,如全球船运巨头马士基公司利用区块链缩短运输时间并减少欺诈行为。

区块链还支持流程自动化,例如智能合约可以减少采购和风险管理中的成本及错误。它在物流中实现实时跟踪,提高效率,并推动可持续发展。此外,区块链还确保数据的真实性,帮助行业快速响应并降低风险。供应链行业采用区块链已成为必然趋势。未来五年全球对区块链的采用率预计将以每年 15% 的速度增长,推动供应链的增长、效率和可持续性发展。采用区块链的企业将引领全球供应链的未来。

第九章

区块链在企业中的应用策略

实质上的革新并非源于货币自身,反倒是那些制作出这类货币的信赖设备——它们提供了超过货币的长期保障。

——《经济学人》

本章导读:

1. 破除"为链而链"误区,企业需聚焦降本增效与数据主权。
2. BaaS 平台降低门槛,战略选择需平衡合规、生态合作与长期价值捕获。

在当下数字化浪潮中，比特币作为区块链首个且最具盛名的应用，因价格飙升突破 10 万美元大关和剧烈波动的行情屡屡成为热门新闻吸引全球关注，也让很多人将其视作区块链的核心应用。但其实比特币只是区块链技术的初步实践，区块链作为一种极具潜力的计算机科技，对企业而言在应对现行商业社会环境的诸多问题上，蕴含着更为巨大的价值。

运用区块链的三个认识误区

以下是企业决策者关于区块链的一些最常见的误解和陷阱。

"区块链等于加密货币"

这种曾经普遍的看法是不正确的。一般来说，只有公链上才有加密货币。

公共无许可链

比特币和以太坊网络是典型的"公共无许可"的区块链（公链）。公链中的每一个节点（用户）在创建交易、验证交易、访问数据以及生成新的区块等方面都拥有平等的权益。加密货币依赖于公链。你可以把公链想象成一个全天候营业的世界银行，每个人既是储户也是行长。

许可链

在许可链中，只有获得授权的用户才能够查询或验证交易，所有参与到区块链网络中的参与者必须提前获得授权。一般来说，许可链包括联盟链和私有链（私链）。联盟链就像企业特快专列，当沃尔玛要管理全球 30 000 家供应商的物流追溯时，当星巴克需要为 29 000 家门店构建原料溯源系统时，联盟链就是它们的数字神经系统。

私有链适合保护隐私，通常公司内部环境最适合采用私有链。在私有链中，我们需要提前挑选和确认所有的节点和相关人员。一般来说，这种方式是在合伙制度下执行的，适用于那些需要公司间合作的场景。摩根大通银行用私有链重构资金结算体系，每秒吞吐量突破 2 万笔交易——这就是企业级私有链的威力。

许可链不存在任何加密货币，也无需"挖矿"。比如公司有能力构建自身的区块链系统以达到网络效益，并在供应商、合作伙伴和顾客之间建立业务协同，从而完成产品的采购和交付。另一家公司的供应商和合作伙伴不能参与这个私有链。

简单来说，如果需要公众监督，就选公链。需要半开放协作，选联盟链。需要内部流程优化，选择私有链。验证身份需证照就选择许可链（联盟链+私有链）（表9-1）。

表 9-1 区块链四大类型对比

类型	准入机制	适用场景	核心特色
公共无许可链	- 任何匿名设备自由接入 - 无审查机制	- 跨国加密资产流通 - 无需信任的公开账本	- 全球同步挖矿+ - 原生代币经济
公共许可链	- 底层开放+操作需授权 - 机构身份实名认证	- 跨境法律存证 - 监管友好型金融协议	- 透明数据池+可控参与者 - 合规代币（如CBDC）
联盟链	- 企业联盟投票准入 - 资质审查+数字证书	- 供应链协同（如食品溯源） - 医疗数据互联	- 多中心共治模式 - 无原生代币/定制结算单位
私有链	- 单机构独立管控 - 内网权限分层控制	- 企业资产数字化（如仓单） - 内部流程存证	- 执行效率优先 - 私有合约规则（无需挖矿）

"因为区块链技术很酷,所以运用区块链"

一些公司纯粹由于对技术的痴迷而采用区块链,这通常会导致失败。区块链运用应以业务成果为主导。这些公司在推出新一代解决方案时,过度追求技术参数的先进性,却未深度融合实际业务场景需求。但当实现以下目标时,公有和私有的区块链都将会成功:

1. 满足最终用户未满足的需求(价值创造)。
2. 全部或部分地摆脱媒介(效率提升)。
3. 保留活动或材料的出处,实现增信(信任增强)。

这三个属性可以解决当今无数问题,无论这些问题采用任何交互方式——B2B、B2C、P2P、机器对点或机器对机器。大多数人都把私有链看作是一个二维的文档或者一个数字化的存储设备,这些二维的存储设备和数字化的存储设备仅仅是过时的科技(表9-2)。

表 9-2　私有链案例

案例名称	应用领域	应用场景	主要价值及效益	2024 年进展说明
招商银行区块链电子发票系统	金融/票据管理	电子发票的开具、传递、存储与验证	降低人工核对成本、缩短对账与结算时间、提升数据透明性与可信度	在 2024 年持续推广应用,并不断优化系统与监管对接流程
蚂蚁链金融级应用	金融/跨行支付与供应链金融	跨行支付、供应链金融服务及电子发票等多场景	实现实时数据共享、降低中介成本、提升安全性和信任度	2024 年在深化应用中进一步降低风险和成本,扩大生态合作范围
腾讯区块链供应链解决方案	供应链管理	商品全链条追踪、物流信息共享、库存及交易管理	消除信息孤岛、提升流程协同效率、降低物流及库存管理成本	继续完善平台功能,推进行业标准的制定与跨部门协同,助力行业整体效率提升
平安集团私有链应用	医疗健康与保险	医疗数据共享、理赔流程自动化	通过智能合约实现自动理赔、缩短处理周期、增强数据安全性及防欺诈能力	2024 年深化与监管部门合作,不断升级系统功能,进一步实现数据互通和流程优化

公链也采用了一些现有的技术，比如 C++（用于 Bitcoin 的开发）、非对称加密（1976 年发明）、工作量证明（1993 年发明）以及 SHA 256（2001 年发明）。只有当这些独特的技术与中本聪创新的 UTXO 相结合时，2008 年才成功地解决了货币应用中的重复计算（双花）问题。

当其他技术无法应用时，公司应该采用私有链来处理复杂的商业问题。如果不这样做，那么区块链项目就会无法实施，也就无法被人们利用或研究。

"要使用区块链，需要全行业联盟"

一个普遍的误解是：要使区块链有用，行业中的每个人都必须参与其中。企业认为这是一个联盟，因此需要其他人带头，启动链并建立其有效功能的行为准则，并且一旦完成，它们就可以加入联盟。这是不正确的。

根据全球多个行业实施区块链的经验，企业可以通过启动自己的私有链来受益。这里的方法是 DIY（自己动手）而不是 DIFM（别人为我做）。当企业、供应商、合作伙伴、客户之间为了实现共同的目标而相互影响时，它们很不容易达到信任。私有链对于解决信任问题非常有效。

当它们之间的互动涉及遗留系统和新系统的组合，从而导致不同的信息孤岛互不通信时，这种链对公司的价值将进一步提升。因此企业可通过运用区块链节省大量时间和精力，否则这些大量的时间和精力会花费在数据或信息协调上。所以许多公司都已经把这些连接方式应用在了自己的业务上，比如：

1. 降低在 EDI 系统中执行的采购订单问题。

2. 缩短涉及多个企业（包括制造商、仓储方等）之间协作的订单完成时间。

3. 追踪高精度工具的使用环境的变化，追踪原始设备制造商以及其他众多供应商对此类工具的共享情况。

4. 管理涉及多企业的正反向物流。

5. 在包含众多用户的体系里，确保个体能够辨认并进行数据传递，以避免这种数据的非法转移。

本质上企业现在有机会建立和使用自己的链来推动转型，无论是与流程还是数字运营有关。

运用区块链的三个核心见解

区块链技术的潜力远超于作为一种交易媒介,它在企业中具有多维度的战略价值。其核心见解包括以下三点。

即使不作为传输工具,区块链也能产生价值

企业在利用区块链技术方面面临着战略抉择,而联盟链和私有链已成为许多企业的首选架构。相比于公链,联盟链的优势在于其托管在受控的网络中,能够限制访问和编辑权限,确保数据的安全性和隐私性,这对于需要透明、安全数据共享的多方协作环境尤为重要。

比如澳大利亚证券交易所(ASX)采用区块链技术来改进其股票清算流程,以减少对账复杂性,优化交易过程。IBM 和马士基合作开发的区块链平台旨在简化全球供应链交易,确保参与者之间实时共享信息,提高效率并减少文书工作。让现有机构能够在维持中心化管理的同时享受区块链带来的透明度和防欺诈优势。

在全球供应链和金融服务等领域,越来越多的企业正利用联盟链提升业务效率和降低交易成本。

假如行业参与者已经改变了他们的运营方式,从区块链中获得了大量的价值,并且更为关键的是,这些利益已经被他们的消费者所接受,那么那些勇于尝试的新入场者的入场门槛将会大大降低。观察长期趋势,当前公司对于区块链技术的适配和融合水平将影响可能缩小的中介范围。

企业采用联盟链不仅是技术升级,更是生态位重构的战略选择。成功关键在于平衡控制与开放、先行制定标准,并前瞻性布局技术和法律复合型人才(表 9-3)。未来,区块链将逐步从"颠覆性试验"转向"基础设施化",成为企业数字化转型的核心组件之一。

短期价值主要在于降低成本

短期内区块链技术的主要价值在于帮助企业降低成本,特别是在金融和医疗行业中有显著的应用潜力。

金融行业中的区块链应用在金融行业,区块链通过自动化和简化复杂的交易流程,有助于降低运营成本和增加透明度。例如传统银行

表 9-3　联盟链在不同领域的成功案例

应用领域	案例名称	主要参与者	应用场景	取得的成效
金融服务	澳大利亚证券交易所区块链项目	澳大利亚证券交易所（ASX）	股票清算和结算	减少对账复杂性，优化交易过程，提高效率并降低成本
金融服务	Hyperledger Fabric	Linux基金会、多家金融机构	跨境支付、贸易融资、供应链金融等	提高交易透明度和效率，降低成本
金融服务	R3 Corda	R3、多家银行和金融机构	银团贷款、信用证、外汇交易等	提高交易效率和安全性
供应链管理	IBM和马士基的TradeLens平台	IBM、马士基	全球供应链交易	简化交易流程，提高效率，减少文书工作
供应链管理	沃尔玛和IBM的食品溯源平台	沃尔玛、IBM	食品供应链追溯	提高食品安全和质量控制水平，增强消费者信任
供应链管理	波音公司的供应链管理平台	波音公司	零部件供应链管理	提高供应链透明度和效率，降低成本
医疗健康	MediLedger项目	Chronicled、多家制药公司	药品供应链追溯	降低假药风险，提高药品安全
医疗健康	Gem Health	Gem、多家医疗机构	医疗数据共享	提高医疗服务效率和安全性
物联网	Siemens和R3的区块链物联网平台	Siemens、R3	工业设备管理	提高设备管理效率和安全性
物联网	Bosch和IOTA的智能交通平台	Bosch、IOTA	智能交通管理	提高交通管理效率和安全性
其他	迪斯尼和JPMorgan的区块链广告平台	迪斯尼、JPMorgan	广告投放管理	提高广告投放效率和效果
其他	雀巢和Carrefour的区块链食品追溯平台	雀巢、Carrefour	食品供应链追溯	提高食品质量和安全，增强消费者信任

间跨境支付流程需要多个中介机构，通常涉及较高的时间和费用。区块链技术可以通过去中心化账本直接实现点对点的实时清算和结算，减少中介环节和相应的服务费用。

摩根大通等机构已投入使用区块链技术来改进支付结算和跨境支付，从而减少了银行的后台运营成本。此外，区块链在金融衍生品和资产管理领域中的应用也显示了降低交易和对账成本的潜力。

例如，澳大利亚证券交易所正在采用区块链技术替代其传统的清算和结算系统，以提升效率并减少人工对账工作。这种透明和不可篡改的分布式账本系统显著减少了操作风险和运营成本。

在医疗行业，区块链能够帮助医疗机构节省大量的管理和数据存储成本。例如区块链可以安全、有效地存储和管理患者的电子健康记录（EHR），减少医疗数据在不同机构间传递的复杂性和费用。

通过实现医疗记录的安全共享和访问控制，区块链可以减少重复检查和治疗，从而节省成本。类似的区块链解决方案已被一些医疗保险公司采用，以减少医疗记录验证和保险理赔过程中的人工成本。

此外，区块链的智能合约在许多行业都具有降低合规和审核成本的潜力。智能合约能够自动执行合同条款，无需人工介入或审核，从而减少了第三方验证和人工审计的需求。例如在制药供应链中，区块链智能合约可以自动监控药品的来源和流通情况，防止假药进入市场，提高了供应链的透明度和安全性。

通过降低成本、提高效率和透明度，区块链技术为金融和医疗等领域提供了切实的短期价值（表9-4）。

表9-4　区块链在金融和医疗行业中降低成本的案例

行业	应用场景	成本降低方式	案例
金融	跨境支付	减少中介环节和相应的服务费用，实现点对点的实时清算和结算	摩根大通等机构已投入使用区块链技术来改进支付结算和跨境支付，从而减少了银行的后台运营成本
金融	清算和结算	提升效率并减少人工对账工作，减少操作风险和运营成本	澳大利亚证券交易所正在采用区块链技术替代其传统的清算和结算系统

（续表）

行业	应用场景	成本降低方式	案例
医疗	电子健康记录管理	安全、有效地存储和管理患者的电子健康记录，减少医疗数据在不同机构间传递的复杂性和费用	区块链可以安全、有效地存储和管理患者的电子健康记录（EHR）
医疗	医疗记录共享和访问控制	减少重复检查和治疗，节省成本	一些医疗保险公司采用区块链解决方案，减少医疗记录验证和保险理赔过程中的人工成本
其他	智能合约	自动执行合同条款，减少第三方验证和人工审计的需求，降低合规和审核成本	在制药供应链中，区块链智能合约可以自动监控药品的来源和流通情况，防止假药进入市场，提高了供应链的透明度和安全性

降低网络建设成本

传统的公司网络是集中式信息管理系统，其中服务器集中管理所有信息。这样你必须拥有非常昂贵的硬件服务器，而保护该服务器的安全性花费了数千亿美元。但通过引入区块链技术来构建"P2P 网络"，可以大大降低网络建设成本。

在区块链 P2P 网络中，参与该网络的所有计算机都共享相同的信息，并且创建了一个相互监视的系统，因此不需要用于集体管理信息的服务器。这样你可以减少准备昂贵的硬件服务器的成本以及保护服务器的安全性成本。

通过提高工作效率来降低公司成本

引入区块链技术后，信息以电子方式而非纸质方式处理，这使工作效率更高。而且由于所有信息都可以在区块链内共享，因此可以立即获取所有必要的信息，从而使工作更加高效。通过将外部合作伙伴公司添加到区块链网络，可以通过共享客户信息来提高工作效率。

另外，利用区块链技术的智能合约也有助于提高工作效率。智能合约允许用户使用公司预先在区块链中创建的合同系统自动处理合同。因此可以使工作更有效率，因为用户可以自动签订合同，而无需在公司方面进行任何人工参与。借助区块链技术的应用，企业能够采取多样化的策略来提高工作效率，同时降低人力成本和开销。

有研究表明，石油公司引入区块链技术代替纸质合同，可降低30%的管理成本。在银行中实施区块链可以节省15亿~200亿美元。将区块链技术引入保险业务将使成本降低20%。

降低用户使用成本

公司还可以通过实施区块链技术来降低用户使用成本。智能合约最大程度地减少了交易中涉及的人员，从而降低了使用成本。此外，区块链交易基本上是以虚拟货币支付。因此可以大大降低汇款手续费。传统的国际汇款要求非常高的5%~20%的汇款费用，因为金融基础设施"不干净"。

但引入区块链以虚拟货币汇款，汇款费用可以降低至2%~3%左右，这可以大大降低成本。随着区块链技术的发展，其潜力正在从单纯的成本节约扩展到启用全新的业务模式，尤其是在数字身份管理方面。

数字身份是区块链未来应用的一个关键方向，通过建立分布式、安全的数字身份，区块链有望提供去中心化的身份验证和认证服务，解决当前在线身份的隐私和安全问题。但要真正实现这类新商业模式的落地，还需要克服一些技术和制度上的障碍。

根据麦肯锡的报告，区块链的广泛应用受限于四个关键因素：标准和法规、技术、资产类型和生态系统。在标准和法规方面，缺乏一致的行业标准和监管框架，阻碍了跨行业、跨地域的区块链实施。

例如不同国家和行业对数据隐私、存储和共享的法律要求各异，导致区块链方案难以在全球范围内一致地实施。技术成熟度和资产类型也决定了区块链在各行业的可行性。区块链技术的扩展性和数据处理效率在某些应用场景中仍存在瓶颈，而某些高频交易和复杂场景则可能不适合区块链技术。在大规模采用之前，技术的改进、硬件的支持以及行业的适应性都需要时间。

此外，生态系统的建立对区块链的扩展也至关重要。一个具有广泛参与者的区块链网络才能有效运行，这要求企业、政府和用户共同参与到一个统一的生态系统中，才能实现互操作性和数据共享。

例如，在供应链、金融服务和医疗健康等领域，区块链应用的有效性依赖于各方的参与和标准化流程的实现。总体而言，尽管区块链在成本节约方面显示出短期效益，但要实现其长期战略价值和业务创新，还需要 3～5 年的时间来克服技术、法规和生态系统等方面的障碍。

在推动信任基础设施方面的作用

除了区块链无需成为交易媒介即可创造价值和短期内主要体现在降低成本外，区块链的另一核心见解在于它能成为一种强大的信任基础设施。传统的跨组织合作中，信息透明和信任建立通常依赖第三方中介，区块链则通过去中心化和数据不可篡改的特点，从根本上改变了这一方式。

借助区块链，各方可以在同一网络上共享实时、完整的数据，不再需要借助第三方即可达成信任共识。这种机制尤其适用于多方参与的复杂场景，如供应链管理、金融清算和跨境支付。

在供应链管理中，区块链提供从生产到交付全程透明的产品追踪机制，使得货物流向和商品来源随时可查，显著提高了物流效率并减少伪劣产品流通。金融领域中，区块链的智能合约功能能实现自动化的合约执行，减少人为干预和信任风险，为金融交易带来极大的效率提升。同时，区块链的数据不可篡改性也对金融欺诈起到重要的抑制作用，提升了金融系统的安全性。

未来区块链将可能在分布式数字身份上实现突破。分布式身份体系下，用户可持有并管理自己的身份信息，无需依赖平台中心化存储，显著增强数据隐私和安全性。总体而言，区块链作为信任基础设施的核心见解在于，它能使企业跨越组织界限，更有效、安全地共享和验证信息，为多方协作场景带来深远的变革。

公司应采取怎样的战略

去中心化建立竞争优势企业可以利用区块链去中介化的特性，消除传统中介和不必要的信任层级，从而在与其他企业的合作中建立更高效、透明的信任机制。

在竞争中企业应着力构建去中心化的供应链、金融网络及数字化身份系统，通过智能合约和透明的交易记录来提高运营效率，降低交易摩擦和成本。为了在市场中获得领先地位，企业应在建立信任体系方面加大投入，利用区块链技术将协作过程自动化并减少人为干预。

短期目标

降低成本和提高效率从短期来看，企业应重点关注区块链在降低成本和提升效率方面的应用。例如通过优化供应链管理，减少库存成本，或通过数字化资产管理提升财务透明度。

区块链能够将传统的管理流程和支付流程自动化、智能化，进而降低企业的运营成本。企业应积极在物流、金融支付、资产追溯等环节推动区块链技术应用，帮助企业获得竞争优势，同时在运营上实现更高的成本效益。

长期布局

拥抱创新业务模式企业在布局长期战略时，要将区块链作为潜在的核心技术，以驱动未来新的商业模式。随着区块链技术逐渐成熟，特别是在数字身份、物联网和智能合约等领域的突破，企业可以着眼于这些新兴业务模式，开拓新的收入流。

例如借助区块链技术，企业可以创建去中心化的市场平台，允许消费者和供应商之间直接交易，去除传统的中介角色。此外，企业还可以通过构建去中心化的数据存储和数字身份系统，建立新的客户体验和服务模式，从而保持长期竞争力。

积极参与标准制定与跨界合作为了在未来的区块链竞争中立足，企业需要关注区块链技术标准的制定和跨行业的合作。随着区块链技术的发展，企业需要积极参与行业标准的建立，并通过跨行业的合作来推动区块链应用的广泛落地。

在这方面，企业可以与政府机构、科研机构以及其他行业领先企业携手合作，推动区块链技术的普及和规范化，打造更加稳定和安全的商业环境。

技术投资与人才引进企业不仅要关注技术本身，还要加大对区块链技术人才的引进和培养。随着区块链技术的不断创新，拥有专业技术团队将是企业未来能否在竞争中脱颖而出的关键。企业应优先投入区块链领域的研发，确保能在技术创新上保持领先。此外与其他企业进行联盟合作，共同研发解决方案，也是提升竞争力的一种有效途径。

总之，企业在运用区块链时，必须从短期的成本控制到长期的战略布局全面考虑，积极推动区块链的应用，同时密切关注行业趋势和技术进展，以确保在未来的竞争中保持领先地位。

从经济学角度看区块链

关于区块链，学术界经历了一个转变的过程。一开始很多经济学家对区块链嗤之以鼻，甚至区块链出现好几年之后也没有几篇论文提到区块链，但后来英国著名经济学期刊《经济学人》刊登了封面文章《区块链——信任的机器》，其他几个著名刊物也在大约同一时期刊登了类似的文章。这样区块链从"备受争议的技术应用"很快变成了高大上的名词。

区块链这种新生事物从一开始不被经济学界接受变成被经济学界广泛推崇。经济学家经常后知后觉，这种180度大转弯无须大惊小怪。对于与区块链有关的创新理论与商业模式，一般都需要经过时间的检验，并且也需要采用全新的评价手段。

代币经济模型及其重要参考价值

区块链经济学融合了密码学、博弈论和金融学，形成了独特的价值体系。这些机制通过精巧的经济数学设计，将参与者利益与网络安全对齐，创造了自运行的加密经济体系。

代币经济模型（Tokenomics）是指设计和管理数字代币在区块链项目中的发行、分配和使用规则，本节以通缩模型为例进行讲解。尽管我国对加密货币交易保持审慎监管，但其底层机制对金融创新与风险防控具有重要参考价值。

通缩模型

通缩模型旨在通过减少代币的供应量来提高其稀缺性，从而可能提升代币的价值。这类似于市场上某种限量商品的数量减少，导致其更为珍贵。通缩模型类似于一个智能供应系统。例如，某商场根据顾客的需求动态调整商品库存。当需求增加时，商场增加库存；当需求减少时，商场减少库存。通过这种方式，商场保持了商品价格的稳定。

想象一下，当全球最大的交易所币安每季度将价值数亿美元的BNB代币投入"黑洞地址"，就像把黄金沉入马里亚纳海沟，这种人为制造的稀缺性，让代币价值如同压缩的弹簧般蓄势待发。类似BNB定期销毁的智能合约化货币回笼，可为央行数字货币（CBDC）提供动态流动性管理思路。通过算法自动调节流通量，或能优化传统货币政策的滞后性。

Gas 费

在区块链网络中，进行交易需要支付一定的手续费，称为Gas费。这类似于在高速公路上行驶需要支付过路费。可以将其类比为高速公路引入了一种新的收费机制。每辆车通过收费站时，需支付一定的基础费用，这些费用不会进入运营方的口袋，而是直接"销毁"，从而减少了市场上的流通资金，间接提升了剩余资金的价值。

这类似于司机在油价低时购买燃油，在油价高时使用。司机可以在交通顺畅、过路费较低时预先购买通行券，并在交通拥堵、过路费较高时使用，从而节省出行成本。

最终性

最终性（Finality，或最终确定性）是指保证区块链上交易在完成后不能更改、撤销、取消，最终性对于加密货币、央行数字货币（CBDC）、供应链管理等领域都尤为重要。在CBDC领域，最终性对于保障国家金融体系安全和高效非常关键。

想象你去银行存钱，存进去了之后，银行系统记录下来，这笔钱就"锁定"在你的账户里，再也不会被改掉。区块链里的交易也是这样：一旦被系统确认，就像盖上了"不可更改"的印章。

区块链的网络延迟会直接影响交易确认的最终性。因此，最终确定性指标被用于衡量系统参与者需要等待的合理时间窗口，以确保已上链的交易达到不可逆状态，避免发生区块重组或交易回滚。最终性是加密货币或 CBDC 企业的基本需求，因为在区块链网络上无休止地等待可能会对接受加密货币作为支付手段的企业产生严重的不利影响。创建支付系统时，有效的做法是降低延迟。

如果你每次想要购买任何东西都必须等待 10 分钟，那么购物将很快变得非常不便。同样在金融领域公司需要在尽可能短的时间内知道它们是否拥有某些资产。因此当涉及区块链技术时，由于其最终性，交易被称为不可变的。

但大多数区块链协议仅显示概率上的交易完成性，这意味着交易不会自动或立即完成，而是随着时间的推移"越来越多地完成"（随着更多的区块被确认）。因此区块链网络确认交易所需的时间（等待时间）决定了链的最终确定率的性质。

这个领域的最新进展见表 9-5。

表 9-5 区块链交易最终性（Finality）领域的最新进展

技术 / 协议	共识机制	交易最终性时间	备注
Tendermint	拜占庭容错（BFT）	几秒钟	提供快速的交易最终性，适用于高频交易应用
Algorand	拜占庭协议	几秒钟	通过快速共识实现快速最终性，适用于需要快速确认的应用
以太坊 2.0（The Merge）	权益证明（PoS）	约 12 分钟	通过 Casper FFG 协议实现更快的最终性
ZK-Rollup	零知识证明	20 ~ 25 分钟	生成 ZK 证明平均需要 10 ~ 15 分钟，加上以太坊主网的最终性时间
Optimistic Rollup	乐观执行	1 周	标准挑战期为 1 周，适用于无需快速最终性的应用

代币经济学价值评估及其借鉴意义

新商业模式的实施方法最初可能并不明确。当互联网刚刚诞生时，许多企业首先采取了"付费专区"的营销策略，随着时间推移，这种策略被证实具有实际效果，并最终演化为了广告营销。在过去的 25 年里，数字广告的市场规模已经从一无所有扩大至 2024 年的 7 300 亿美元。

商业模式

类似互联网广告,在海外的数字货币行业,人们已经发现了一些与代币经济学相关的新颖商业模式。比如开发协议和实用程序代币的人员,通过保留初始代币,为自己创造价值。接下来,利润是由货币的使用、消费以及市场的操纵所影响的,而这又与货币的价值波动有关。

虽然从去中心化的视角来看,这个模型具有实际价值,因为它可以减少中间商获得利润的可能性或者降低其影响,但是这些项目所面临的风险非常高,因为他们的成功完全依赖于他们"一次性"生产的货币,而不存在于部署之后对重要业务模式进行大规模调整的可能性。

Curve Finance 的 VE 模型通过锁定 CRV 代币(1~4 年)换取治理代币 veCRV,减少了短期内的流通量,避免了大量抛售引发的价格波动,提升了代币价值稳定性,增强了投资者信心。低流通量高 FDV(Fully Diluted Valuation,完全稀释价值)代币在 2024 年成为主流,稀缺性短期内推高了币价,但长期面临解锁抛压风险。Arbitrum 2024 年 3 月解锁了 22.2 亿美元代币导致了价格剧烈波动。

估值

在评定加密货币的市场价值时,有人发现了一些创新的计算方法。例如 Willy Woo 和 Chris Burniske 提出了使用网络价值和交易(NVT)的比率,该比率用于计算美元在加密资产交易活动中的相对价值。然而,随着侧链(如 Liquid)和 Layer2 解决方案(如闪电网络)的普及,链下交易占比增加,需重新校准模型以纳入链外数据。

还有源自 Unchained Capital 理念的 UTXO 理论。UTXO 理论关注未花费交易输出的持有时长分布,通过分析持有者行为(如长期持有者的 UTXO 占比)预测价格周期。此外,2025 年 AI 模型预测中,以太坊价格与其 DeFi 生态增长(如 TVL 总量)直接相关。这三种方法都能为我们提供一种新的视角,去理解在熊市和牛市阶段中比特币或以太坊等**原生币**的价值。

关于**代币**价值的评估,可以用 DApp 数量、用户黏性、开发者活跃度、通缩机制、收入来源、跨链互操作性和 Layer2 整合等方面来衡

> **知识窗**
>
> **原生币**（native coin）：原生币如 BTC、ETH，是区块链的底层资产。
>
> **代币**（token）：代币是基于某个区块链网络发行的资产，如 USDT、UNI、SHIB 等。

量。Solana 因高吞吐量和低费用吸引了大量高频交易类 DApp，推动其代币 SOL 的价格上涨。Cardano 在 2024 年部署近 10 万份智能合约。Avalanche 的"9000 升级"将交易成本降低 99.9%，直接推动其生态扩张。

2025 年初，机构资金流入加密货币 ETF 的规模已超过 400 亿美元，支撑了加密货币市场的价格。大语言模型等 AI 预测工具综合考量美联储政策、比特币减半事件和历史价格和成交量等数据，可以预测价格。此外，链上数据、经济模型、生态发展和市场情绪等都是评估币价的因素。

时机

从互联网时代的主要应用是如何铺开来看，新技术的先驱很少有谁能生存足够长的时间。AltaVista 和雅虎的搜索结果，以及在社交媒体上的脸书，都与 Friendster 和 MySpace 有所区别。在科技领域里，创新思维的最后胜利主要依赖于适当的时机。Mosaic 的成功归功于它是第一款互联网浏览器。

仅四所美国的高等教育机构在 20 世纪 80 年代成功地筹集到了充裕的联邦经费来实施超级计算机的初始投入（超级计算机的初始投入为 2 500 万美元），同时他们也正积极推动 NSFNET（美国国家科学基金会的网络）的研究，这主要涉及互联网的应用。NCSA 的高速计算机和互联网连接使马克·安德森和其他进行研究的年轻人处于完美的位置，可以在网络腾飞之前赶上网络的浪潮。

有些技术即使看起来是解决下一个重大问题的好想法，也可能无法实现其承诺，因为基础技术或基础设施还不够完善，无法支持其应用和实施。比如早期的互联网中，流媒体被广泛接受，Broadcast.com

（一家由 Mark Cuban 在 1995 年创立的网络广播公司）取得了巨大的成功，然而当时试图提供视频服务的其他企业却遭遇了各种各样的挫折。

为了使 Youtube 独树一帜，人们必须构建宽带的互联网链路，同时利用消费级别的影片和智能手机的摄像功能。脸书在 2004 年决定使用智能手机，因为它有能力实现对于个人化与紧密关系的即时服务。

假如没有智能手机的革新，Instagram、Snapchat、Twitter、Uber 将会在哪里呢？iPhone 这个工具对于社交媒体的使用者与创作者来说非常有效。一些人可能会觉得，社交媒体将最后变为主导，这是由于智能手机也将变为主导，并且在合适的时间点，它们可以互相补充。

DApp 的主要应用在区块链领域中，其成功与否主要依赖于技术和基础架构的完善程度。这些技术和基础架构能够满足特定情境的实施性和扩展性。未来几年里，一些观念或许具备实际应用的潜力，但也有一些观念可能需要 5 ~ 10 年的努力才能达成。

新的科技推动了创新的理论与商业策略的诞生，从全新的价值观视角来审视它们显得尤为关键，因为过去的手段或许并无效果。许多新的理论都需要时间去检验，所以它们的应用和时间有着密切的联系。

探索区块链的价值

企业和投资者正全力以赴，试图释放区块链的技术价值。实体产业花了一段时间才能弄清楚如何将消费互联网转化为产业互联网，并使实体产业高效增长。同样，当今的企业也需要时间来了解如何将区块链的透明、不可篡改和去中心化特性，并将其转化为真正能可持续地推动产业变革的价值引擎。

尽管人们对区块链技术愈发兴趣盎然，但企业领导者仍不确定新标准的构成要素，也不确定会从其投资中获得可观的回报。经济学家们分析了区块链如何创造价值，解释了随着时间的流逝，价值可能发生的不同增长轨迹。

区块链是指在网络参与者之间分布和共享的数据库基础架构。数据条目和交易的块链接在一起，以不可变的形式存储，允许被授权访问网络的参与者查看和添加信息，但禁止更改现有记录。先进的加密技术和密钥管理可确保数据完整性并认证参与者。

区块链消除了中央权威，并作为真理的唯一来源。那么是什么让这个技术独树一帜呢？一般来说一个主要的中央部门会对那些以数据为核心的商业模式产生影响，这个部门拥有决策的权力，同时也能够管理和操作那些被存放在特定数据库里的信息。

因此任何一个参与者都不能仅凭空想出的证据就认为分享的资料是全面、真实且精确的，而且这些资料并未被中央政府部门用来谋取个人的私利。尽管存在差异，但大多数区块链引擎都允许以对等关系执行交易并共享所有权，同时将多个相同的数据副本存储在网络的不同节点中，并严格控制读写权限。

该技术的共识机制可确保这些副本不会被追溯更改，并能验证每笔交易背后的数字资产。通过这种方式，区块链消除了中央权威，并充当了真实的唯一来源，使各方能够读写所有参与者都可以信任的通用数据库。

这些特性的变革性效应具有长久的影响。区块链科技可能会替换掉像银行、交易者以及公证员等传统的中间环节，而这些传统中介的运营模式主要依赖于第三方核实。区块链能够通过增强网络的透明度，消除那些利用信息不对称来创造价值的市场套利者、价格报告机构、基准供应商以及其他公司。

区块链的架构与特性使得端到端的自动化以及跨企业的数据分享变得更为便捷，这极大地降低了人工核算的复杂度。另外，无论何时何地查阅全面的交易历史记录都能有效提升法律和审计的合规性，减少相关的花费，并延长记录反映的时间。

区块链场景可以提供如下所示的四个主要价值来源。企业根据自身情况匹配其中一种或多种商业模式。

1. 新的商业模式：区块链支持的创新可以帮助企业产生新的收入来源。例如在能源领域，区块链平台可以帮助个人和组织在电网上自动、近实时地交易多余的储能。区块链创新还可以使公司提供更高价值的服务，例如基于区块链的数据追溯分析服务。

2. 提升运营效率：区块链可实现流程自动化，消除不必要的中间人，帮助组织提高生产力和绩效。它还支持审计和合规，从而节省大量时间和成本。例如使用智能合约可以自动执行日常业务功能，例如发票生成和对账、清关和产权转移。例如根据《经济学人》杂志，西班牙桑坦德银行认为，通过运用区块链简化和自动化许多后台活动，金融机构可以节省200亿美元。

3. 风险缓解：公司可以使用与区块链相关的应用程序来改善整个供应链的跟踪和身份验证。例如在整个供应链和分销链中更好的出处和透明度可以减少假冒零件造成的健康与安全问题，从而减轻财务和声誉损失。

4. 社会影响：区块链平台可用于支持各种计划，包括投票和选举管理以及阳光采购。例如，刚果民主共和国正在使用区块链功能来构建新的电子政务平台，这将帮助该国管理其自然资源和社会福利计划。爱沙尼亚率先使用区块链来保护公民信息，采用该技术来支持其他公益计划，例如与个人身份和健康记录有关的那些计划。

并非所有区块链解决方案都以相同的方式交付价值。了解价值创造的两个主要增长模型——线性效应和网络效应，对于设计、实施、投资等成功的商业应用至关重要。这些模型具有不同的时间和增长维度。

5. 线性效应：比如我们线性地出售钢笔。对于客户而言，购买钢笔的价值在于获得在纸上书写东西的能力。请注意，无论有多少其他人开始购买笔，用户都会立即获得价值，且价值不会改变。在这种增长模型中，即使客户群不断增长，商品的内在价值也保持不变。每个增量参与者或交易都以线性方式增加价值。

6. 网络效应：随着用户群的增长，其他项目（例如电话）的价值将经历截然不同的过程。例如电话的第一个用户的总体价值是有限的：人们只能拨打几个也有电话的其他用户的电话。但随着安装数量的增加和购买电话的人数增加，电话的内在价值急剧上升，且每增加售出一部电话，其内在价值就会继续上升。交易所和社交媒体平台的价值随着参与者的增长呈指数增长。

线性价值增长模型中的绝对潜在价值通常限于公司的生产或销售能力。但在网络效应模型中并非如此，在这种模型中增长不受生产和销售的束缚。鉴于网络效应可以创造巨大的价值，提供这种效应的区块链场景有可能成为真正的变革者。在理想的世界中，网络效益模型是公司应该集中精力的地方。

但实现真正的变革需要大量的财务和技术资源,对风险的高度承受能力,说服关键组织加入新生平台的能力以及成熟的概念验证项目。企业还必须确保锚点参与者同意通用数据和治理标准。要使参与者接受这些新标准需要付出巨大的努力,通常需要大型企业或行业联盟的领导,或者强有力的法规推动。

但不能满足这些条件的公司并非没有话语权。它们可以追求增量共赢的场景,既可以作为垫脚石,也可以作为最终目的。渐进式赢家将重点放在线性增长机会上,这些机会通常更易于管理,承担较少的财务和实施风险,且可以提供更快的增长途径。逐步取证还可以帮助组织展示概念证明项目(PoC)以吸引合作伙伴,获得风险投资资金,或验证其他人发起的区块链解决方案。

公司在决定采用真正的颠覆者模型还是获得增量胜利时必须考虑转换成本。在评估是否采用真正的颠覆者模型时,公司需要考虑转换成本(包括实际成本和预期成本)。大多数公司拥有某种类型的现有数据基础结构,该结构将关系数据库、软件界面、人工参与等结合在一起。

而且尽管区块链系统具有简化和自动化此基础架构的潜力,但它们仍需要方法、标准、模型来在各种 IT 系统之间验证和共享数据。使用开放接口和共享数据模型可以极大地帮助部署,这是业务和 IT 团队在规划时应考虑的事项。

为了探索成功实施区块链程序所需的条件并说明其可能产生的影响类型,人们研究了两项开拓性举措。一个专注于提高效率和社会影响;另一个专注于改善风险管理并为钻石行业创建新的业务模式。

"新选择"

世界粮食计划署利用区块链技术向约旦的叙利亚难民提供全新的现金援助,这是一种被称为"新选择"的创新模式的一环,这种模式可能拥有真实的变革性影响。与现行的现金流转不同,世界粮食计划署已经预先设定了粮食和其他粮食的分配方式。通过新的选择,难民将能够获得这些应得权益的现金价值,并有更多的选择来赎回这些权益。

"新选择"依赖于区块链技术,该技术链接了不同的提款选项,并将允许难民使用"积木计划"平台保留一个账户。难民便可以使用急需的金融服务,例如移动货币和现金返还。

通过与金融机构或零售商合作,"新选择"将为人们带来金融机会并普惠弱势群体,没有银行账户的人群就如何最佳使用自己的权利做出自己的决定。"新选择"改变了人道主义援助模式(产生网络效应),并为全球数十亿人提供摆脱贫困的途径。

然后通过区块链平台,WFP能够验证受益人的身份并在内部记录整个交易历史,而不必与第三方共享。在购买时,使用从眼睛扫描仪获取的生物特征数据,区块链平台验证了个人身份并从其电子账户中扣除了销售金额。区块链平台不仅自动记录交易,还以透明、防篡改和易于审核的方式存储所有关联的对账和付款明细。这使世界粮食计划署计划管理者更容易监督现金转移。

积木计划(图9-1)技术上基于以太坊私有链,节点由WFP、约旦政府、合作银行及本地商户共同维护,其中本地商户为难民提供必需的日用品、食物和药品等物资。以太坊私有链的采用避免了高Gas费和低TPS等性能瓶颈。

应用层	现金援助	身份管理	供应链管理
服务层	数字支付服务	生物识别认证	分布式身份
集成层	API网关	数据交换总线	安全通信协议
数据层	区块链账本	加密存储	分布式数据库
基础设施层	云平台	容器编排	安全硬件模块

图9-1 积木计划技术架构

自推出以来,积木计划改善了数百万现金转账的处理,确保有需要的人口获得稳定的营养供应。该计划采用了一种流程,该流程过去通常要求人们排长队,进行书面工作并进行手动尽职调查,而这一过程仅需几秒钟即可完成,从而实现了线性的即时价值增长。

此外，通过使现金转移系统自动化并消除对中介机构的需求，粮食计划署得以将交易费削减了惊人的98%，从而腾出了资金，使该组织可以将其重新用于人道主义救济。世界粮食计划署在阿兹拉克难民营中成功实施了积木计划，促使粮食计划署在2018年初扩大了该计划，为约旦境内的10万难民提供了支持。

自2022年以来，积木计划平台已使数十个人道主义组织能够安全地协调工作，防止了超过2亿美元的意外援助重叠。这种效率的提高释放了相当于为上百万人提供一整月现金援助的资源，使人道主义支持更加有效、公平和影响深远。

Tracr

区块链平台Tracr提供了从矿山到销售点的端到端钻石追踪服务。Tracr团队的首要任务之一是为每颗钻石创建一个独特的数字"指纹"，然后使用该信息来跟踪钻石的旅程。该团队与数据分析专家合作，开发了专门的算法，能够处理大量的采购和测量数据，以生成可附加到区块链上记录的每颗钻石的识别签名。

团队还需要为平台参与者在供应链中上下游建立一种标准化的方式来输入相关数据（例如当钻石离开矿场或到达分销商时），以使平台成为单一事实来源。该团队与主要利益相关者合作，正在创建涵盖价值链的全面数据本体。

自Tracr推出以来，该平台已吸引了更广泛的生产商、制造商和零售商，以进行试验和合作以开发改进产品。初步结果表明Tracr的跟踪和身份验证功能具有重大前景。跨行业的合作已被证明有助于建立动力和支持。

如果这种势头持续下去，Tracr可能会成为一个行业平台，有潜力为该行业带来巨大价值。知道钻石是合法的对于消费者而言具有直接的情感价值，而行业广泛参与该平台所产生的网络效应可以改变欺诈检测，从而在钻石交易中赢得更大的信任并提高成本和收益表现。

除了这两个案例，人们还分析了影响关键领域的主要趋势和痛点，以了解与区块链相关的应用程序在哪些方面可以发挥最大的作用。通过这项工作，人们为每个选定的行业确定了三个最有希望的场景。

区块链技术仍然是新事物。可能采取的途径清单很广,而其中任何一项的运营和伙伴关系要求通常都很广泛。人们建议组织采用两种方法来解决这些复杂性。第一步是构想。企业需要花费时间来绘制整个行业价值链中的当前痛点。

作为该过程的一部分,它们应该确定技术和特定于区块链的功能可以创造有意义价值的方式,然后自问潜在的场景是什么样。为了从区块链中获得最大的回报,企业应针对主要痛点并优先考虑与战略相关性高、成本高且效率低的领域。

第二步是验证。掌握了一系列可能的场景后,组织需要评估区块链是否适用于此目的的正确技术,或者替代数据库解决方案是不是更好的选择。作为该练习的一部分,企业需要计算数字并考虑实现给定区块链场景所需的条件,以及这样做是否具有商业吸引力。一旦完成第一步和第二步,经过验证的区块链场景就可以开始孵化了。

公司需要记住,长远的眼光对于成功至关重要。尽管企业可以相对快速地创建原型,但要花一些时间来设置数据和治理标准,奠定技术基础并召集足够的参与者以产生真实和可扩展的价值。全面实现创建行业范围平台的雄心是一项多年的努力。成功还需要公司内部紧密合作。战略、计划和投资应与关键利益相关者(例如IT)一起进行协调。

外部协作也至关重要。对于真正的颠覆者场景,公司通常需要充当生态系统集成商,将价值链上或跨行业的不同参与者聚集在一起,以协调工作并调整利益。

最后组织需要聚集合适的人员和技能。实施区块链解决方案需要在架构设计,数据分析,加密和其他领域具有深厚的技术专长。深入的商业和行业专有技术对于确定具有重大获利潜力的场景并确定其优先级也很重要。通过任何区块链计划的规划和推出引导业务,还需要强大的领导才能来进行不可避免的权衡,传达价值并协调发展。

区块链创建信任和透明度,自动执行交易以及验证和记录项目的能力可能会随着企业的身份和产品来源的变化而变化,这可能预示着企业运营方式的巨大变化。

与以前的技术变革一样,早期行动者将在建立合作伙伴关系,定义标准和日益普及方面具有显著的优势—由于创建领先的行业平台的窗口有限，这些属性尤其重要。花费时间来探索高价值场景，预期支持可能的增长轨迹所需的资源以及利用颠覆现有企业的机会的企业将从区块链中获得最大的回报。

在各个行业中，公司一直在探索区块链的机会。许多面向消费者和工业的公司迟到了，因为在区块链1.0期间，大多数应用程序都面向加密货币或金融交易。但随着越来越多的区块链业务应用程序从概念阶段过渡到现实，它们的参与程度将会增加。

对于企业而言，潜在的场景涵盖了其运营的所有领域，其中一些已经成为现实：一家企业与一家技术公司建立了合作关系，后者使用区块链跟踪商品的来源及其在整个供应链中的进度。通过提供更高的透明度，该公司帮助客户了解其材料的质量、供应链流程以及原材料的来源。

一家领先的物联网设备制造商与一家区块链初创企业建立了合作伙伴关系，为各个IoT设备创建"数字护照"。目标是改进身份验证的昂贵且耗时的过程，该过程涉及从权威机构获取物理证书。

通过在区块链上注册设备，公司可以为其赋予唯一的数字身份，并且无法更改。该公司可以轻松地实时更新数字身份以反映任何更改，而这是使用物理证书无法执行的服务。

为了帮助区块链应用吸引工业公司的利益，利益相关者必须应对四个结构性挑战：阻碍参与者开展协作的惯性、缺乏标准、法律和监管框架不明确以及延迟问题，这些问题使得难以快速验证多个交易。例如比特币每秒被限制为七个交易，而以太坊每秒可以实现20个交易。信用卡公司等金融机构每秒可处理24 000～56 000笔交易。

三个核心信念

根据对工业部门的评论，笔者确定了关于参与者在区块链2.0期间创造和获取价值的能力的三个核心信念。

信念1：在特定的场景中，价值取决于不中断的记录保存

区块链的价值主张很明确：它是一个分布式的、不可篡改的数据库，可让同行进行交易而无需放弃对中介的控制权，也不用承担交易对手失信带来的风险。对于工业公司而言，这种"廉洁"的记录保存（IRK）可能是无价的。例如一家全球无线网络设备公司使用区块链为使用物联网的各种工业公司（包括公用事业、石油和天然气以及运输业的公司）提供网络安全。

IoT 设备拥有众多的节点，这些节点都可能成为黑客的潜在攻击目标。利用区块链技术，这家企业有能力为每个节点赋予独特的密码，以追踪安全风险，进而让它能够迅速发现异常行动或者黑客攻击。

信念 2：可扩展的场景将涉及高价值、低数量和协作机制

工业公司可以实施的潜在区块链应用程序列表很长。它们可以促进智能合约，为客户提供产品原产地的清晰记录，增强物流和供应链，改善产品质量或帮助满足法规要求。但并不是每个具有强大潜力的工业场景都能在 PoC 阶段之后生存下来。那些最有可能获得吸引力的企业具有三个特点。

1. 高价值：每个区块链应用程序必须为底线带来巨大价值。例如，如果信息泄露可能导致公司损失数百万美元，那么区块链应用可能会比传统共享数据库无限地受欢迎。同样值得探索的是通过提高效率来显著降低成本的区块链应用程序。例如，机械制造商可能具有涉及多个中介的供应链。可以降低运输过程中的成本和复杂性的区块链应用程序将带来巨大的价值。

2. 交易量低：区块链技术仍然具有有限的处理能力，这使得很难同时执行许多交易。在技术进步之前，工业公司应将其应用于涉及有限交易量的场景。例如，一家消费者设备制造商可以使用区块链为选定的最终消费者而不是整个客户群跟踪和管理一些 SKU。

3. 确保合作的市场机制：多个区块链场景（例如通过供应链跟踪货物的场景）将要求参与者共享数据并参与一个通用的区块链平台。最初，很少有公司愿意参与这种合作。在某些特定情况下，由于规模或位置的原因，公司具有市场支配力，它们更有可能让其他参与者参与并从区块链解决方案中获取价值。

通过专注于具有这些特征的场景，工业公司将优先考虑那些最有可能提供合适的投资回报率的场景。随着区块链技术的进步和应用程序开发成本的降低，它们可能会应用于其他场景。

信念 3：区块链 2.0 将在工业生态系统内的私有链、联盟链中起飞

与加密货币交易不同，工业业务应用程序将发生在限制受邀参与者访问的私有链上，而不是公链上。这些区块链中的一些将由中央管理员来确定哪些节点有权访问、编辑和验证数据。鉴于提供更高的机密性，这些私有的、经过许可的网络在技术上也是最可行的，因为随着添加更多节点，区块链速度会降低，延迟也会增加。

对于工业公司而言，第一个联盟链将专注于特定的"微垂直"（相关任务组），例如供应链管理。在此类微垂直结构内，参与者更有可能确定它们想通过区块链解决的常见问题，并认识到投资回报率。它们也更愿意分担实施成本，因为它们可以轻松地看到区块链的价值。

例如，如果工业公司的领导者以及为它们服务的供应商能够优化流程，降低成本并提高效率，那么它们都会从中受益。这些参与者将最愿意参加联盟链，以限制对敏感信息（例如定价数据）的访问，以选择组或个人。

BaaS供应商通常免费提供其平台，然后为部署的每个节点向客户收费。由于公司通常在早期实施期间部署很少的节点，因此这种定价策略可以为行业参与者提供帮助。由于工业公司的财务风险较低，即使它们不确定潜在的回报，它们也可能会诱使它们从事更多的区块链项目。

为什么区块链有利于竞争

在无休止的辩论中，你究竟何时真正需要在特定行业垂直范围内使用区块链？一般来说，支持区块链的人们都能迅速发现像比特币和以太坊等公链的不足。

鉴于其未经授权的特点，它们与当前的监督体系相悖，使得监督与管理变得困难。同时为了提高效率、增强灵活性及降低能源使用，我们采用了一种新的调整策略。如果没有这种调整策略，我们就无法实施跨部门的完整的交易结算过程。

一些人声称，联盟链能够为这场引人入胜的新科技变革带来所有好处，但并不会对公司的经营模式产生任何影响。问题的核心在于，联盟链只采用了区块链技术所带来的两个主要成本之一：验证成本。从本质上看，这种方式可以以较低的成本来确认特定交易的特征（比

> **知识窗**
>
> 区块链的两大核心成本构成：验证成本（verification cost），指节点验证交易有效性的资源消耗（如计算能力、存储空间）；共识成本（consensus cost），指在去中心化网络中达成全局一致的资源消耗（如 PoW 的能源消耗、PoS 的抵押机会成本）。

如涉及的人员、相关凭据等），并且无需支付额外的开销或进行大规模的审查，对社会具有极高的价值。

为了使市场蓬勃发展，买卖双方需要能够信任用来决定何时交易以及与谁进行交易的信息。诺贝尔经济学奖得主阿克洛夫的研究显示，当质量验证成本超过交易收益时，优质商品会逐渐退出市场，最终导致市场失灵。当交易者的信息差距过大，市场将崩溃，无利可图的交易也将消失。

利用区块链技术，我们能够减少核查的费用，这样不仅能提升市场的稳定性与效率，还能增加公众所愿参与的交易种类。将传统需要第三方机构承担的信任验证成本（如审计、公证、监管等）转化为算法保障的数学成本。德勤研究显示，区块链可使跨境支付结算成本降低 40%~80%，合同执行效率提升 60%。

效率革新、资源复用与数据垄断破局

区块链的"最后一公里"

从理论上讲，使用区块链可以使全球范围内用于结算和数字资产转移的许多系统更加高效。当然，要使验证成本实际下降，首先需要确保记录在区块链上的数据是准确的。虽然生成信息以数字方式更新（例如在比特币中）很容易，但当使用区块链跟踪脱机事件时，如何将信息上链仍是个难题。

对于创业公司和一般企业来说，这个"最后一公里"问题构成了巨大的创业机会，它们意识到区块链并不一定消除对中介的需求，而是改变了中介的性质，中介蜕变为对交易双方平等的服务提供者。

就像电商最后一公里配送问题在于如何把仓库里的商品准确送到

消费者手中，区块链房地产项目 Propy 需要解决的则是如何将数字化、去中心化的交易结果与传统法律体系、政府登记流程有效对接。买方、卖方、经纪人、律师、政府登记机构等多方参与，信息分散且验证缓慢。

为解决问题，Propy 项目将购房合同、产权证明、付款条件等转化为可执行的智能合约条款，各方通过私钥签署，实时上链存证。经纪人从赚取佣金转为提供增值服务（如房产评估、法律咨询等），其服务记录被链上评分系统透明化。律师的重点转向智能合约合规审查，而非重复性文件处理。

我国政府对区块链与加密货币的监管较为严格，因此，如何在确保技术创新的同时，满足监管要求、保护消费者权益和防范金融风险，也是项目必须重点关注的"最后一公里"问题。

公链复用

公链的一个重大缺陷是网络开销太大，或者说过分昂贵。所以，现有中心化的数字化平台（如电商平台或各国传统金融平台等）为了避免重资产投入，可以复用以太坊等现有公链的网络节点。

互联网巨头及国家机构近年来积极布局公链复用技术，规避重复建设公链的成本。但该模式的成功运营仍离不开核心激励机制的精密设计，需在节点协作、生态共建等关键环节建立合理的经济模型，否则可能导致权责分配失衡或参与者激励不足等潜在风险。

蚂蚁集团推出的区块链跨链协议 ODATS，提供了一个典型复用公链资源的场景。该平台通过与公有链节点运营商合作，允许企业通过 API 直接调用以太坊等公链的节点服务（如智能合约部署、交易验证），企业无需自建节点网络，按调用次数付费。

例如跨境电商清关场景，某国际物流公司通过 ODATS 调用以太坊节点，将货物溯源信息上链，利用公链的不可篡改性增强国际信任，成本仅为自建联盟链的 30%。再如跨境支付场景，中国香港某银行通过 ODATS 复用 Polygon 网络节点，实现东南亚小额汇款的实时结算，交易成本从传统 SWIFT 的每笔 20 美元降至 0.5 美元。

数据垄断

受网络效应和规模经济的驱动，当前人们生活中的数字化平台已经积累了强大的市场影响力。事实上，这些人一般都是该领域的"共享基础框架"。除了将数字生活的大部分内容暴露给少数玩家带来的隐私风险外，数据集中不仅对当今而且在未来都具有竞争意义。

比如若人们希望在一个竞争激烈的市场上运用人工智能，他们就必须打破数据的垄断，不是让只有少数的参与者才能有机会产出优秀的预测。

区块链如何促进竞争并降低门槛

为了确保更高程度的竞争，公链可用于创建数字市场，而无需将控制权（价格和数据访问权）分配给单个运营商。当企业家和开发商在这个领域谈论"审查制度阻力"时，重要的是要意识到审查制度只是市场力量的一种表达。

利用公链技术搭建的数字化平台，能够让个体与企业自由交易，避免把市场权力划归到中央的媒体机构手里，从而使得原本的集中型市场得到了提升，形成了更有竞争优势的市场。

这有助于减少初创公司的门槛，同时也能推出新的商品与服务。公链可以通过减少网络开销，对数字产权（包括基础数据的权益）进行更为详细的界定。虽然目前的电子平台允许操作人员查看全部的互动资讯，然而通过采取此类创新策略，用户与公司能够对数据隐私进行更优的监督。新的数据授权和金融化模式也有望实现。

毫无疑问，我们能够借助设立专业规范，以保证其兼容性并降低参与的难度，从而达成这一目的。主要的不同之处在于，通过使用本地代币，数字平台能够以一种全新的方式来奖赏人才、资金和资源（如计算、存储等）的贡献。伴随着互联网的健康成长，所有事情都能够自主完成，无需在规范的谈判过程中对每个参与者的贡献做出评估。

此外就如同行业规范，公链必须寻求更为稳健且高效的管理方法。为了使平台蓬勃发展，它需要能够随着新需求的出现而发展和适应。它还需要解决在参与者之间产生积极外部互动的技术方面投资不足的风险。

即便如此，公链也必须识别出个体或机构所面临的挑战。唯有满足了真实的用户需要，这些平台才可以从投入与操纵的状态转变为实质性的发展。由于联盟链正在企业的理解范围内处理更为复杂的问题，这暗示了人们需要用较少的代价来检验和调整交易特性。

现在有证据表明,只要我们能够充分发挥减少网络开销的潜力,就能构建一个更优秀的激励、管理和创新体系,进一步超过其他的选项,最终形成一个更有竞争力的市场。

价值互联网改变全球经济

在足够的技术支持下,区块链有可能变革每个组织。对于价值互联网,它是否应被视为一个全球性的账本或者数据库,让所有具备可交换价值的事物,无论是财富、艺术还是投票权,都能够被稳健且安全地处理、转让或者交易?

与互联网相比,区块链将以某种方式改变每一个组织的运作模式。其核心理念在于,在过去 40 年中,人们构建了"信息互联网",其本质是发布和传播信息的媒介。然而,财富管理方面的要素是金钱、股票、债券、IP、选举权、艺术品、音乐、忠诚度积分、身份等,这些关键价值载体的确权与流转,都需要底层基础设施的革新。

在很长的时间里,双花问题困扰着密码学专家们,所以资产转移过程由多个大型机构负责管理和处理,包括银行、政府、信用卡公司以及社交媒体公司。他们负责所有商业活动和交易逻辑的执行。从 2008 年金融危机的爆发可以看出,中介机构的问题已逐渐加剧,几乎彻底瓦解了全球资本结构。要解决这种可怕的金融风险,使用区块链技术不失为一种可行方案。

假设你担任着大型企业的首席执行官,你的第一步应该是准确把握区块链的含义。区块链和 AI、云计算、机器人、无人驾驶汽车、物联网等一样,是第四次工业革命中的一种元素。

区块链商业网络能够让所有的事物都融入网络经济体系中。无人驾驶汽车已自由驰骋,并能自动充电,其与大众共享的商业模式也即将成为现实。而这一切不仅都将记录在区块链上,而且其有关价值的业务逻辑都将由智能合约操控。你有必要积极参与这类商业网络的协议架构设计与场景验证,这将是你在即将到来的机器对机器(M2M)经济生态中构建核心竞争力的关键契机。

众多的主流金融机构正在采取相同的策略，其他各种领域也类似。作为企业里的领导者，你还需要了解情况。你可以建立联盟和合作伙伴关系。你应该启动对一些杰出的专业人士的培育。你无需在自己的机构内部进行操作，也可以与他人协同工作。在科技革新的趋势面前，通常你感觉自己并非理想的引路人，而更适合做一个迅捷的跟随者，避免因过于激进而遭受"不幸"。

然而我的想法有所不同——通过担任领导角色，你有机会更新游戏的规则。阿里巴巴、百度和腾讯（BAT）都是优秀的案例。他们最初遭受讥讽，但后来的股价却令人震惊。然而BAT由于占据了全球经济的优势地位，因此例如他们提供的BaaS解决方案相较于中小型公司来说，获胜的可能性更大。

从另一个角度来看，如果你积极地去做，你有机会转型你的公司，会变得更有反馈能力，并且有能力实现更优秀的创新。然而这并非代表你作为一家银行，就必须舍弃已有的交易体系，而是要在未做任何实际检查的前提下，选择接触那些尚待检验的全新平台，正如制造企业无法立即从供应链中解放出来一样。

然而无论何时何地，总会有一些个体或企业在调整市场秩序上起到引领的角色。所谓策略考量是指，你打算进入哪条赛道，如何取得胜利，如何进行差异化竞争，以及如何为客户创造价值？对于每个高管来说，这都是饶有趣味的时刻。

你可以拥有一家在区块链上有大量智能合约和自治代理的公司。这家公司将没有人照看，也不需要首席执行官、管理层或普通员工。

利用区块链科技实现的最令人惊叹的理论之一就是分散的自治机构（也被称为DAO或The DAO），一个智能合约驱动的分布式自治组织。区块链技术将金融交易与规定进行了编码，从而成功地减少了对中央集权的依赖。所以这个系统被称为"分布式"或"自主的"。

The DAO的目标是像风险投资基金一样，管理加密和去中心化项目，这样就可以避免集中权力的限制，降低成本，并在理论上为投资者提供更多的自我管理和参与机会。在2016年5月初，一些以太坊社群的成员公开了The DAO的出现。这个合约是在以太坊区块链中构建的一种智能合约。

Slock的开放源代码构建了一个编程框架。The DAO这个名字是由以太坊社区的成员赋予的。在初始阶段,所有的个体都有权利将以太币转账至一个特定的银行账户,用于兑换 1~100 的 DAO 货币。在建立过程中,它出乎意料地获得了成功,成功地筹集了当时大约 1.5 亿美元的以太币,使其成为历史上最大的众筹。

在根本层面,此平台允许所有拥有项目的人将自己的观点和计划推广给社群,同时也可能从 The DAO 处筹集到资金。所有持有 DAO 代币的个体都有权利对投资方案进行投票。如果项目盈利,就会得到回报。

第十章

区块链在政府治理与监管中的作用

如果一个人不需要服从任何人,只服从法律,那么,他就是自由的。

——哈耶克

本章导读:

1. 链上投票、政务数据透明化与 DAO 重塑公共治理。

2. 监管挑战与联盟链治理模式并存,代码化规则让权力回归数学共识,治理方式转型势在必行。

在这个数字化和去中心化的时代，区块链技术正悄然改变着我们对治理的理解与实践。从政府的透明治理到企业的协同合作，区块链不再仅仅是技术的创新，它已经成为变革传统管理模式的力量。而这一切的背后，隐藏着一个复杂且充满挑战的命题——区块链治理。

公链、私有链、联盟链，三种截然不同的区块链系统，分别对应着不同的治理需求和模式。然而，无论是完全去中心化的公链，还是多方合作的联盟链，区块链的治理都需要解决一个核心问题：如何在去中心化的框架下实现高效、公正、可持续的管理？

这一章里，我们将走进区块链与治理的交汇点，深入探讨它如何与政府、企业甚至社会治理相互交织。无论是推动社会透明、消除腐败，还是为企业合作提供全新的信任机制，区块链无疑正在为全球治理带来变革性的变化。而这场变革的主角，正是那一串串不可篡改的区块与链条——它们将如何重塑我们所熟知的治理规则？

区块链治理

人类倾向于相互吸引，并建立部落、村庄、城镇、城市和国家。随之而来的是人际交往的社会规范。这些规范具有不同的形成方式。治理是基于现实世界还是数字世界都没有关系，两者都有共同的基本原理。这些原则是规则、标尺和参加者。治理可以由政府、市场、网络或社会体系（家庭、部落、开发团队等）进行。

为了使治理流程有效地运行，上述三个原则需要相互配合。例如规则应与总体参与者的目标保持一致，统治者应在此治理结构内进行鼓励或禁止，做到赏罚分明。现在我们对治理有了基本而简单的理解，让我们看看这在标准世界和区块链世界中是如何发生的。

治理流程适用于地方政府、公司、非营利组织、非政府组织、合伙企业、业务关系、项目团队以及任何其他有目的活动的人。为了简单起见，我们将通过大多数区块链系统演变而来的标准作为治理标准。

区块链治理

所有组织和软件开发项目都需要一种方法，就路线图达成一致并最终确定每个决定。大多数组织是权力集中的，有一个领导团队。人们已经开发了几种管理分布式区块链的策略。有效的区块链治理包括激励措施和协调方法。在深入探讨治理在区块链上如何工作的细节之前，重要的是要清楚地定义什么是区块链治理。

每个区块链都是一个不断发展的系统，需要对其进行更改以满足其用户的需求。如果区块链无用，那么它将无法存续，它需要能够发展和适应需求变化。为了发展，区块链需要做出改变，且需要一种明确的决策机制来形成最终的改变方案。组织通常拥有领导团队或首席执行官，这是其组织的最终权力。

但区块链的本质是去中心化的，不受任何个人或团体的控制。这意味着区块链需要另一种方式来做出有关区块链路线图的决策。因此区块链治理要想有效，就必须包括激励和成员协调的方法。没有激励措施，成员将不会参与治理，随着时间的流逝，区块链将越来越不符合用户需求。没有成员协调的方法，区块链网络就未来的变化达成协议是不可能的。

区块链治理策略

按直接参与决策成员由少到多，对区块链治理策略进行排序可得："仁慈的独裁者"、核心开发团队、开放治理和链上治理。

加密货币的原始创建者或主要开发者对所有决定拥有最终决定

权。最简单的区块链治理策略被昵称为"仁慈的独裁者"。在此策略中，区块链的创建者是有关区块链的所有决策的最终授权人。这种类型的领导力的一个例子是脸书，马克·扎克伯格（Mark Zuckerberg）在脸书平台的未来路线图上拥有最终决定权。

由最活跃的开发人员组成的团队决定应包含或不应包含哪些功能。区块链路线图的控制权在核心开发团队手中。此策略通常用于开放源代码的编程项目中，在该项目中用户可以提供或请求功能，但开发人员对正式版本中将包含或不包含的内容拥有最终决定权。

制定区块链治理决策的团队由区块链的用户共同选择。一些区块链使用开放治理方法来处理区块链的治理。在此系统中，由系统的用户选择为系统做出最终技术决策的团队。

区块链核心协议规则写在底层代码中，而应用层规则存储在智能合约中。尽管链下治理仍是主导，但链上治理是特定于区块链的治理策略。在链上治理中，描述区块链应如何操作的规则存储在区块链账本上。这些法规通常在区块链上作为智能合约实施，具有内置方法，供用户根据自己的需求和区块链的需求修改规则（表10-1）。

表10-1 区块链治理模式对比

对比维度	仁慈的独裁者	核心开发团队	开放治理	链上治理
决策权归属	创始人/核心开发者（如Vitalik）	核心开发者团队（如Linux内核）	社区选举委员会（如Hyperledger）	链上智能合约（如Tezos）
典型代表	以太坊（早期）	比特币核心开发组	Hyperledger TSC	Tezos、DAOstack
适用场景	初创期/技术导向型项目	成熟开源项目	企业联盟/跨机构协作	去中心化自治组织（DAO）
优点	-决策高效 -方向统一	-专业性强 -代码质量可控	-多方制衡 -生态包容性	-规则透明 -自动化执行
缺点	-依赖个人判断 -中心化风险	-社区参与低 -创新受限	-决策缓慢 -利益博弈	-代码漏洞风险 -灵活性低
技术依赖	低（依赖个人权威）	中（代码审查机制）	高（多方签名/投票系统）	极高（智能合约安全审计）

（续表）

对比维度	仁慈的独裁者	核心开发团队	开放治理	链上治理
用户参与度	低	中（开发者主导）	高（社区提案+投票）	极高（持币者链上投票）
透明度	中（决策过程不公开）	中（代码公开但讨论封闭）	高（会议记录公开）	极高（链上记录不可篡改）

区块链治理归结于用户。区块链的重大变化需要硬分叉。硬分叉是对区块链协议的更改，使其与旧客户端不兼容。为了使硬分叉成功，用户需要同意遵循它。用户可以拒绝遵循硬分叉，创建分裂的区块链。

区块链治理案例

The DAO 攻击

用户才是真正决定区块链中将包含或不包含哪些内容的人。拥有大量潜在选项，用户可以放弃进行他们不同意的更改的区块链。区块链的任何重大变化都需要硬分叉。这意味着区块链协议具有不向后兼容的特性，因此未进行切换的区块链客户端将无法在主区块链上运行。为了使硬分叉成功，区块链的用户需要做出决定来更新其客户端以纳入新的变化。

如果不是所有用户都决定在硬分叉之后进行切换，那么可以创建一个不同的区块链。由于区块链是分布式网络，因此实施硬分叉的决定不会导致区块链的旧版本无法正常工作。不选择跟随分叉的用户可以决定维护旧的区块链，将区块链网络分散化。

遭遇黑客

这种碎片化的一个著名例子是以太坊网络上的 DAO 黑客。DAO 是一个以太坊智能合约，在以太坊网络上完成了创纪录的众筹活动，所有这些价值都存储在 DAO 智能合约中。

智能合约代码中的缺陷使攻击者可以在他们的控制下创建智能合约的另一个版本，并从 DAO 合约的部分资金中吸取资金，当时价值约 7 200 万美元。经过大量辩论后，以太坊网络决定实施一次硬分叉，以允许 DAO 的投资者收回被盗的以太币。

这是一个非常有争议的决定，因为区块链中的历史分类账应该是不变的，并且所有交易都是最终的。智能合约应该是他们自己的最终授权，因此可以使用智能合约执行的任何操作（包括利用编程缺陷来从中汲取价值）都被认为是公平的游戏。

以太坊网络决定撤销 DAO 黑客，这违反了区块链的不变性和智能合约的自律原则。一些以太坊网络拒绝遵循 DAO 硬分叉，导致 DAO 黑客成功地分裂了区块链。这就创建了以太坊经典加密货币，直到 DAO 黑客为止，它与以太坊有着相同的历史，但在那之后是完全独立的。尽管"官方"决定撤销 DAO 黑客，但用户还是决定是否遵循该决定。

以太坊的治理

人们已经讨论了有关以太坊区块链的决策，但尚未讨论谁做出了这些决策。以太坊使用区块链治理的"仁慈的独裁者"模式。在以太坊欢迎用户输入和开发团队的意见的同时 Vitalik Buterin 拥有以太坊路线决策的最终决定权。

超级账本框架中的治理

另一方面，超级账本框架使用开放治理模型来做出有关超级账本环境的技术决策。超级账本技术指导委员会（TSC）是超级账本中技术决策的最终权威。每年，从超级账本环境的积极贡献者和维护者中选出超级账本技术指导委员会。贡献者和维护者可以将自己提交为这 11 个空位的潜在候选人，并且该空位是基于同一组贡献者和维护者的投票而填补的。此模型旨在使在超级账本开发社区中发挥积极作用的人员可以对该社区的管理方式发表意见。

科尔达（Corda）的治理

Corda 还使用开放治理模型来做出有关区块链未来的技术决策。将选择 Corda 网络管理机构来代表 Corda 网络中所有用户的利益。单个监管者所面临的挑战将是确保其监管鼓励这一领域的创新，而不是过度监管的环境扼杀创造力和创新。

ConstitutionDAO（"宪法 DAO"）

2021 年 11 月"宪法 DAO"项目成立，其目的是众筹购买 1787 年美国宪法的一份原件。令人没想到的是,两名倡议人在社交平台发布想法并确定开始后,在短短六天之内"宪法 DAO"项目发行了 People 代币,并从 17 000 多名捐献者中筹集了当时价值 4 700 万美元的以太币(ETH)。

"宪法 DAO"利用 Snapshot 投票平台进行链下投票,尽管减少了投票的手续费,但是投票过程缺乏区块链固有的不可篡改性和透明性。"宪法 DAO"利用了 Gnosis Safe 多签名钱包,只有多个社区成员签名后,才可能转出资金,避免了单人对自己的控制,但也可能导致决策效率低下。

但是由于事先透露了筹集的总金额,为竞拍者提供了优势,在苏富比拍卖行的竞拍中,"宪法 DAO"项目方没有成功购得宪法原件。按照预先约定,项目方打算归还筹集的资金,但是高昂的以太坊手续费让很多捐款人放弃了要回资金,选择保留了 People 代币。

可以看到,问题在于 DAO 这种去中心化组织在传统法律框架内很难被看作合法的实体,捐款者也不能依法维权。所以人们还需要在传统法律框架中为 DAO 提供一个合法的框架。

区块链赋能公共治理

近年来我国大力推进数字政府建设,"互联网+政务服务"取得了突破性进展,线上线下一体化政务服务体系扎实推进,群众的获得感、幸福感和安全感得到显著提升。通过"数字政府"建设,政府部门积累了越来越多与经济、民生等息息相关的数据。

这些数据作为数字政府的基础性支撑,已成为国家战略资源。政务数据与互联网上数据具备的低价值密度特征不同,它具有高价值密度的特点。因此确保政务数据及其采集、使用、流转和共享的安全是数字政府建设无法绕开的门槛。

当前政务数据仍缺乏对数据资源确权、开放、流通和交易的有效技术保障,同时,跨地区、跨部门、跨层级、跨业务的协同共享也亟待加强。如何更加有效地确保数据所有权的确定性、数据处理的可信性和可控性以及数据本身的安全性和完整性,是"数字政府"构建数据信任体系必须解决的问题。

互联网在构建之初并没有考虑设计确保数据可信的体系架构，数据产生和流动时无法基于自身体系进行验真和溯源，导致在体系架构层面无法解决价值交换和信任传递的需求。当前互联网的数据信任体系主要依赖于第三方平台信用背书，而这些信用平台的建立运维和安全架构耗费巨大，且存在对单节点（平台）的信任依赖瓶颈。

相对于采用第三方平台信用背书的解决方案，对于海量政务数据来说，更优的解决之道是从架构级层面通过算法和技术来构建互联网信任机制。不仅是金融机构，政府机构也可以使用区块链技术来保护受信任的记录并简化与公民的互动。

深圳民生案例："粤省事"区块链数字身份系统

"粤省事"是广东省政府推出的移动政务服务平台。2023年"粤省事"实现基于区块链的基础存证功能，该平台探索分布式数字身份认证模式，创新认证、存证、公证一体化可信数字身份应用。

"粤省事"区块链数字身份系统基于 Hyperledger Fabric 与 SM2 国密算法构建。

Hyperledger Fabric 是一个模块化的企业级区块链框架，适合于私有链和联盟链，提供高效、可扩展的账本与智能合约功能。其高效的共识机制和权限管理特性使其能够满足政府和金融等机构对数据隐私性和处理速度的需求。SM2 国密算法是中国自主研发的国家密码算法，确保数据在传输和存储过程中受到更高标准的保护，满足国家对数据安全性的严格要求。

通过该系统，农民工的就医报销时间从传统的 45 天大幅缩短至 8 小时。这一变革不仅提高了办事效率，减轻了民众的负担，还推动了社会的整体信任与协作。便捷性提升体现在农民工能够更快速地完成报销流程，避免了长期等待。而促进公平体现在通过数字身份，确保了各类群体都能公平地享受相关服务，尤其是低收入群体。

尽管系统带来了显著的社会效益，但也面临一定的伦理困境。2023年60岁以上用户仅占 12%。这一群体由于缺乏数字技能或设备，难以全面接入该系统，从而无法享受到由数字化带来的便捷。政府或相关机构需要采取措施，帮助老年人跨越数字鸿沟，提供必要的培训和支持，使其能够融入数字化社会中。

该案例展示了数字身份系统在提升社会服务效率、增强社会公平性方面的潜力，同时也提醒我们在技术推进过程中，如何兼顾各类群体的利益，避免因技术造成的社会不平等。

便利、智能地记录管理

政府的职责是维护有关个人、组织、资产、活动的可信信息。地方、地区和国家机构负责维护记录，包括例如出生和死亡日期或有关婚姻状况、营业执照、财产转让或犯罪活动的信息。

即使对于发达国家的政府而言，管理和使用这些数据也可能很复杂。有些记录仅以纸质形式存在，并且如果需要在官方档案中进行更改，则公民通常必须亲自到政府部门办理。各个机构往往会建立自己的数据和信息管理孤岛，从而使政府其他部门无法使用它们。而且当然政府必须保护这些数据，防止未经授权的读取或篡改，且严防错误的发生。

区块链技术可以简化对受信任信息的管理，使政府机构可以更轻松地读取重要的公共数据，同时保持信息的安全。在这里，智能合约被称为"共享治理协议"。

迄今为止，银行、支付服务供应商和保险公司对区块链表现出最高的兴趣和投资水平。但笔者认为，政府机构从试验这项技术并通过试点项目战略性地部署该技术中可以获得同样多的收益。

随着时间的推移，区块链可以帮助机构将现有记录数字化在安全的基础架构中对其进行管理，使这些记录"智能"化。政府机构中的IT部门可能能够创建允许数据共享的规则和算法。一旦满足预定义条件，区块链中的数据将自动与第三方共享。从长远来看，该技术甚至可以使个人和组织直接控制政府保留的有关他们的所有信息。

反过来，这种透明度可以使代理机构更轻松地实现创建网络公共服务的目标，在区块链中寻找优势。政府机构今天可以使用许多区块链工具和技术，以保护关键数据并改善与财产所有权和公司合并相关记录的管理。从长远来看，随着区块链的成熟，政府也可能会使用它来提供在线公共服务。

管理数据和数字资产

使用公共服务的任何人都应该担心，尽管机构竭尽全力保护其系统，但犯罪分子仍可能会访问政府数据库并窃取或操纵记录。例如在 2015 年，黑客获得了美国大约 2 000 万人的个人详细信息、社会安全号、指纹、工作经历和财务信息，这些个人已经接受了美国政府的背景调查。加密方法永远不可能百分百安全，但区块链技术会使类似的违规行为更加难以实现。

以爱沙尼亚为例，该国正在推出一项称为"无钥签名基础架构"（KSI）的技术，以保护所有公共部门数据。KSI 创建哈希值，该哈希值将大量数据唯一地表示为较小的数值。散列值可用于标识记录，但不能用于重建文件本身中的信息。哈希值存储在区块链中，并分布在政府计算机的专用网络中。

每当基础文件发生更改时，都会将新的哈希值添加到链中，并且此信息将无法再更改。每条记录的历史记录都是完全透明的，并且可以检测到并防止系统内部或外部未经授权的篡改。

KSI 允许政府官员监视各种数据库中的更改，谁更改了记录，实施了哪些更改以及何时进行更改。所有爱沙尼亚公民的电子健康记录都使用 KSI 技术进行管理，该国正计划将 KSI 提供给该国所有政府机构和私营部门公司。

数字财产所有权

拥有和转让资产（无论是实物资产还是金融工具）的过程通常涉及多种交互作用和冗长的书面记录。政府机构可以通过数字化资产所有权信息并将其存储在区块链数据库中来有意义地减少开支。

瑞典政府

看一下瑞典政府对区块链技术的创造性应用。目前该国所有财产的累计价值超过 11 万亿瑞典克朗，约为瑞典 GDP 的三倍。然而财产的登记和转让仍然是繁重的工作。

该国土地登记局 Lantmäteriet 正在探索数字化流程的方法。它正在为移动应用程序制作原型，该应用程序将为买卖双方及其房地产经纪人和银行提供交易空间。区块链将记录有关待售物业以及销售交易中每个步骤的详细信息。

交易各方之间的交流将更加透明。纸质文档（通常长达数百页）将变得多余。实施后，该应用程序有望将完成销售所需的时间从 3~6 个月减少到几天，有时甚至是几个小时。交易各方之间的交流将更加透明。

美国佐治亚州

美国佐治亚州表示将测试类似的技术，使公民和公司可以使用智能手机应用程序在短时间内以有限的成本获取和转让产权。当前的财产转移过程是手动的；申请人最多可以在公共登记处排队等候一天，并支付 50~200 美元以完成交易。

根据人们对经济合作与发展组织所有国家、地区房地产交易的分析，购买者每年至少要支付 35 亿美元的管理费来注册购买交易。数字处理可以大大降低政府的这项服务成本；反过来，代理机构可以将储蓄转移给公民。

使用区块链跟踪财产所有权的另一个好处是，内部人员也可以受到控制；未经授权的政府雇员要操纵信息将变得更加困难。在世界上法治薄弱和滥用权力高的地区，这可能会导致更安全的财产权。

区块链股票注册制

美国特拉华州处于基于区块链记录和智能合约而非纸质交易所创建公司注册服务的早期阶段。当然，成立公司的过程包括提交适当的文件、建立独立的法人实体、举行组织会议、发行股票、通过章程等。数字化的公司注册方式将使越来越多的具有复杂股权结构的私人公司受益，

在这些公司中，不同的股东具有不同的权利和义务。与特定业务投资相关的规则可以表述为嵌入在区块链中的智能合约。然后该区块链可用于自动化投票程序或确保遵守有关投资者何时以及如何出售其股票的规则。

建立网络公共服务

由于政府能收集到很多数据，政府通常对个人和组织了解很多。

但由于此信息存在于机构和部门的孤岛中,因此常常没有得到最大程度地利用。提供社会服务的代理商,通常很少或几乎没有直接访问有关客户可能与其他公共机构进行的互动的信息。

收集此类信息可能是一项艰苦的工作,需要大量时间和精力。例如在一个斯堪的纳维亚国家,负责为定罪的罪犯制订康复计划的公务员花费了超过一半的工作日来尝试从不同的政府机构获取有关这些人的信息。

信息孤岛和权限

从技术角度来看,没有充分的理由将数据保存在孤岛中。通过一些努力,许多政府可以创建中央存储库和管理系统,在各个机构之间共享信息。但安全性是一个关键的症结所在——与私营部门的安全性一样,公共机构在任何情况下都不能不分青红皂白地访问敏感数据。

人们所需要的是一种环境,在该环境中可以轻松地在系统之间共享数据,但在该环境中,个人和组织可以收回其数据的所有权并控制个人信息的流向——谁看到,看到什么,何时看到。

新兴的区块链技术可能支持这种情况。每个人或组织都会将与他们有关的所有数据(例如基本个人信息或以前与政府机构互动的记录)存储在加密的区块链数据库内的专用账户。个人或公司可以通过互联网访问这些分类账。

然后最终用户可以授权政府机构使用公钥和私钥来读取或更改其单个分类账的特定元素。他们可以使用公钥有选择地与代理商共享与特定服务交易有关的信息。或者,他们可以向机构发布私钥,以便对其数据进行一次"写入"访问。

智能合约

在某些情况下,如果满足预定义的条件,智能合约可以将某些信息暴露给指定的代理机构。例如如果失业救济金的接收者被监禁,则可以将该信息发送给劳工机构,以便在判决期间停止付款。代理机构将能够使用特定的信息来达到目的,但不会无限制地访问所有最终用户的数据。

区块链的使用将减少未经授权访问(通过强大的加密)和数据操纵(通过防篡改审计跟踪)的风险。实际上,公共服务可以真正地联网,而不会过度侵犯隐私权。个人和公司将不再需要花费大量时间填写已经提供给政府的信息。代理商可以量身定制服务来满足个人需求,而不是采用一种千篇一律的方法。

了解和应对风险与挑战

想要采用区块链解决方案的政府 IT 部门必须应对一个快速发展的行业。仅在过去的两年中,风险投资基金已向区块链初创企业投资了超过 12 亿美元。这些创业公司中,约有 50 家的收入都超过了 100 万美元。

如此快速的增长为政府中的 IT 决策者提出了挑战。首先,对于区块链技术或运行它们的网络,没有广泛接受的标准。因此与其他所有人一样,政府 IT 组织可能很难评估可用解决方案的质量,无法确定如何最好地将其集成到现有 IT 环境中。

其次,由于许多区块链供应商都是小型初创企业,因此,IT 和采购部门可能难以确定具有持久力的合作伙伴,也就是说那些可以提供尖端产品但又足够稳定以进行项目实施的公司。

同时,隐私风险将需要不断关注。即使政府可以部署跨公共网络共享数据的区块链(如前面所述的"网络服务"场景),它们仍需要确保当前和将来的加密方法足够强大,以确保用户隐私。政府机构的领导人将需要了解区块链的法律和法规含义,其中包括智能合约在何种程度上具有约束力?可以将区块链审计线索用作法庭证据吗?在某些领域是否应强制使用区块链?

政府如何在应对这些风险和挑战的同时利用区块链生态系统创新的快速步伐?一种方法是采用孵化器方法来进行更改。也就是说,它们可以建立一个小型团队,对区块链试点的机会进行扫描并确定其优先级,然后选择合适的合作伙伴实施。该小组可以放在政府的中央数字化办公室内,也可以放在从区块链部署中受益最大的私人机构内。

监管的挑战和应对

目前,世界各国为了平衡区块链领域的创新和风险,在积极推进区块链相关的立法。区块链技术发展异常迅速，投资者将大量资金投入区块链公司，2024 年达到 900 亿美元，但监管框架仍然相对滞后，监管机构必须应对以下挑战。

安全审查

比特币自身的机制能够保障其交易的超高安全性，至今没有发生一起因比特币链设计问题而导致的安全事故。但智能合约、DAO、私钥、链上隐私和链上确权等技术被广泛使用之后，监管复杂性陡然剧增。

智能合约需要监管提前审计代码，而传统金融往往依赖事后审计。2022 年 Axie Infinity 因智能合约漏洞损失 2.6 亿美元。2024 年发生了三次智能合约漏洞攻击事件，分别导致 4 470 万美元、5 300 万美元和 900 万美元的损失。

2023 年 Ledger 钱包库漏洞引起了用户恐慌，原因是私钥可能泄露，而私钥的泄露意味着财产的丢失。Tornado Cash 等混币器和门罗币等隐私币，其自身设计强调反追溯性，因此增加了监管的难度。为了打击犯罪，美国财政部制裁了 Tornado Cash，导致了技术伦理争议。

英国金融行为监管局（FCA）制定了"监管沙盒"政策，包含针对智能合约的条款。金融行动特别工作组（FATF）发布了针对加密货币交易所等加密服务商的政策，涉及洗钱和其他犯罪活动的管理条例。

税收合规

区块链技术针对实物资产产权和知识产权提供了一种全新的自动化管理方法，人们可以使用 RWA 和 NFT 等，方便且安全地创建和交易产权。各国政府需要明确相关法律法规。比特币和以太坊等无许可公链的原生币，以及代币的 ICO、STO 或 RWA，对于政府产权管理和税收管理来说非常特殊。

美国国税局（IRS）官方网站上，列出了应纳税数字资产的内容：可兑换虚拟货币和加密货币、稳定币和非同质化代币（NFT）。这里的虚拟货币包括各国央行数字货币，不一定具有去中心化特征。IRS 官网明确规定，任何出售加密货币、收到加密货币付款或进行其他数字资产交易的人都需要在其纳税申报单上准确报告。

市场深度

区块链技术正通过提高数据透明度、实现实时清算、创新证券注册模式以及发展去中心化交易平台，间接促进市场深度（Market Depth）的提升。

即使你已经参与股票投资许多年了，也许"市场深度"对你依然是一个陌生的概念——毕竟这是一个普通散户无须考虑太多的问题，但是伴随你资金量上涨，这又是一个你无法回避的问题了。市场深度是指在不显著影响价格的情况下，市场可以吸收多少买卖订单。市场深度是金融市场稳定、公平且高效运作的基石。

RWA 中，黄金和国债等高流动性资产的代币化深度可能优于房地产等低流动性资产。MakerDAO 和 Centrifuge 等主流平台的用户基数和交易量直接影响深度。瑞士和新加坡等监管清晰的地区更易吸引机构资金，提升市场深度。支持多链交易的 RWA 项目可能聚合更多流动性。

市场深度的存在，对于大资金的短线交易，意味着一场噩梦。很简单但是很残酷的事实：即使你有一个成功率极高的基于技术分析的模型，告诉你应该在 10 元买入某股票并且在 10.2 元卖出赚到其中 2% 的差价。

但是对于资金百万千万元以上的资金而言，如果不假思索照本宣科却可能意味着利润大大缩减乃至亏损——你的买单之庞大，也许为了成交这些买单就会把其股价从 10 元推高至 10.25 元。

而你的平均成交价也许是 10.15 元，伴随 10.25 元已经达到你的目标价，你若再发出卖出指令，那么可能庞大的卖单又会把股价推低回 10.10 元，而你的成交均价可能是 10.12 元，从走势图上来看绝对应该赚到 2% 的交易却最终以亏损告终，究其原因就在于市场深度不够，不足以承受你的资金量对于短线交易的需求。

区块链证券登记

当前区块链证券登记是一个非常专业的**利基市场**。增加市场深度将需要激励市场以吸引更多的市场参与者并增加交易频率。区块链证券登记通过区块链记录资产所有权及交易信息，也是 RWA 实现代币化的技术基石，确保 RWA 的合规性和透明性。

> 📖 **知识窗**
>
> 利基市场（niche market）：一个高度细分、需求独特且未被主流市场充分满足的小众市场。就像海边赶海时发现的一枚稀有贝壳——大部队挤在热闹的沙滩上捡普通螺贝（红海市场），而你瞄准角落里独特的小众需求。

中国香港金融管理局与中国财政部、世界银行下属机构、亚洲基础设施投资银行（AIIB）等共同发行了代币化债券，在债券工具中央结算系统（CMU）中，用于多币种债券的发行、登记及结算（表10-2）。到2024年，CMU发行了78亿港元等值的多币种代币化债券。这表明，区块链证券登记的突破需依托成熟金融中心的重度资源投入与监管创新。

表10-2　香港特区政府代币化绿色债券发行情况

发行时间	发行规模	债券类型	特点
2023年2月	8亿港元	代币化绿色债券	- 全球首批由政府发行的代币化绿色债券 - 通过CMU结算及交收，采用T+1货银两讫（DvP）方式结算 - 债券流程包括息票派付、二级市场交易交收及到期日赎回等均以数字化形式在私有区块链网络上进行
2024年2月	总值约60亿港元，以港元、人民币、美元及欧元计价的多币种数码绿色债券	数码绿色债券	- 全球首批多币种数码债券 - 采用CMU系统进行结算及交收 - 精简发行程序，采用机器可读语言，并引入了链上取阅绿色债券相关资料功能 - 吸引了广泛类别的环球机构投资者认购
2024年10月	未明确具体金额，但提到CMU已为三笔数字化债券发行了合共约78亿港元等值的数字化债券	数字化债券	- CMU参与了这些债券的发行和结算 - 债券以多种货币发行，包括港元、人民币、美元和欧元

区块链证券登记可以加快结算周期,增强市场透明度,降低交易成本,促进机构投资者参与,最终提升股票市场的市场深度(图10-1)。但实际应用中,区块链证券登记必须突破制度套利、技术标准和机构惯性三重壁垒。预计到2030年可实现全球证券登记市场15%~20%的深度改善。

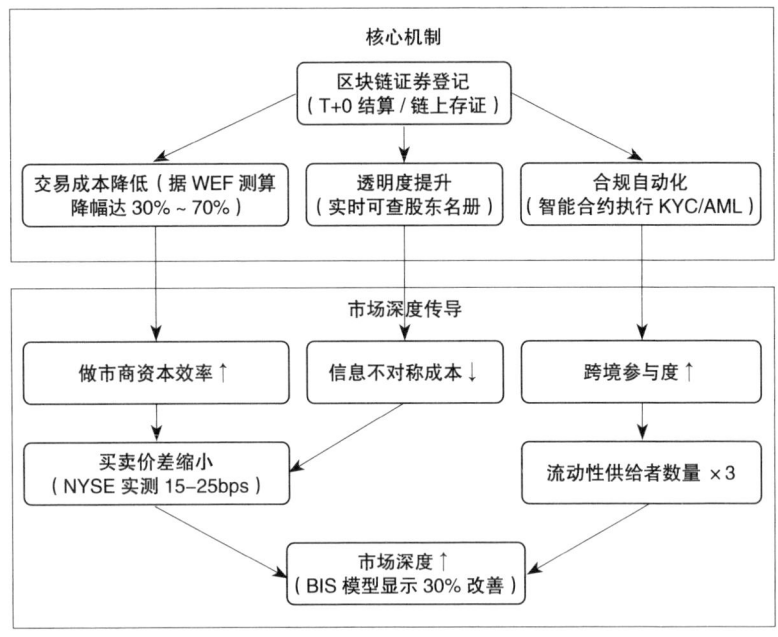

图 10-1 区块链证券登记制度对市场深度影响

监管挑战对治理的影响

上述监管挑战并非无法克服。新兴的区块链驱动的经济需要重新评估已建立的治理概念。区块链经济的价值和实用性将取决于有效治理架构的引入和实施,最终将取决于对现象的深入理解。

不同国家在这里采用了不同的方法,这使问题更加复杂,而不是谋求统一的标准方法。尽管区块链存在一定程度的炒作,但它们正在迅速改变世界经济的运作方式。区块链将有史以来第一次使全世界的人们都可以在无需信任、无中介的情况下在对等基础上安全地进行交易。

基于非中介的个性化市场和新的商业模式来创建新的区块链经济，这将对立法者、政策制定者、监管者构成挑战。这将需要监管机构在全球范围内协调一致地做出努力。各个国家采用特殊的法规方法只会意味着企业会到最友好的法规的国家去，避免去严格管制的国家。

区块链公共治理的技术实现

区块链政府治理场景的挑战包括数据互通、隐私合规和审计需求。公安、税务、社保等部门的链间数据交换目前并未畅通，存在"数据孤岛"现象。区块链政府治理平台需要满足《中华人民共和国个人信息保护法》要求，也需要操作留痕且可追溯（图 10-2）。

区块链政府治理平台从上至下由服务层、数据层、跨域治理层、可信执行层和基础设施层构成。

服务层

服务层核心功能包含政务业务数字化服务和跨部门协同审批。

技术实现由数字身份认证、电子证照共享和政务审批流程完成。其中，数字身份认证包含 FIDO2 生物识别集成和 OAuth 2.0 协议对接政务 App。电子证照共享包含区块链存证（Hyperledger Indy）和可验证凭证。政务审批流程包含智能合约审批规则引擎（Camunda BPM 集成）和多签审批日志（Threshold BLS 签名存证）。

数据层

数据层核心功能包括分布式身份管理和细粒度数据权限控制。技术上，该层通过 DID 系统和属性基加密（ABE）实现。DID 系统包含 W3C 标准 Decentralized Identifier 和 DID 文档链上存储（IPLD 哈希寻址）。而属性基加密（ABE）包含 CP-ABE 策略引擎（基于 PyABE 库）和动态属性撤销机制（Bloom 过滤器黑名单）。

跨域治理层

跨域治理层核心功能包含多部门链间数据互通和跨区域治理规则执行。技术上，该层通过平行链架构和定制桥接协议和数据层实现。平行链架构利用 Polkadot Substrate 框架构建政务专属平行链。

可信执行层

可信执行层核心功能包含隐私数据安全计算和敏感操作隔离验证。技术上,该层通过硬件安全环境、远程认证机制和内存加密引擎实现。硬件安全环境利用 Intel SGX Enclave 硬件加密区。而远程认证机制则基于 ECDSA 的 IAS 远程证明服务。内存加密引擎意味着 TEE 内存隔离(TrustZone 技术)。

政务应用层	政务服务门户		移动政务APP
服务层	数字身份认证	电子证照共享	智能审批流引擎
数据层	DID身份锚点	属性加密控制	数据权限策略库
跨域治理层	平行链网络	跨链桥接器	治理规则智能合约
可信执行层	安全飞地集群	远程认证服务	加密内存处理单元
基础设施层	政务云平台	国产化服务器	密码机/时间戳服务

图 10-2 区块链政务治理技术架构

关键技术实现

智能监管系统

智能监管系统的实现特性包含基于 Hyperledger Fabric 的 **CA 准入机制**、关键操作门限签名(3/5 多签审批)、审计日志使用 Merkle Patricia Tree 存储和数据授权记录上链(符合 ISO/IEC 38505 标准)。

数据流转示例

公民提交电子证照→TEE 环境加密处理→跨链协议同步至人社局平行链→ABE 解密并验证 DID 身份→触发社保自动审批合约→结果回传至可信层审计存证。

关键技术指标

- TEE 计算延迟:< 200 ms(SGX v2 标准)

> **知识窗**
>
> **CA 准入机制**：是区块链网络中由可信机构（证书颁发机构）审核并授权用户或节点加入的权限管理规则，确保参与者身份可信，常用于联盟链实现安全可控的成员准入。
>
> **TEE**：可信执行环境是设备内的独立安全区域，像保险箱一样隔离运行敏感程序，确保数据不被篡改或泄露，常用于保护加密交易和隐私计算。

- 跨链吞吐量：$\geq$ 800 TPS（Polkadot 平行链实测）
- DID 签发速度：500+ 次/s（Indy 节点集群）
- ABE 解密耗时：$\leq$ 50 ms（128 位安全强度）

联盟链治理

对企业而言，联盟链治理将变得和公链治理同等重要甚至更为重要，因为它们将每天面对联盟链治理。业内人士越来越意识到，联盟链治理需要解决与公链截然不同的问题。联盟链治理涉及权限管理、数据隐私、共识机制和参与方的权益分配。

2023 年《区块链运行服务治理实施指南》由北京金融科技产业联盟发布，2024 年《区块链技术标准化白皮书》和《区块链技术标准体系》由中国通信工业协会发布。这些文件可作为企业间联盟链建设的实施治理参考方案。

联盟链（区块链联盟）被定义为一种由多个组织共同维护的网络类型。一组公司合作以促进行业中采用区块链技术，建立行业标准，起草用例，开发关键基础设施以及运营商业区块链平台。

联盟链实际上是公链和私有链之间的混合解决方案，即完全开放、去中心化系统和完全集中控制系统之间的混合解决方案，从而兼顾了两者的优点。多个组织参加一个联盟，每个组织都得到类似的待遇，没有某单一组织实施统治。

联盟链的类型

关于联盟链的类型,基本上我们目前可以划分为三种类型:技术型、业务型和双重型。

第一类联盟链以技术为中心。它们提供基于技术标准的可重用区块链平台和解决方案。它们仅出于帮助区块链获得全球认可的目的而存在。Quorum(基于以太坊)、R3 Corda、超级账本等已成为一些最受欢迎的区块链开发平台。蚂蚁金服的蚂蚁链也可以归为这一类型。每种产品都适用于不同的行业和解决方案类型,并且开发人员正在与世界各地的企业合作。

第二类是纯粹以业务为中心的。这些公司倾向于为特定业务问题开发区块链解决方案。其中许多联盟没有提供开源平台,而是仅用于商业目的。尽管到目前为止,这些联盟大多数来自金融部门,但供应链、贸易金融、生命科学、医疗保健等许多其他行业也正在参与基于区块链系统上的工作,并获得了诸如共享资源,减少开发等好处,如Bankchain、We.Trade、Marco Polo、B3i。

第三类是双重关注的。在这里它们结合了两个方面的优势,在提供平台或解决方案时专注于技术和业务。因此从某种意义上说,它们将提供适用于任何解决方案以及商业产品的开源平台(表10-3)。

表 10-3 三类联盟特点和最新情况对比

联盟名称	类型	技术特点	应用领域	最新情况
Quorum	技术型	基于以太坊,改进共识机制与隐私保护,支持企业级可扩展性	金融(跨境支付、证券交易)	被 ConsenSys 收购,持续优化隐私功能,应用于摩根大通 Onyx 网络
R3 Corda	技术型	开源分布式账本,强调隐私性与合规性,支持智能合约	金融(贸易融资、供应链)	推出 Corda 5.0,支持跨链互操作;与印度央行合作试点数字货币项目
超级账本(Hyperledger)	技术型	模块化架构(如 Fabric),支持可插拔共识机制,企业级开源框架	金融、供应链、医疗等	2023年发布 Fabric v2.5,增强隐私保护;沃尔玛使用其供应链追溯系统

（续表）

联盟名称	类型	技术特点	应用领域	最新情况
蚂蚁链	技术型	高性能、高扩展性，支持隐私计算与跨链技术	金融、电商、物流等	推出"碳矩阵"平台追踪碳排放，与法国阳狮集团合作跨境支付解决方案
Bankchain	业务型	聚焦银行业务，ClearChain 系统实现客户信息共享	银行业（反欺诈、汇款）	新增 5 家印度银行加入，扩展至东南亚市场
We.Trade	业务型	基于区块链的贸易金融平台，自动化交易流程与风险控制	跨境贸易	覆盖欧洲 16 国，新增花旗银行等国际成员，处理交易额超 10 亿欧元
Marco Polo	业务型	R3 Corda 支持，集成贸易融资与应收账款解决方案	贸易融资	汇丰银行通过该平台完成首笔中国—欧洲供应链融资，成员扩展至 40+ 金融机构
B3i	业务型	专为保险行业设计，优化再保险合同与理赔流程	保险业	推出灾害风险数据共享平台，与慕尼黑再保险等巨头合作试点
TTBA	双重型	结合区块链与知识产权管理，支持技术转移全流程透明化	技术转移、学术研究	清华大学联合 MIT 完成首个跨境专利交易试点，覆盖生物医药领域
中国证券期货业联盟链	双重型	推动分布式账本在证券发行、清算中的应用，符合监管要求	证券期货业	2023 年上线"证券链"平台，支持债券发行全流程，日均处理量超 50 万笔

在本节中，我将主要关注第二种和第三种，从区块链治理的角度来看，双重关注的联盟链是最有趣的。

联盟链的好处

加入联盟链可以为企业带来许多好处，包括节省成本，分担风险，吸引流量并提供具有影响力的标准（表 10-4）。

表 10-4 联盟链为企业带来的核心价值与典型案例

核心价值	案例名称	所属联盟/技术	具体措施	效果/成果
节省成本	摩根大通 Onyx 网络	Quorum 联盟	利用 Quorum 隐私功能替代 SWIFT 系统，共享开发资源	跨境支付成本降低 70%，日均处理 10 亿美元交易，结算时间从数天缩短至分钟级
节省成本	沃尔玛食品溯源系统	超级账本（Hyperledger）	基于 Fabric 构建供应链溯源平台，与供应商共用链上接口	问题商品召回时间从 7 天降至 2 秒，年节约质检成本超 2 亿美元
分担风险	B3i 再保险平台	B3i 联盟	20+ 保险公司共建智能合约模板，统一对接监管要求	理赔效率提升 50%，争议率下降 30%，灾害风险数据池覆盖超 50% 再保业务
分担风险	Marco Polo 贸易融资	R3 Corda	40+ 金融机构链上共享贸易数据，智能合约自动执行信用证条款	中国—欧洲供应链融资处理时间从 2 周压缩至 4 小时，欺诈率降低 40%
吸引流量	蚂蚁链碳矩阵平台	蚂蚁链	联合企业追踪碳排放数据，接入支付宝入口展示成果	吸引 2000+ 企业入驻，带动绿色融资 500 亿元，触达 10 亿用户
吸引流量	We.Trade 跨境贸易网络	We.Trade 联盟	中小企业通过平台获得大银行信用背书	西班牙某制造企业订单量增长 40%，获客成本降低 60%
制定标准	超级账本 Fabric 框架	超级账本联盟	推动模块化设计（如 Chaincode）成为企业链开发标准	IBM、AWS 等云服务商直接提供 Fabric 托管服务，企业适配成本减少 50%
制定标准	证券期货业区块链平台	中国证券期货业联盟	制定证券发行与清算链上操作规范	2023 年处理债券发行超 2000 亿元，中信证券等成员合规成本下降 25%

行业联盟链将帮助企业大幅削减所有支出。它们可以与其他组织分担开发成本和时间，而不是由每个公司从头开始构建自己的解决方案。由于这些联盟链主要适合于产业用途，因此企业可以比公链或私有链更轻松地将它们与现有网络更有效地链接。这可以缩短开发时间实现规模经济。

这使较小的组织可以利用与较大的组织相同的系统。联盟链还是可以降低交易费用。由于这是一个更加受控的环境，并且只有经过许可的人员才能进入，所以它会更加稳定。

为什么联盟链治理重要

打个比方，联盟链治理就像一群邻居共同管理一个共享菜园。其目的是既让菜园高产，又保证长期合作不吵架。大家商量好种什么菜、怎么浇水、收益怎么分。每个人都能随时查看菜园记录本，没人能偷偷改数据。

治理的目的之一是建立相互信任的基础，该基础使公司可以使用区块链解决方案来执行其业务流程。其核心目的是利用可用资源尽可能有效地满足用户或参与者的需求，并实现联盟治理结构的长期可持续性。出于各种原因，迫切需要对联盟链进行良好治理。

制定好规矩，才能使菜园持续扩张而不崩溃。如果菜园从10人扩大到50人，有人想种萝卜，有人想种白菜，乱套了怎么办？公共区域种大家需要的菜，个人小地块自由发挥。

由于区块链网络的战略价值在于其扩展性，因此重要的是要考虑网络规模的增加与协调复杂性的增加呈正相关。因此对于贸易金融、保险、供应链和流动性服务中的少数高潜力应用而言，为联盟链的部署正确建立可持续治理原则至关重要。

如果有人偷偷控制水源，只给自己家的菜浇水呢？解决方案就是浇水权轮流管，或者投票选管理员，谁使坏就扣他押金。

联盟链具有比私有链更多的优势。也就是说，它们可以在其网络上采用组织治理模型，因此任何一方都不能对另一方施加主导控制权。这大大提高了联盟网络对单个实体私有链的信任，同时仍保持了私有链的优势。此外，联盟链不限于仅对网络成员可见。公众可以公开看到它们的交易，从而增加了信任度。

一条街上的奶茶店，平时相互有竞争，但可以一起办"奶茶节"吸引客流。银行之间用区块链共享客户信用记录，防止重复贷款，但不泄露商业秘密。

区块链技术的战略价值只能通过各自的大规模采用来实现。因此，这些联盟链有义务通过特定行业中自然竞争者之间的协作来有效解决所谓的合作竞争悖论。合作竞争悖论迫使联盟链打破行业竞争对手之间的激烈竞争，以获取这种业务网络的战略价值。显然没有一个适合所有人的解决方案。

如果菜园水管爆了，三天修不好，大家就都饿肚子了。发现系统漏洞时，能像手机系统一样连夜更新补丁，而不是等一年开大会"扯皮"。联盟链治理背后的最大动机是高效变革的目标。这意味着能够尽快解决问题并在需要更改的地方进行更改。这些问题可能是各种各样的，包括更改区块链参数，恢复因黑客入侵而丢失的虚拟货币。

在具有企业或最终用户用例的区块链中，尤其需要治理。快速更新可以赋能企业和大众市场最终用户的场景。花费太多时间的更新／更改可能导致公司放弃该服务或不参加该联盟。变化还会使社区分裂，并导致更多的不确定性和犹豫。从概念上讲，这是中心化应用程序具有优势的地方。

不想被某外卖平台抽成30%？那就用区块链搭一个"社区外卖联盟"，商家和用户自己定价。数据存在链上，没有中间商赚差价，也不怕平台突然倒闭。

联盟链治理的另一个动机是，它可以减轻对现有平台的依赖，如钉钉、腾讯会议、脸书、亚马逊、谷歌等确定自己规则的公司，如在钉钉、腾讯会议上预订会议，上传机密材料。公链可以减轻这种间接依赖。对那些系统的设置感兴趣的每个人都可以购买相应的代币并提出更改建议，包括有关如何处理个人数据的更改，也就是代币化投票。

区块链项目像开奶茶店——奶茶配方（代码）可以抄袭，但顾客（社区）抄不走。关键是，谁家更新口味快、听取顾客建议多，谁就能活下来。

联盟链治理可以改善竞争。考虑到大多数区块链项目都是开源的，因此，复制它们是浪费精力。所以，区块链项目最大的竞争优势来自社区的规模和适应速度。项目拥有的支持者越多，开发人员对问题和竞争对手的反应越快,生存的机会就越大(表10-5)。

表 10-5　联盟链治理和 DAO 的对比

维度	联盟链治理	DAO
核心特征	多中心化(企业/机构联合治理)	完全去中心化(代码即规则)
典型场景	供应链金融、跨境贸易、政务协作	DeFi、NFT 社区、开源项目治理
决策机制	委员会投票、章程约束	代币持有者投票、智能合约自动执行
参与者身份	企业、政府机构等组织	个人用户、开发者、匿名持币者
数据透明度	部分透明(按需授权可见)	完全透明(链上公开)
合规性要求	强(需符合企业法务和行业监管)	弱(依赖社区共识,常与监管冲突)

联盟链治理模式

与公链依赖代币持有者投票的治理方式不同,联盟链通常采取多方协商机制。例如专注金融领域的 R3 Corda 通过成员银行签署协议制定规则,Linux 基金会旗下的超级账本由技术委员会审核代码变更。相比之下,私有链治理权限则集中掌握在单一组织内部。

按治理模式分,联盟链可分为技术主导型、商业联盟型和监管强制型。典型的技术主导型联盟链如超级账本(Hyperledger Fabric)供应链溯源网络,商业联盟型联盟链的一个例子是蚂蚁链跨境支付联盟(Alipay+),而监管强制型联盟链的一个例子是中国贸易金融跨链平台(央行主导)(表10-6)。

表 10-6　企业联盟链治理模式决策

决策维度	技术主导型	商业联盟型	监管强制型
典型业务目标	提升行业协同效率	直接创造用户价值(如支付)	实现政府政策合规性
核心收入来源	节点许可费、技术服务订阅	交易分润、数据增值服务	财政拨款、监管罚没收入分成

（续表）

决策维度	技术主导型	商业联盟型	监管强制型
核心法律约束	技术出口管制（如美国 EAR）	消费者隐私保护（如 GDPR）	国家强制标准（如密码法）
技术架构重心	多链互联（如跨链桥）	高并发处理（分片、Layer2）	量子安全加密算法预埋
失败风险点	开源社区分裂导致版本失控	用户规模不达预期的"链冷启动"	政策转向导致技术路线作废

在启动联盟链时，一开始就许多规则达成一致非常重要，例如访问平台和执行活动的规定。在联盟业务合作伙伴网络使用联盟链解决方案的情况下，仍然存在控制到底有多重要的问题。

为了确保解决方案的可靠性、完整性和透明性，人们不仅需要考虑面向目标的治理问题（例如更改数据结构、代码和技术），还应该定义各种利益相关者及其特定角色，并评估如何控制生态系统，而且还要考虑有哪个实体应该代表联盟链，以及有哪些法律问题。

这里没有最佳实践，因此存在许多悬而未决的问题和许多未知领域，例如谁可以决定什么，何时决定如何做出决定？（使用人员和委员会，还是使用智能合约？）哪些数据应该对谁可见？允许哪些对象？不允许哪些对象？人们想要什么？

在考虑治理结构时，应该解决一些主要问题。首先应确保代表区块链生态系统中的所有利益相关者群体，还应该关注联盟链（B2B 或 B2C）的业务模型的实现，还要确定知识产权，考虑如何筹集和花费资金以支持区块链项目。

治理体系应基于许多共享价值。首先不应有一个玩家独占鳌头：即尽可能分散。合伙制和权力的分配/行使应受规则支配。它应该是一条开放的增值链：即联盟可以使用知识产权，并且可以由其成员利用。关于公司之间的协作，应该一起定义和使用联盟的流程和数据标准。它应该是一个中立的平台，这意味着解决方案应该是开放的，所有成员都应该可以接入流程，访问数据和接口。

联盟链治理架构

联盟链治理应该在各个层面上进行研究：业务网络层、协议层和数据层，以确保联盟链安全、合规且有效。

业务网络层

联盟链面对的一个主要挑战是：平衡发起者和后加入者的利益。人们应该考虑发起者的早期投资以及联盟链后加入者的激励需求。如果发起者是行业领导者或主要竞争对手，这将变得尤为重要。在这种情况下，合作竞争悖论促使联盟链的运营商向竞争者开放，以实现该联盟链对所有贡献者的战略价值。

联盟链的中央法人实体，即所谓的由开放治理原则支配的联盟链运营商是首选标准。联盟链运营商将负责区块链应用程序的开发、管理和商业化。这种中央实体方法提高了联盟链的透明度，并提高了对相应法律的遵守程度，尤其是在反垄断和数据保护领域。

但并非每个联盟链成员都有相似的兴趣。有些人想在联盟链的管理和技术部署中扮演更积极的角色，而另一些人只是想通过编程接口访问并将区块链应用程序用作服务。

该组织治理必须考虑股权持有人及社会的利益。联盟链运营公司的股权持有人将选举代表各自利益的董事会成员。董事会本身任命了一个执行管理团队，负责联盟链以及平台的日常运营。

通过建立所谓的社区理事会来确保非股权持有客户发声的权利。如果发生关键产品开发问题、会员资格接纳政策或协议变更以及数据隐私相关事宜，可以与该机构进行磋商。

为了确保在生态系统中获得最大的影响力和接受度，该平台应向社区开放源代码。这意味着只要节点操作由相应成员处理，就可以免费授予对平台的基本访问权限。紧接着，可以提供定制的基于订阅的编程接口访问模型。表 10-7 是一些形成联盟链时平衡发起者和后加入者利益的具体例子。

协议层

初始协议层通常由联盟链的发起者在概念验证阶段定义。通常，使用的框架应基于开源标准（例如 Hyperledger Fabric、R3 Corda 或以太坊）。这将有助于用户集成到遗留系统中。

表 10-7 联盟链利益平衡

案例名称	背景	发起者	后加入者	利益平衡机制
Hyperledger	开源区块链项目,推动跨行业区块链技术发展	Linux 基金会、IBM、英特尔等	金融机构、科技公司等	发起者投入技术资源,后加入者通过贡献代码和参与治理获得影响力
R3 Corda	金融联盟链,专注于金融交易和数据共享	巴克莱银行、高盛等	其他金融机构、技术公司	发起者投入资金和资源开发平台,后加入者通过使用平台进行交易和数据共享获得便利
运链盟	提升汽车产业供应链效率的联盟链	万向区块链、中都物流	供应链企业	发起者投入技术和资源搭建平台,后加入者通过数据共享和协同工作来降低成本
Aura 联盟链	奢侈品联盟链,打击假冒伪劣产品	LVMH 集团	其他奢侈品品牌、科技公司	发起者投入资源开发和维护平台,后加入者通过产品溯源和身份验证提升品牌可信度
能源联盟链	优化能源交易和分配的联盟	壳牌、BP 等能源公司	其他能源公司	发起者投入资金和技术资源开发平台,后加入者通过能源交易和数据共享降低成本

在实际案例中,上述联盟链框架得到了生态系统中企业的大力支持。比如,这些企业可以包括:IBM 等技术贡献者、摩根大通等行业应用企业、AWS 云等服务供应商、运行验证节点的企业。此外,如果有必要对协议进行更改,则联盟链运营商需要在实施协议之前征询社区理事会的同意。

关于初始协议的开发流程,如果发起者主导技术选型,例如某跨国银行联盟(如 R3 Corda 的初始成员巴克莱、高盛)在搭建贸易金融链时,评估以太坊、Fabric 等框架后,选择 Corda 作为底层协议,因其支持点对点通信和法律条文编码。如果开源框架二次开发,例如摩根大通基于以太坊分叉开发 Quorum,增加隐私交易管理器(Tessera)

和 RAFT 共识，满足银行间结算需求（图 10-3）。

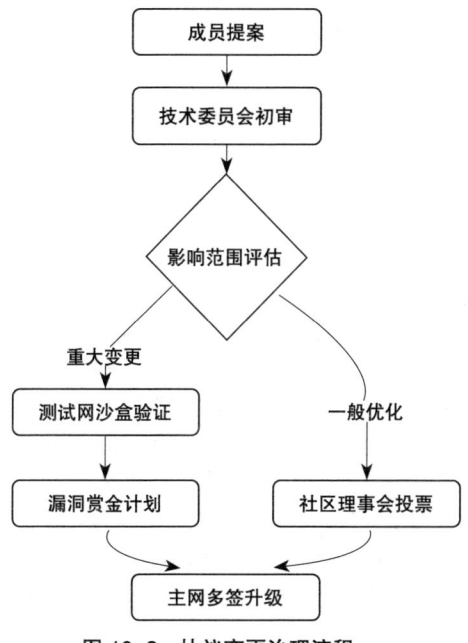

图 10-3　协议变更治理流程

协议层设计要遵循可逆、透明、渐进的原则：重大升级需支持回滚，公开代码变更记录及测试报告，采用灰度发布策略。协议层设计还要避免过度中心化或忽视合规要求。

数据层

联盟链应用程序应基于隐私性原则构建。这意味着任何数据应仅属于其原始所有者，并且只能与数据所有者达成协议进行交易。

此外，联盟链运营商应根据适用的数据保护法律充当数据控制方和数据处理方，而理想情况下，数据存储应是分布式的（例如点对点通信或 IPFS），尽管相关解决方案需要进一步成熟。数据层的关键摘要上链，原始数据加密存储于合规云服务（如 AWS GovCloud），数据层通过智能合约自动执行数据使用授权（图 10-4）。

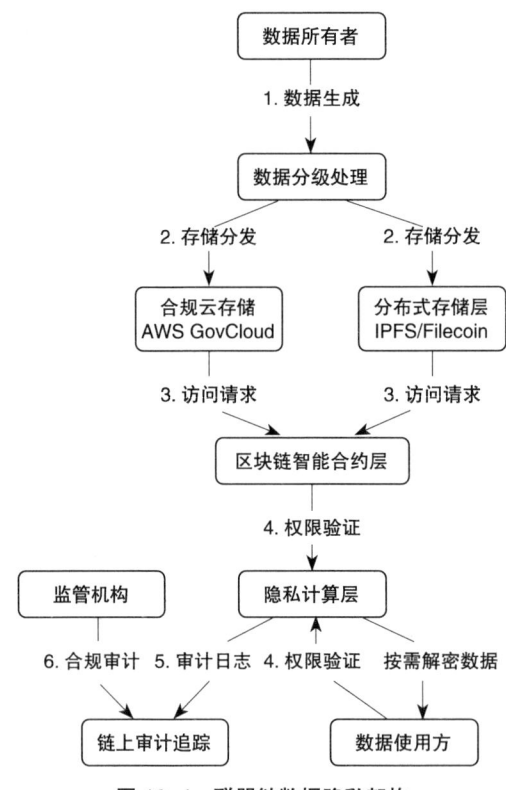

图 10-4 联盟链数据隐私架构

参考书目

阿尔文·托夫勒.《权力的转移》.中信出版社.2006.

沃尔特·艾萨克森.《史蒂夫·乔布斯传》.中信出版社.2011.

比尔·盖茨.《未来之路》.北京大学出版社.1996.

纳撒尼尔·波普尔.《数字黄金：比特币和区块链的内幕故事》.中信出版社.2017.

弗里德里希·哈耶克.《自由宪章》.中国社会科学出版社.1997.

弗里德里希·哈耶克.《货币的非国家化》.新星出版社.2007.

卡萝塔·佩蕾丝.《技术革命与金融资本：泡沫与黄金时代的动力学》.中国人民大学出版社.2007.

维克托·迈尔-舍恩伯格，肯尼斯·库克耶.《大数据时代：生活、工作与思维的大变革》.浙江人民出版社.2013.

杰弗里·摩尔.《跨越鸿沟》.机械工业出版社.2014.

安德鲁·罗斯·索尔金.《大而不倒》.中国人民大学出版社.2010.

梅兰妮·斯万.《区块链：新经济蓝图及导读》.机械工业出版社.2016.

唐·塔普斯科特 D，亚力克斯·塔普斯科特 A.《区块链革命：比特币底层技术如何改变货币、商业和世界》.中信出版社.2016.

亚当·斯密.《国富论》.商务印书馆.2014.

《中华人民共和国民法典》.法律出版社.2020.

附录 1 术语表

51% Attack（51%攻击）

当一个单一个体或者一个组占据超过一半的算力时，这个个体或组就可以控制整个加密货币网络，如果他们有一些恶意的想法，他们就有可能发出一些造成冲突的交易来损坏整个网络。

Address（地址）

加密货币地址用于在网络上发送或接收交易，通常表示为 25～42 个字符。

Altavista

Altavista 是全球较知名的网上搜索引擎公司之一，同时也提供搜索引擎后台技术支持等相关产品。Altavista 在 2003 年被 Yahoo 收购，成为 Yahoo 的子公司，2013 年 7 月 8 日起关闭网站，其网址会自动跳转至 Yahoo 搜索。

暗网

互联网是一个多层结构，"表层网"处于互联网的表层，能够通过标准搜索引擎进行访问浏览。藏在"表层网"之下的被称为"深网"。深网中的内容无法通过常规搜索引擎进行访问浏览。"暗网"通常被认为是"深网"的一个子集，显著特点是使用特殊加密技术刻意隐藏相关互联网信息。

ASIC（专用集成电路）

这是"专用集成电路"的简称。通常，与 GPU 相比，ASIC 专门用于挖矿，可能会节省大量能源。

BaaS（区块链即服务）

区块链即服务（BaaS）是微软、IBM 这些企业从自己的云服务网络中开辟出的一个空间，用来运行某个区块链节点。和普通节点及交易所节点相比，BaaS 节点的主要用途是：快速建立自己所需的开发环境，提供基于区块链的搜索查询、交易提交、数据分析等一系列操作服务，这些服务既可以是中心化的，也可以是非中心化的，用来帮助开发者更快地验证自己的概念和模型。BaaS 节点的服务性体现在：工具性更强，便于创建、部署、运行和监控区块链。

Bitcoin（比特币）

Bitcoin 是在全球对等网络上运行的第一个去中心化开放源代码的加密货币，不需要中间商和中心化发行商。

Block（区块）

区块是在区块链网络上承载永久记录的数据的数据包。

Blockchain（区块链）

区块链是一个共享的分布式账本，其中交易通过附加块被永久记录。区块链作为所有交易的历史记录，从记录已发生的交易的区块到最新的区块，因此被命名为 blockchain（区块链）。

Block Explorer（区块浏览器）

区块浏览器是一种用来查看区块上的所有交易（过去和当前）的在线工具。它们提供有用的信息，如网络哈希率和交易增长率。

Block Height（区块高度）

连接在区块链上的区块数。

Block Reward（积分奖励）

它是给在挖矿期间成功计算出区块中的哈希值的矿工的一种激励形式。在区块链上的交易验证的过程中产生新的币，矿工被奖励其中的一部分。

Blockstream

Blockstream 是一家由联合创始人 Adam Back 领导的区块链技术公司，总部位于加拿大维多利亚，在全球设有办事处和员工。该公司为比特币和其他数字资产的存储和转移开发了一系列产品和服务。

Central Ledger（中央账簿）

由中央机构维持的分类账。

CompuServe

CompuServe 是全球第一家网络服务的提供商，在 1989 年首度推出电子邮件服务，高峰时期会员曾达到 50 万人，2009 年终止拨接上网服务，仅留下门户网站。CompuServe 曾名列 1996 年美国 20 大热门网站之一。2015 年，威讯（Verizon）并购 AOL 之后，CompuServe 成为威讯旗下子公司 Oath 的一个事业部门。

Confirmation（确认）

去中心化的一次交易，将其成功添加到区块链上的确认。

Consensus（共识）

当所有网络参与者同意交易的有效性时，即可称为达成共识，确保分布式账本是彼此的精确副本。

Cryptocurrency（加密货币）

也称为令牌，加密货币是数字资产的呈现方式。

Cryptographic Hash Function（加密哈希函数）

是一种将任意输入数据通过哈希算法转换为固定长度且唯一的哈希值（也称散列值）的密码学工具。SHA-256 计算算法是加密散列的一个例子。

CryptoKitties（加密猫）

加密猫（CryptoKitties）是一款基于以太坊区块链的虚拟宠物猫养成游戏，包括了猫的生育、收集、购买、销售等，也有别称叫云撸猫、云养猫。虽然在互联网历史上有过不少虚拟宠物游戏，但这个加密猫，可能是人类历史上第一个用户可以永久拥有的虚拟宠物，传统的虚拟宠物是保存在提供服务的公司服务器上的，一旦公司关门歇业，虚拟宠物也就人间蒸发了。然而你一旦拥有加密猫，你的所有权会通过智能合约分布式记录在整个互联网上，无法复制，没法销毁，这笔数字资产可以在任何以太坊区块链系统里保存、流通、交易。

DAG（有向无环图）

Direct Acyclic Graph，按照数学上的定义，DAG 是一个没有有向循环的、有限的有向图。具体来说，它由有限个顶点和有向边组成，每条有向边都从一个顶点指向另一个顶点；从任意一个顶点出发都不能通过这些有向边回到原来的顶点。在区块链的应用上，DAG 图的每个顶点代表在某一个时间新挖出的区块。一般的线性区块链是 DAG 的一种特殊情况，也即每个时间段整个系统只能产生一个区块。不同的是，DAG 允许不同节点按自己的节奏生成区块，只要每个区块选择一个或多个区块作为自己的子区块。

DAO（去中心化自治组织）

去中心化自治组织可以被认为是在没有任何人为干预的情况下运行的公司，并将一切形式的控制交给一套不可破坏的业务规则。

DApp（去中心化应用程序）

是一种开源的应用程序，自动运行，将其数据存储在区块链上，以密码令牌的形式激励，并以显示有价值证明的协议进行操作。

Difficulty（容易程度）

这是指成功挖掘交易信息的数据块的容易程度。

Digital Signature 数字加密

通过公钥加密生成的数字代码，附加到电子传输的文档中以验证其内容和发件人的身份。

Distributed Ledger（分布式账本）

分布式账本，数据通过分布式节点网络进行存储。分布式账本不是必须具有自己的货币，它可能会被许可和私有。

Distributed Network（分布式网络）

处理能力和数据分布在节点上而不是拥有中心化数据中心的一种网络。

Double Spending（双重支付）

当花费一笔钱多于一次支付限额时，就会发生双重支付。

EDI

电子数据交换（electronic data interchange，EDI）是指按照统一规定的一套通用标准格式，将标准的经济信息通过通信网络传输在贸易伙伴的电子计算机系统之间进行数据交换和自动处理。

EOS（柚子）

英文全称 enterprise operation system，俗称柚子，EOS 是一种为商用分布式应用设计的一款区块链操作系统。EOS 是一种新的区块链基础架构，支持去中心化应用在垂直和水平方向上的扩容，旨在实现分布式应用的性能扩展。

ERC20

人们经常看到某某 Token（代币）描述自己符合 ERC20，很显然 ERC20 是一套发行的标准接口，可以让 Token 的发行变得非常容易，甚至可以做到 5 分钟之内就发行一种新的 Token。同时有了 ERC20 这样统一的标准，也有利于 Token 的流通以及相关产品（比如钱包、交易平台）的开发。当前市面上至少有数千种 Token，其中绝大部分都是基于 ERC20 的。

Ethereum（以太坊）

以太坊是一个可编程、可视化、更易用的区块链，它允许任何人编写智能合约和发行代币。就像比特币一样，以太坊是去中心化的，由全网共同记账，账本公开透明且不可篡改。与比特币不同的是，以太坊是可编程的区块链，它提供了一套图灵完备的脚本语言，因此开发人员可以直接用 C 语言等高级语言编程，转换成汇编语言，大大降低了区块链应用的开发难度。类似于安卓系统，提供了非常丰富的接口，让用户可以开发出各种应用程序。

EVM（以太坊虚拟机）

Ethereum 虚拟机（EVM）是一个图灵完整的虚拟机，允许任何人执行任意 EVM 字节码。每个 Ethereum 节点都运行在 EVM 上，以保持整个区块链的一致性。

Fork（分支）

分支可以创建区块链的交叉版本，在网络不同的地方兼容地运行两个区块链。

Genesis Block（创世区块）

区块链的第一个区块。

GPU 矿机

简单的解释就是通过显卡（GPU）挖矿的数字货币挖矿机。从矿机的发展历程看，GPU 矿机与 ASIC 矿机一起，算是第二代矿机。

Hal Finney

哈尔·芬尼（1956 年 5 月 4 日 — 2014 年 8 月 28 日），PGP 公司的程序员，为菲尔·齐默尔曼所聘任的第二位员工。他是第一位得到比特币的人。他曾经与中本聪居住于同一社区达十年之久，使他成为比特币的发明人中本聪真身的其中一个嫌疑人，但是这个说法被他本人否认了。

Hard Fork（硬分叉）

一种使以前无效的交易有效的分叉类型，反之亦然。这种类型的分叉需要所有节点和用户升级到最新版本的协议软件。

Hash（哈希）

对输出数据执行散列函数的行为。这是用于确认货币交易。

Hash Rate（哈希率）

采矿钻机的性能测量值，以秒为单位表示。

HPC（高性能计算集群）

High performance computing 的简称。指能够执行一般个人电脑无法处理的大资料量与高速运算的电脑，其基本组成组件与个人电脑的概念无太大差异，但规格与性能则强大许多。

Humanity DAO（人类自组织）

Humanity DAO 是一个旨在创建具有社区治理功能的身份/ID 系统的项目。通过依赖某个可靠的组织来执行对可信任人员的确认（信用系统）和肯定存在的人员的确认（ID 系统）。Humanity DAO 的目标是通过博弈论投票，记录可信赖人员和真正存在于区块链上的人员的信息。该项目是一个实验项目，于 2019 年 5 月在以太坊的主网上启动。Humanity DAO 在很大程度上受到被称为令牌管理注册表（TCR）的机制的启发，下面的报告中对此进行了介绍，因此如果你事先阅读它，将会更容易理解。

HUSD

火币全球站针对各稳定币提供的一种综合解决方案。当前，HUSD 方案支持四种稳定币：Paxso Standard（PAX）、Trust USD（TUSD）、USD Coin（USDC）、Gemini USD（GUSD）。未来，火币全球站计划将更多稳定币纳入 HUSD 体系，同时也会对体系内的稳定币实施评估，如果评估超出相应的风控指标，会将该稳定币从 HUSD 体系中剥离。

Hyperledger Fabric（超级账本 Fabric）

Linux 基金会所主导的 Hyperledger（超级账本）的项目之一。Hyperledger Fabric 旨在作为开发模块化体系结构的区块链应用程序的基础，以便诸如共识和会员服务等组件可以即插即用。它使用容器技术来托管构成系统应用逻辑的智能合约（也称为链代码）。简而言之，Hyperledger Fabric 是为企业构建的领先的开源、通用区块链结构。

IEO

Initial exchange offerings 的缩写，可以理解为以交易所为核心的 token 发行。更白话地说就是交易所发行平台币，比如币安的 BNB、火币的 HT、OKEx 的 OKB 的发行，按照这个概念去理解，都可以叫作 IEO。

Interoperability（互操作性）

又称互用性，是指不同的计算机系统、网络、操作系统和应用程序一起工作并共享信息的能力。

IPFS（星际文件系统）

IPFS（星际文件系统）是一个旨在创建持久且分布式存储和共享文件的网络协议。它通过内容寻址和对等网络分发方式，允许节点组成一个分布式文件系统。IPFS 由 Protocol Labs 于 2014 年推出，并由开源社区共同开发。它的目标是改变互联网数据存储和获取的方式，推动去中心化和增强系统的韧性。

KYC（了解你的客户）

Know your customer，是企业确认客户身份的程序，通称 KYC，在各个公司或机关的中文名称不同，也称为了解你的客户、认识客户政策、客户身份识别、客户身份尽职调查等。

M0、M1、M2

M0、M1、M2 是反映货币供应量的三个重要指标。我国对货币层次的划分如下（可认为是按照货币流动性标准）：M0（货币）= 流通中的现金，即流通于银行体系之外的现金；M1（狭义货币）= M0 + 企业活期存款；M2（广义货币）= M1 + 准货币（居民储蓄存款 + 定期存款 + 其他存款）。此外，根据金融工具的不断创新，又设置了 M3：M3 = M2 + 金融债券 + 商业票据 + 大额可转让定期存单等。

Mining（挖矿）

挖矿是验证区块链交易的行为。验证的必要性通常以货币的形式奖励给矿工。在这个密码安全的繁荣期间,当正确完成计算时,挖矿可以是一个有利可图的业务。通过选择最有效和最适合的硬件和挖矿目标,挖矿可以产生稳定的被动收入形式。

Multi-Signature(多重签名)

多重签名地址需要一个以上的密钥来授权交易,从而增加了一层安全性。

Node(节点)

由区块链网络的参与者操作的分类账的副本。

Oracle(数据库)

通过 Oracle 向智能合约提供数据,它是现实世界和区块链之间的桥梁。

PBFT(实用拜占庭容错算法)

Practical Byzantine Fault Tolerance 最初是麻省理工学院的 Miguel 和 Barbara Liskov 在 1999 年的学术论文中提出的,他们的本意为设计一个低延迟存储系统,将算法复杂度由指数级降低到多项式级,使得拜占庭容错算法在实际系统应用中变得可行,主要是为了应用于不需要大交易量但需要处理许多事件的数字资产平台,每个节点都可以发布公钥,这是被允许的。节点将签名所有通过节点的消息,以验证其准确性。当得到一定数量的签名时,此交易就被认定为有效。

PoC(Proof of Capacity,容量证明)

目前 PoC 中认同度比较高的应该是容量证明,也就是那些用硬盘去挖矿的数字资产,比如 IPFS,还有曾经的迅雷玩客云、流量矿石等,仿照 PoW 的矿池,目前有企业开始组建 PoC 矿池,将硬盘挖矿的矿工集合在一起,如果未来 IPFS 可以崛起,那么 PoC 有可能就会被定位为容量证明。

PoC(Proof of Concept,概念证明)

意思是为观点提供证据,它是一套建议的因子模型,它可用于论证团队和客户的设计,允许评估和确认概念设计方案,PoC 的评价可能引起规格和设计的调整。PoC 流程所产生的关于设计的承诺、大家都认可的意见都将记录在设计的调整文档中,以备查。

PoW(Proof of Work,工作证明)

指获得多少货币,取决于你挖矿贡献的工作量,电脑性能越好,分给你的矿就会越多。PoS(Proof of Stake,股权证明)根据你持有货币的数量和时间进行利息分配的制度,在 PoS 模式下,你的"挖矿"收益正比于你的币龄,而与电脑的计算性能无关。

混合 PoS/PoW 可以将网络上的共享分发算法作为共享证明和工作证明。在这种方法中,可以实现矿工和选民(持有者)之间的平衡,由内部人(持有人)和外部人(矿工)创建一个基于社区的治理体系。

Prodigy

1984 年至 2001 年的在线服务，为其订户提供广泛的网络服务，包括新闻、天气、购物、公告板、游戏、投票、专家专栏、银行、股票、旅游等多种功能。

ProgPoW 机制

从名字就可以看出它与 PoW 有密切的关系，是真正的一个变种版本。具体地说，ProgPow 是为了削弱 ASIC 矿机优势而被设计的共识机制。

《区块链新经济的蓝图》

梅兰妮·斯万所著的区块链权威读物。梅兰妮·斯万也是区块链科学研究所（Institute for Blockchain Studies）创始人。

Quantitative Trading（量化交易）

属于一种投资方法。是指借助现代统计学和数学的方法，利用计算机技术来进行交易的证券投资方式。

Receivables（应收账款）

应收账款是企业在正常经营过程中，由于销售商品、提供劳务等产生的应收款项，通常包括购买单位应支付的款项、税金、包装费、运杂费等。这些款项通常由客户或劳务接受方在约定时间内支付，是企业流动资金的重要组成部分。

SAP Ariba

全球最大的采购服务平台。Ariba 公司于 1996 年在美国加利福尼亚成立，旨在利用互联网来简化、提升采购过程。2012 年，Ariba 公司被全球最大的企业管理和协同化商务解决方案供应商 SAP 以 43 亿美元收购，并于 2016 年推出全新的品牌标识 SAP Ariba。

Slock

Slock.it 是一家成立于 2015 年的初创公司，专门研究基于以太坊的 Smart Locks。Jentzsch 兄弟已经通过他们的 DAO 在加密货币空间中取得了突出地位。DAO 采用了以太坊区块链的风险投资基金的形式，投资者可以通过智能合约独立管理存款。在 2016 年的一次壮观的黑客攻击之后，加密货币场景的最初热情消退了 DAO。

Stablecoins（稳定币）

稳定币是一种具有稳定价值的加密货币。稳定币诞生的背景是加密货币的价格波动巨大，其作为一种交换媒介，来连接数字货币世界与法币世界。

Vitalik Buterin（维塔利克·布特林）

以太坊创始人、程序员。行内都称之为 V 神（以下简称布特林），1994 年出生。一个具有俄罗斯黑客背景的小伙子，誓言要用区块链颠覆真实经济体系，他的才能惊人，技术高超，科技圈以及金融界大佬无不对他专业技术感到惊叹。

物联网（IoT）

物联网是一个基于互联网、传统电信网等的信息承载体，它让所有能够被独立寻址的普通物理对象形成互联互通的网络。物联网通过多种传感技术和装置（如 RFID、GPS、红外传感器等）实时采集和监控物体或过程的信息。这些信息通过网络连接实现物与物、物与人之间的智能感知、识别和管理。物联网基于互联网和传统电信网络，将可以独立寻址的物理对象互联互通，促进智能化管理和互动。

附录 2 哈希函数的数学原理

商业世界里最弥足珍贵的资源是信任,而驱动增长的核心引擎是效率。在此背景下,一个貌似抽象的数学概念——哈希函数(Hash function)成为数字生活方方面面的幕后英雄。

想象一下,办公桌上的战略合作协议可能对企业发展前景产生重大影响,笔记本电脑中的高清视频承载着产品创新的精彩瞬间,数十年积累的数据库是企业最宝贵的资产,这些海量的信息都可以被哈希函数"压缩"成一串长度固定的"数字指纹",也就是哈希值。这种"数字指纹"隐藏着复杂的数学原理,拥有影响商业运作的重要特性。

更形象地说,中世纪欧洲贵族寄信的时候,总会给信封上滴上蜡烛油,再盖上印章,接收方收到信后,会仔细核对印章的形状、花纹和字体等细节信息,印章就相当于是哈希值。下面,我用一个小故事帮助说明哈希函数的数学原理。

从前有一个小镇,镇上的人们经常需要登记各种信息,比如自己的名字。为了方便管理和查找这些名字,镇长想出了一个办法。

他给小镇上的图书馆管理员(可以看作是执行哈希函数的人)布置了一个任务:每当有人登记名字时,图书馆管理员需要按照特定的规则把名字变成一个固定大小的号码牌(这个号码牌就相当于哈希值)。

这个特定的规则是这样的:

首先,把这个名字的每个字母都对应一个数字,比如 A 对应 1,B 对应 2,一直排到 Z。像名字"Bob"就会被转换成数字序列 2(B)、15(O)、2(B)。

然后,把这三个数字相加,也就是 2 + 15 + 2 = 19。

接下来,用这个和(19)去除以一个固定的数,比如说 7(这个固定的数可以看作是哈希函数中的一个参数,用来确定最终号码牌的范围),然后取余数,19 ÷ 7 的余数是 5。于是,"Bob"这个名字对应的号码牌就是 5。

有了这个号码牌系统之后,人们登记的名字都可以通过这个规则快速得到一个固定的号码牌。当大家需要寻找某个人的名字记录时,只需要知道其对应的号码牌，就能很快定位到相应的存储位置。

但是这个系统有一个小问题，有时候不同的名字可能会得到相同的号码牌。例如，K（假设这个字母在这个系统里也对应数字 11）和 T 都对应数字 20（比如 K 对应 11，T 对应 20；假设这里有一个简单的对应规则），也就是有一些名字对应的数字相加后的结果可能在除以 7 后的余数相同。不过镇长觉得这个号码牌系统虽然不是完美的（因为可能会有冲突），但是对于小镇日常的简单管理已经足够用了。

从这个故事可以看出哈希函数的一些特性。

确定性：每个人名（输入）经过规定的转换规则（哈希函数）后，都会得到固定的一个号码牌（输出）。比如"Bob"永远是 5，只要规则不变。

不可逆性：通过号码牌很难推断出原来的名字。因为余数 5 可能对应很多不同的名字，从 5 反向推不出具体是哪个名字。

抵抗碰撞（在这个简单例子中展示的效果有限）：虽然存在冲突的可能性，但通过选择合适的参数（比如除数 7），可以尽量减少冲突的机会。不过在更复杂和高级的哈希函数中，这个特性会被设计得更强大。

现在或许你就能理解哈希函数的强大了，让我们再看看几个现实的案例。

同一份原始信息，经过哈希函数计算之后，得到的"数字指纹"永远不变。这就好像给数据发放了专属身份证，打上了防伪钢印。

比如某奢侈品集团利用此技术通过产品数据生成哈希值，提高了假货识别率，市值也大幅增长。除了供应链溯源领域，在知识产权保护和合同存证等应用领域，哈希函数产生的"数字指纹"也能奇迹般地大幅降低商业欺诈的风险。

哈希值的长度是有限的，但是作为哈希函数输入源的原始信息却是无限的，这样就有可能存在极小概率，使得不同信息产生的哈希值是相同的。但是哈希算法可以使这种概率小到可以忽略不计。这就是所谓的哈希行数抗碰撞特性。

不管是寥寥数行的电子邮件，还是动辄数 GB、数 TB 的视频资料，经过哈希函数的计算，都能将它们变成固定长度的"数字指纹"。比如 SHA-256 算法输出的固定长度是 256 位。

企业数据的索引将变得颇为轻松，简短的哈希值作为任意数据的独一无二的指纹，能够极大提升数据库的检索速度。某电商巨头的物流数据库因此提升了数十倍的响应速度，10PB 级的信息检索从"海底捞针"变成了"卫星定位"。

如果有人修改了原始输入信息的一个单词，甚至一个字母或者标点符号，都会导致"数字指纹"变得完全不同，好像雪崩一样，细微的变动带来的结果是完全的改变。

企业账目的微调，软件的细微变化都会导致"数字指纹"完全改变，依据这些改变企业可以明察秋毫，准确判断数据的真实性和可靠性。

人们从原始数据通过哈希算法，计算出相应的哈希"数字指纹"是很容易的，但是反过来从哈希"数字指纹"计算出原始数据却是极其困难的。

企业可以利用这种特性保护其商业机密或用户密码等数据信息，即便是哈希值泄露，攻击者也很难还原出原始数据，从而使商业机密和用户账户的安全得到了保障。

理解了哈希函数的这些核心特性，我们不难发现，它就像一把功能强大的"瑞士军刀"，能够在企业运营的各个层面发挥关键作用：

哈希函数就像数据完整性的"守护神"，能够确保您的商业合同、财务报表等核心数字资产，在其全生命周期中，都能保持其原始的、未经篡改的真实状态。

作为用户账户安全的"定心丸"，哈希函数通过哈希加密存储用户密码及其他敏感认证信息，有效抵御撞库、拖库等常见的网络攻击手段，保护用户账户安全，维护企业声誉。

哈希函数也能成为数字身份与电子签名的"信任之锚"，为数字文件、电子身份赋予可验证的真实性和不可否认性，推动无纸化办公和可信数字交互，提升商业活动的效率与合规性。

哈希函数也能够成为区块链技术的"脊梁骨"，作为区块链中连接数据块、验证交易、实现共识机制不可或缺的核心技术组件，哈希函数保障了区块链系统的透明、安全、去中心化和不可篡改等革命性特征。

最后它还是大数据与人工智能的"加速器"，在海量数据的快速索引、去重、比对以及机器学习模型训练数据的完整性校验等方面发挥着重要作用，为企业从数据中挖掘价值提供底层技术支撑。

在哈希函数的发展历程里有一位中国的女科学家做出了重要贡献。中国密码学家、中国科学院院士、山东大学王小云教授带领团队破解了哈希函数的 MD5 算法和 SHA-1 算法，然后又成功地主持设计了 SM3 加密算法，目前 SM3 算法已在国内各个领域得到广泛的应用。